UNA VIDA
SIN
LÍMITES

Inspiración para una vida *ridículamente* feliz

UNA VIDA
SIN
LÍMITES

NICK VUJICIC

ORIGEN

Título original:
Life Without Limits: Inspiration for a Ridiculously Good Life.

Primera edición en ORIGEN: Diciembre de 2017

Esta traducción es publicada por acuerdo con Doubleday Religion, un sello de
The Crown Publishing una división de Penguin Random House, Inc.

*This translation is published by arrangement with Doubleday Religion, an imprint of
The Crown Publishing Group, a division of Penguin Random House, Inc.*

© 2010, Nick Vujicic
© 2017, Penguin Random House Grupo Editorial, S.A. de C.V.
© 2017, de la presente edición:
Penguin Random House Grupo Editorial USA, LLC.
8950 SW 74th Court, Suite 2010
Miami, FL 33156

www.librosorigen.com

Traducción: Alejandra Ramos

ISBN: 978-1-945540-70-7

Impreso en Estados Unidos – *Printed in USA*

Penguin
Random House
Grupo Editorial

Índice

A Dios: El padre, el hijo y el espíritu santo.
También me gustaría dedicar este libro a la familia
Toth, de San Diego, California: nunca olvidaré la piedra
de fe que colocó Phil en mi vida.
Su contagiosa llama evangélica encendió la mía.

Introducción

Me llamo Nick Vujicic (mi apellido se pronuncia: "voy-a-chich"). Tengo veintisiete años y nací sin extremidades. Sin embargo, mis circunstancias no me han limitado. Me dedico a viajar por el mundo para motivar a millones de personas a sobreponerse a la adversidad: a que lo hagan con fe, esperanza, amor y valor para que puedan alcanzar sus sueños. En este libro compartiré contigo la forma en que he lidiado con el infortunio y los obstáculos. Algunos de estos obstáculos son inherentes a mi condición, pero, en su mayoría, son universales y nos afectan a todos. Mi objetivo es motivarte a vencer tus propios desafíos y dificultades para que puedas encontrar tu propósito *personal*, así como el camino hacia una vida completamente buena.

Es muy común sentir que la vida es injusta; las circunstancias y los momentos difíciles pueden detonar la duda y la desesperación, lo sé bien. Pero la Biblia dice: "Siempre que enfrentes tribulaciones, recíbelas como si fueran alegría pura". Me costó muchos años aprender este tipo de lección. Finalmente pude entenderlo, y ahora, a través de mis experiencias, puedo ayudarte a ver que la mayoría de los problemas que enfrentamos nos ofrecen la oportunidad de descubrir quiénes debemos ser y cuáles de nuestros dones podemos compartir para beneficiar a otros.

Mis padres son cristianos devotos, sin embargo, cuando nací sin brazos ni piernas se preguntaron qué era lo que Dios había planeado al crearme. Al principio asumieron que no habría esperanza ni futuro para alguien en mis condiciones, que nunca podría tener una vida normal o productiva.

No obstante, hoy mi vida es mucho más grande de lo que pude haber imaginado. Todos los días conozco a gente nueva a través del teléfono, el correo electrónico, los mensajes de texto y de Twitter. La gente se me acerca en los aeropuertos, hoteles y restaurantes. Me abrazan, me dicen que, de alguna manera, he tocado sus vidas. He sido profundamente bendecido. Soy *espectacularmente* feliz.

Mi familia y yo nunca previmos que mi discapacidad —mi "carga"— también podría ser una bendición, que me ofrecería oportunidades inigualables de contactar a otros, de desarrollar empatía con ellos, de comprender su dolor y ofrecerles consuelo. Por supuesto, yo tengo desafíos particulares, pero también cuento con una familia amorosa, una mente muy alerta y con una fe profunda y perdurable. A lo largo de este libro seré honesto, compartiré contigo el hecho de que mi fe y mis propósitos se fortalecieron sólo después de haber atravesado momentos bastante aterradores.

Verás, cuando entré en los difíciles años de la adolescencia, el tiempo en que todos nos preguntamos cuál es nuestro sitio, mis circunstancias me causaron desesperación, la sensación de que nunca sería "normal". No había manera de ocultar que mi cuerpo era diferente al de mis compañeros de clase. Aunque traté de realizar actividades ordinarias como nadar y andar en patineta, sólo lograba darme cuenta, cada vez más, de que sencillamente había cosas que nunca podría hacer.

Claro que tampoco fue de gran ayuda que algunos chicos crueles me llamaran "fenómeno" y "alienígena". Por supuesto, soy demasiado humano y deseaba ser como los demás a pesar de que no tenía gran oportunidad de lograrlo. Quería que me aceptaran, pero sentía el rechazo. Quería pertenecer, pero no parecía ser posible. Al final, me había topado con un muro.

Me dolía el corazón, estaba deprimido y los pensamientos negativos me abrumaban; no le encontraba ningún sentido a mi existencia. Incluso cuando estaba rodeado por mi familia y amigos, me sentía solo. Me preocupaba ser siempre una carga para aquellos a quienes amaba.

Pero estaba muy, muy equivocado. Podría llenar un libro enumerando todo lo que ignoraba en aquellos días oscuros: un libro como el que sostienes ahora. En las siguientes páginas te ofreceré métodos para encontrar esperanza aun en medio de los arduos desafíos y las peores tribulaciones. Voy a iluminar el camino que lleva al otro lado de la pena, ahí en donde puedes resurgir con más fuerza, determinación y poder para buscar la vida que deseas y, tal vez, para que incluso encuentres una vida más grande de lo que te imaginas.

Si tienes el deseo y la pasión para hacer algo y si esa es la voluntad de Dios, lo lograrás. La anterior es una frase muy poderosa, pero, para ser honestos, yo no siempre creí en mí. Si has visto alguna de mis pláticas en internet, te puedo decir que la felicidad que ahí muestro y que brilla a través de esos videos es resultado de un viaje que he realizado. Al principio no tenía todo lo que necesitaba, por lo que tuve que conseguir varios atributos importantes en el camino. Descubrí que para vivir sin límites, necesitaba lo siguiente:

- Un poderoso sentido de mi propósito.
- Esperanza inquebrantable.
- Fe en Dios y en las posibilidades infinitas.

- Amor y autoaceptación.
- Actitud con altitud.
- Un espíritu valeroso.
- Disposición a cambiar.
- Un corazón confiado.
- Ansia de oportunidades.
- La habilidad de evaluar riesgos y de reírme de la vida.
- La misión de servir primero a otros.

Cada capítulo de este libro se enfoca en uno de estos atributos. Los he explicado de forma que puedas aplicarlos en tu propio viaje hacia una vida plena y llena de significado. Te los ofrezco porque comparto el amor que Dios tiene por ti y porque deseo que experimentes todo el gozo y la plenitud que Él te ha asignado.

Si tú eres una de las muchas personas que luchan a diario, recuerda que, más allá de mis batallas, a mí me esperaba un propósito en la vida. Ese propósito ha demostrado tener un alcance mucho, mucho, muchísimo más grande del que yo jamás hubiera imaginado.

Podrás encontrarte con momentos difíciles, podrás caer y sentir que no tienes la fuerza para levantarte: yo conozco esa sensación porque todos la hemos experimentado. La vida no siempre es fácil, pero cuando nos sobreponemos a los desafíos nos hacemos más fuertes y agradecemos las oportunidades que se nos han presentado. En realidad, lo que más importa son aquellas vidas que tocas a lo largo del camino y la manera en que terminas tu viaje.

Yo amo mi vida tanto como tú la tuya. Juntos, podemos lograr más, el número de posibilidades que nos esperan es ridículo. Así que, ¿qué dices?, ¿lo intentamos, amigo?

UNO

SI NO PUEDES OBTENER UN MILAGRO, CONVIÉRTETE EN ÉL

Uno de los videos más populares que tengo en YouTube muestra escenas en las que ando en patineta, surfeo, toco música, golpeo una pelota de golf, me caigo, me levanto, hablo ante el público y, lo mejor de todo, recibo abrazos de todo tipo de gente.

En general, todas las actividades que describí anteriormente, son tan comunes que casi cualquiera las puede realizar, ¿no es verdad? Entonces, ¿por qué crees que el video ha sido visitado *millones* de veces? Mi teoría es que la gente se siente atraída porque, a pesar de mis limitaciones físicas, vivo como si no tuviera límites.

Por lo general, la gente espera que alguien con una discapacidad severa sea inactivo, que tal vez esté enojado, incluso, que sea reservado. A mí me gusta sorprenderlos al mostrarles que llevo una vida bastante llena de aventura y plenitud.

Aquí te muestro un comentario típico entre los cientos que se han hecho del video: "Al ver a este tipo tan feliz, me pregunto ¿por qué diablos siento tanta pena por mí, a veces?, o ¿por qué siento que no soy suficientemente atractivo, divertido o LO QUE SEA? ¡¿Cómo puedo siquiera tener esos pensamientos cuando este hombre vive sin miembros y aun así es FELIZ?!"

A veces me hacen esa misma pregunta: "Nick, ¿cómo puedes ser tan feliz?" Tal vez tú estás muy ocupado enfrentando tus propios retos, por eso te voy a dar la respuesta rápida de una sola vez:

Descubrí la felicidad cuando comprendí que, así de imperfecto como soy, soy el perfecto Nick Vujicic. Soy la creación de Dios, fui diseñado de acuerdo con el plan que Él tenía para mí. Eso no quiere decir que no haya espacio para mejorar. ¡Siempre trato de superarme, para servir mejor a Dios y al mundo!

Creo que mi vida no tiene límites y quiero que tú sientas lo mismo sin importar cuáles sean tus retos. Ahora que comenzaremos este viaje juntos, por favor toma un momento para pensar sobre las limitaciones que te has puesto en la vida o las que has permitido que otros te impongan. Ahora piensa en cómo sería liberarse de esas limitaciones. ¿Cómo sería tu vida si *cualquier* cosa fuera posible?

Yo me encuentro *discapacitado* oficialmente, pero gracias a mi carencia de miembros, en realidad sí estoy *capacitado*. Mis inigualables desafíos me abrieron oportunidades únicas para alcanzar a mucha gente que tiene necesidades. ¡Tan sólo imagina lo que es posible para ti también!

Con mucha frecuencia, nos convencemos de que no tenemos la inteligencia, belleza o talento suficientes para alcanzar nuestros sueños; a veces creemos lo que otros dicen de nosotros o nos restringimos nosotros mismos. Lo peor es que, cuando te consideras poco valioso, ¡estás estableciendo límites a la forma en que *Dios* puede trabajar a través de ti!

Cada vez que abandonas tus sueños es como si encerraras a Dios en una caja porque, después de todo, tú eres su creación y Él te fabricó con un propósito. Por lo tanto, tu vida no se puede limitar más de lo que el amor de Dios puede ser contenido.

Yo tengo una opción. Tú tienes una opción. Podemos elegir vivir en las desilusiones y las desventajas; podemos elegir amargarnos, enojarnos o entristecer. O, cada vez que enfrentemos tiempos difíciles y a gente cruel, podemos aprender de la experiencia y seguir avanzando, adquiriendo así la responsabilidad de nuestra propia felicidad.

Como un hijo de Dios, eres hermoso y bello, eres más valioso que todos los diamantes de la tierra. ¡Tú y yo fuimos diseñados con perfección para ser quienes somos! Y aun así, nuestro objetivo siempre debe ser superarnos y rebasar las barreras a través de nuestros grandes sueños. Claro que, como la vida no siempre es dulce, se requiere de algunos ajustes a lo largo del camino que siempre valen la pena. Estoy aquí para decirte que sin importar tus circunstancias, mientras respires, tienes algo que contribuir.

No puedo poner una mano en tu hombro para darte más seguridad, pero puedo hablarte desde mi corazón. No importa lo abatido que te sientas en la vida, siempre hay esperanza. A pesar de que las circunstancias parezcan desastrosas, más adelante siempre nos esperan días mejores. Sin importar lo funesto de la situación, siempre te puedes elevar sobre ella. Desear que las cosas cambien no produce ningún resultado, pero ¡tomar la decisión de actuar ahora mismo, puede cambiarlo todo!

Todos los sucesos se producen en conjunto por alguna razón; estoy seguro de eso porque así ha sido en mi vida. ¿Qué tan buena puede ser una vida sin extremidades? Con tan sólo verme, la gente sabe que he enfrentado y superado muchos obstáculos y dificultades, y eso es lo que la prepara para escucharme como fuente de inspiración. Las personas me permiten compartir mi fe, decirles que son amadas y entregarles esperanza.

Ésa es mi contribución, pero es importante que tú reconozcas tu propio valor, que sepas que tienes algo que puedes aportar. Si en este momento te sientes frustrado, es normal. Tu frustración es prueba de que deseas en la vida algo más de lo que tienes ahora y eso es bueno. Con mucha frecuencia los retos de la vida son los que nos muestran quiénes deberíamos ser en realidad.

A mí me tomó mucho tiempo descubrir los beneficios de la circunstancia en que nací. Mi mamá tenía veinticinco años cuando se embarazó de mí, su primer hijo. Ella había sido partera y trabajó como enfermera pediátrica en la sala de maternidad. Ahí cuidaba a cientos de madres y a sus bebés. Mi madre sabía lo que tenía que hacer durante su embarazo: cuidar su dieta, tener cuidado con las medicinas y no consumir alcohol, aspirinas u otros analgésicos. Acudió a los mejores doctores y ellos le aseguraron que todo iba bien.

Sin embargo, su aprensión continuó. Conforme se acercaba la fecha de parto, en varias ocasiones mi mamá le habló de sus preocupaciones a mi padre. Le decía: "Espero que todo esté bien para el bebé".

Los doctores no detectaron nada fuera de lo común en los dos ultrasonidos que se le realizaron a mi madre durante su embarazo. Les dijeron a mis padres que el bebé era un varón, pero no mencionaron nada sobre miembros faltantes. Cuando nací, el 4 de diciembre de 1982, mi madre no alcanzaba a verme al principio, así que lo primero que le preguntó al doctor, fue: "¿Está bien el bebé?"

Hubo un silencio y conforme pasaban los segundos sin que le entregaran al bebé, sintió, cada vez más, que algo andaba mal. En lugar de darme a mi madre para que me abrazara, llamaron a un pediatra y caminaron hacia la esquina opuesta. Ahí me examinaban y continuaban consultándose entre ellos. Cuando mamá escuchó el llanto de un bebé sano, se sintió aliviada, pero mi papá, quien durante el ultrasonido había notado que me faltaba un brazo, se sintió mareado y tuvo que salir del quirófano.

Conmocionados por mi apariencia, las enfermeras y los doctores me envolvieron con rapidez.

Mi madre era enfermera, había asistido cientos de partos y no podían engañarla. Podía ver la preocupación en el rostro de los médicos, sabía que algo andaba muy mal.

"¿Qué es?, ¿qué sucede con mi bebé?", reclamó.

Al principio, su doctor no contestó, pero cuando ella insistió en que le respondieran, sólo pudo ofrecerle a mi madre un término médico. "Focomelia", dijo.

Dado su entrenamiento como enfermera, mi madre de inmediato reconoció el término que define la condición de los bebés cuando nacen sin extremidades o con miembros deformados. Pero sencillamente no podía aceptar que fuera verdad.

Mientras tanto, mi padre seguía afuera, atónito, preguntándose si realmente había visto lo que creía. Cuando salió el pediatra a hablar con él, lloró: "¡Mi hijo no tiene brazo!"

"En realidad", dijo el pediatra con la mayor sensibilidad posible, "su hijo no tiene brazos ni piernas".

Mi padre se derrumbó, lleno de conmoción y angustia.

Se sentó, mudo, sin poder hablar hasta que se activaron sus mecanismos de defensa. Se apresuró a decírselo a mi madre antes de que ella me viera, pero por desgracia, la encontró en su cama llorando. Los médicos ya le habían dado la noticia. Le ofrecieron llevarme con ella, pero se rehusó a abrazarme y les dijo que me alejaran.

Las enfermeras estaban llorando, también la partera y, por supuesto, ¡yo estaba llorando! Al fin me colocaron junto a mi madre. Todavía estaba cubierto y ella no pudo soportar lo que vio: su bebé sin miembros.

"Llévenselo", dijo. "No quiero tocarlo, ni verlo".

Hasta el día de hoy, mi padre siente pena de que los médicos no le hubiesen dado tiempo para preparar a mi madre adecuadamente. Más tarde, cuando ella dormía, él me visitó en el cunero. Volvió y le dijo a mamá: "Se ve hermoso". Le preguntó si quería verme entonces, pero ella se negó. Aún estaba muy agitada. Mi padre comprendió y respetó sus sentimientos.

En lugar de celebrar mi nacimiento, mis padres y toda la iglesia a la que pertenecían guardaron luto. Se preguntaban: "Si Dios es un

Dios de amor, ¿por qué habrá permitido que sucediera algo como esto?"

EL DOLOR DE MI MADRE

Yo fui el primogénito de mis padres, y aunque por lo general esto sería una razón importante de celebración para cualquier familia, cuando yo nací nadie le envió flores a mi madre. Eso la lastimó y tornó su desesperación en algo más profundo.

Triste y llena de lágrimas, le preguntó a mi padre: "¿Acaso no merezco flores?"

"Lo siento", dijo papá. "Por supuesto que las mereces". Entonces fue a la florería del hospital y volvió en poco tiempo para regalarle un *bouquet*.

Yo no supe de esto sino hasta que tuve trece años más o menos. Fue cuando comencé a preguntarle a mis padres sobre mi nacimiento y su reacción inicial a mi carencia de extremidades. Había tenido un mal día en la escuela y, cuando se lo dije a mamá, lloró conmigo. Le dije que estaba cansado de no tener brazos ni piernas. Compartió mis lágrimas y me dijo que ella y papá habían logrado entender que Dios tenía un plan para mí y que algún día Él mismo me lo revelaría. Mis preguntas continuaron por algún tiempo, a veces para uno de mis progenitores, a veces para ambos. Una parte de mis preguntas radicaba en la duda natural y otra era respuesta a las persistentes preguntas que recibía de mis curiosos compañeros de clase.

Al principio temía un poco lo que mis padres podrían responderme y, como era un tema que les era difícil abordar, no deseaba ponerlos en ese predicamento. Ellos fueron muy cuidadosos y protectores con sus respuestas en nuestras primeras conversaciones. Conforme crecí y los presioné más, me ofrecieron reflexiones más profundas sobre sus sentimientos y sus miedos. Sabían que yo ya podía manejar eso, pero, aun así, fue muy difícil cuando mi madre me dijo que no había querido abrazarme cuando nací. Por decir lo menos, fue muy duro de aceptar. Yo ya era bastante inseguro, pero enterarme de que mi propia madre ni siquiera había soportado verme, fue... bueno, imagínate cómo te sentirías. Me sentí herido y rechazado, pero luego pensé en todo lo que mis padres habían hecho por mí. Me habían demostrado su amor incontables veces. Para cuando tuvimos estas conversaciones, yo ya tenía edad suficiente para entender la situación de mi madre. Fuera de sus presentimientos, no hubo ninguna advertencia durante su embarazo. Ella estaba conmocionada y tenía miedo. ¿Cómo habría yo respondido como padre? No estoy seguro de que lo habría manejado tan bien como ellos lo hicieron. Les dije lo que pensaba y conforme pasó el tiempo entramos en más detalle.

Me alegro de que mis padres hayan esperado hasta que yo me sintiera seguro y hasta que tuviera la certeza, en el fondo de mi corazón, de que me amaban. Hemos seguido compartiendo nuestros sentimientos y temores. Mis padres me han ayudado a entender cómo fue que su fe les permitió ver que yo estaba destinado a servir un propósito de Dios. En general, fui un niño con determinación y entusiasmo. Mis maestros, otros padres y algunos desconocidos les dijeron a mis papás que mi actitud era inspiradora. Por mi parte, logré ver que, sin importar la dimensión de mis desafíos, mucha gente tenía cargas más pesadas que la mía.

Hoy en día, en mis viajes alrededor del mundo, puedo presenciar un sufrimiento avasallador, eso me hace sentir agradecido por lo que tengo y disminuye mi inclinación a enfocarme en aquello de lo que carezco. He visto niños huérfanos con enfermedades atroces, mujeres jóvenes forzadas a vivir en la esclavitud sexual, hombres que fueron encarcelados por ser pobres y no poder pagar una deuda.

El sufrimiento es universal e increíblemente cruel, pero incluso en las peores ciudades perdidas y tras las más horribles tragedias, me he regocijado al conocer gente que no sólo sobrevive, sino que prospera. Es verdad que lo que menos esperaba yo encontrar en un lugar llamado Ciudad de la Basura era alegría. La Ciudad de la Basura es la peor ciudad perdida en las afueras de El Cairo, en Egipto. El barrio Manshiet Nasser está incrustado entre elevados acantilados. El desafortunado pero preciso apodo del barrio y el rancio olor de la comunidad provienen del hecho de que la mayoría de sus cincuenta mil habitantes se mantienen de peinar todo El Cairo, recoger su basura, arrastrarla hasta su vivienda y pepenarla. Todos los días revisan montañas de desechos que sustraen de una ciudad de dieciocho millones de habitantes, en espera de encontrar objetos para vender, reciclar o reutilizar de alguna forma.

Entre las calles cubiertas de pilas de basura, corrales de cerdos y desechos hediondos, cualquiera podría esperar que la gente estuviera abrumada por la desesperación. Sin embargo, cuando visité la ciudad en 2009, fue todo lo contrario. La gente de ahí tiene una vida muy difícil, por supuesto, pero a quienes pude conocer, eran cariñosos, parecían felices y estaban llenos de fe. Egipto es una nación musulmana en un noventa por ciento, pero la Ciudad de la Basura es el único barrio predominantemente cristiano. Casi el noventa y ocho por ciento de sus habitantes son cristianos cópticos.

He visitado muchas de las ciudades perdidas más pobres de todo el mundo. En lo que respecta al ambiente, ésta era una de las peores, pero también era una de las que contaban con el espíritu más cálido. Pudimos meter alrededor de ciento cincuenta personas en un edificio de concreto muy pequeño que funcionaba como iglesia. Cuando comencé a hablar, me sobrecogió el gozo y la felicidad que manaba del público. Brillaban ante mí. En rara ocasión ha sido mi vida bendecida de esta forma. Agradecí esa fe que vi en ellos y que los eleva por encima de sus circunstancias y les narré la forma en que Jesús también había cambiado mi vida.

Conversé con líderes de iglesias sobre la forma en que sus vidas habían cambiado en esa ciudad a través del poder de Dios. Ellos no tenían su esperanza puesta en esta tierra, sino en la eternidad. Mientras tanto, seguirán creyendo en milagros y le agradecerán a Dios por lo que es y por lo que ha hecho. Antes de partir, entregamos a varias familias, arroz, té y cierta cantidad en efectivo con la que podrían comprar alimentos para varias semanas. También distribuimos equipo deportivo, pelotas de futbol y cuerdas para saltar entre los niños. De inmediato invitaron a nuestro equipo a jugar. Teníamos una pelota, sonreíamos y gozábamos juntos, a pesar de que nos rodeaba la desesperanza. Nunca olvidaré a esos niños y sus sonrisas: fue una prueba más de que si confiamos totalmente en Dios, la felicidad puede llegar en cualquier circunstancia.

¿Cómo es que esos paupérrimos niños podían sonreír? ¿Cómo es que los prisioneros pueden cantar con gozo? Primero se elevan al aceptar que ciertos sucesos se encuentran más allá de su control y de su comprensión, y después se enfocan en lo que sí *pueden* entender y controlar. Es justamente lo que hicieron mis padres. Siguieron adelante al decidir que confiarían en la palabra de Dios, que "Todas las cosas funcionan para el bienestar de aquellos que aman a Dios, que actúan de acuerdo con su propósito".

UNA FAMILIA CON FE

Mi mamá y mi papá nacieron dentro de fuertes familias cristianas de la sección de Yugoslavia que ahora es conocida como Serbia. Cuando eran jóvenes, sus familias emigraron por separado a Australia debido a la represión comunista. Sus padres eran cristianos apostólicos y su fe implicaba una objeción consciente al uso de armas. Los comunistas los discriminaban y los perseguían por sus creencias. Tenían que realizar sus ritos en secreto. Sufrieron en el aspecto económico porque se habían negado a unirse al Partido Comunista, el cual controlaba todos los aspectos de la vida. Cuando mi padre era joven, pasó hambre en muchas ocasiones debido a esa circunstancia.

Mis abuelos maternos y paternos se unieron a los miles de cristianos serbios que emigraron a Australia, Estados Unidos y Canadá después del fin de la Segunda Guerra Mundial. Las familias de mis padres se mudaron a Estados Unidos y Canadá más o menos al mismo tiempo, es por eso que también tengo familiares en esos países.

Mis padres se conocieron en una iglesia de Melbourne. Mi madre, Dushka, cursaba el segundo año de la escuela de enfermería en el Royal Children's Hospital en Victoria. Mi padre, Boris, trabajaba en administración y contabilidad. Más tarde, además de su trabajo, se desarrolló como pastor laico. Cuando yo tenía como siete años, mis padres comenzaron a pensar en mudarse a Estados Unidos porque creían que ahí yo podría tener un mayor acceso a nuevas prótesis y a una mejor atención médica que nos ayudaría a lidiar con mis discapacidades.

Mi tío, Batta Vujicic, tenía un negocio de administración de bienes y construcción en Agoura Hills, a sólo cincuenta y seis kilómetros de Los Ángeles. Batta siempre le dijo a mi padre que si obtenía una visa de trabajo, le daría un empleo. Había una enorme comunidad de cristianos serbios que contaban con varias iglesias alrededor de Los Ángeles, lo cual también atrajo a mis padres. Mi padre se enteró de que el proceso para obtener una visa de trabajo era largo y arduo. Decidió solicitarla pero, mientras tanto, y debido a mis alergias —que se sumaban a mis discapacidades—, mi familia se mudó a 1600 kilómetros al norte, a Brisbane, Queensand, en donde el clima era mejor para mí.

Estaba cerca de cumplir diez años y cursaba cuarto de primaria cuando, por fin, mi familia tuvo la oportunidad de mudarse a Estados Unidos. Mis padres sentían que mis hermanos mayores —mi hermano Aaron y mi hermana Michelle— y yo estábamos en una edad adecuada para incorporarnos al sistema escolar estadounidense. Esperamos en Queensland durante dieciocho meses para que se arreglara el asunto de la visa de trabajo por tres años de mi papá y, finalmente, nos mudamos en 1994.

Por desgracia, el cambio a California falló por varias razones. Cuando dejamos Australia, yo ya había iniciado el sexto grado; mi nueva escuela en Agoura Hills tenía sobrepoblación y sólo pudieron admitirme en las clases avanzadas. Eso ya era difícil de por sí, pero había que sumar el hecho de que los programas eran muy distintos. Yo siempre había sido un buen estudiante, pero me costó trabajo adaptarme al cambio. Debido a que los calendarios escolares eran diferentes, yo ya estaba retrasado antes de comenzar mis clases en California. Fue muy duro ponerme al día. La secundaria a la que asistía también exigía que los estudiantes se cambiaran de salón para cada materia, lo cual era diferente en Australia y, por supuesto, sumaba más dificultades a mi esfuerzo para adaptarme.

Comenzamos viviendo en la casa de mi tío Batta, su esposa Rita y sus seis niños. La casa estaba llena a pesar de que era una construcción bastante grande en Agoura Hills. Habíamos planeado mudarnos a nuestra propia casa en cuanto fuera posible, pero los precios de los inmuebles eran mucho más altos que en Australia. Mi padre trabajaba en la compañía de administración inmobiliaria de mi tío Batta. Mi madre no continuó con su trabajo de enfermería porque su prioridad era que nos estableciéramos bien en nuestras nuevas escuelas y en el ambiente. Además, no había hecho la solicitud para recibir una licencia y practicar la enfermería en California.

Después de tres meses de vivir con la familia del tío Batta, mis padres llegaron a la conclusión de que el cambio a Estados Unidos no estaba funcionando. Yo seguía con problemas en la escuela y mis padres tenían dificultades para arreglar mi seguro médico y para enfrentar los altos costos que implicaba vivir en California. También les preocupaba el hecho de que tal vez nunca obtendríamos la residencia permanente en Estados Unidos. Un abogado le explicó a mi familia que mis problemas de salud podrían significar una dificultad mayor para obtener la aprobación, ya que había duda de que mi familia pudiese mantenerse al día con los costos médicos y con otros gastos relacionados con mis discapacidades.

Con tantos factores en contra, y después de cuatro meses en Estados Unidos, mis padres decidieron volver a Brisbane. Encontraron una casa en el mismo callejón en donde habíamos vivido antes de mudarnos, por lo que mis hermanos y yo pudimos volver a nuestras viejas escuelas y amigos. Papá volvió a trabajar dando clases de computación y de administración en el Colegio de Educación Técnica y Continua. Mamá dedicó su vida a mi hermano, mi hermana y, especialmente, a mí.

Un niño con desafíos

En los años recientes, mis padres han descrito con mucha franqueza los miedos y pesadillas que tuvieron tras mi nacimiento. Conforme yo crecía, por supuesto, nunca me dejaron saber que no era exactamente el niño que habían soñado tener. En los meses que siguieron a mi llegada mamá temió no poder cuidarme. Mi papá no podía ver un futuro feliz para mí y le preocupaba el tipo de vida que tendría. Él sentía que si yo no era autosuficiente y no podía disfrutar de la vida, tal vez estaría mejor con Dios. Consideraron sus opciones, incluso la posibilidad de darme en adopción. Mis abuelos maternos y paternos se ofrecieron a llevarme y cuidar de mí. Mis padres rechazaron las ofertas y decidieron que era su responsabilidad criarme de la mejor forma posible.

Sufrieron, pero luego se dispusieron a criar a su hijo con discapacidades físicas como un niño "normal" hasta donde fuera posible. Mis padres son gente de mucha fe y continuaron creyendo que Dios tendría alguna razón para haberles enviado un hijo así.

Algunas heridas se curan más rápido si te mantienes en movimiento. Sucede lo mismo con las contrariedades de la vida. Tal vez pierdes tu trabajo, una relación amorosa no funciona o, quizás, las deudas se siguen acumulando. Pero no puedes detener tu vida para sufrir por la injusticia de las heridas del pasado. En lugar de eso, busca maneras de seguir adelante. Posiblemente haya un mejor trabajo esperando por ti, tal vez será más satisfactorio. Tal vez tu relación necesitaba un cambio o tal vez hay alguien que es mejor para ti. Quizás tus retos financieros te inspirarán a encontrar maneras más creativas de obtener riqueza.

No todo el tiempo puedes controlar lo que te sucede; siempre pasa algo en la vida que no es tu culpa o que no está en tus manos evitar. Pero tienes la opción de darte por vencido o de seguir luchando por una mejor vida. Mi consejo es que tengas en mente que todo sucede por alguna razón y que, al final, siempre habrá un resultado favorable.

Cuando era niño, sólo asumí que era un bebé totalmente adorable, con un carisma natural y que era tan lindo como cualquier otro sobre la Tierra. A esa edad, mi gozosa ignorancia era una bendición. No sabía que yo era distinto ni conocía los desafíos que me esperaban. Verás, yo creo que nunca se nos da más de lo que podemos manejar. Te aseguro que por cada *discapacidad* que tienes, también has sido bendecido con *habilidades* más que suficientes para lidiar con tus retos.

Dios me proveyó con una sorprendente cantidad de determinación, además de otros dones. A muy temprana edad pude probar que, incluso sin miembros, era atlético y bien coordinado. Era un bloque, pero también era un muchachito, un diablillo que rodaba y se aventaba. Aprendí a colocarme de manera erguida: apoyaba mi frente contra la pared y me impulsaba. Mamá y papá trabajaron conmigo durante mucho tiempo para ayudarme a dominar un método más cómodo, pero yo siempre insistí en hacerlo a mi manera.

Mamá trató de ayudarme colocando algunos cojines en el piso para que los pudiera usar como apoyo y levantarme pero, por alguna razón, decidí que era mejor apoyar mi frente contra la pared e ir subiendo. Al hacer todo a mi manera, incluso cuando era más difícil, se convirtió en mi sello personal.

En aquellos días, utilizar mi cabeza era la única opción, lo que desarrolló mi intelecto de forma masiva (¡es broma!) al mismo tiempo que me dio un cuello como el de un toro brahmán y una cabeza tan dura como una bala. Por supuesto, mis padres se preocupaban todo el tiempo por mí. La paternidad es una experiencia muy fuerte, aun cuando tus bebés tienen el cuerpo completo. Con frecuencia las madres y los padres primerizos bromean diciendo que desearían que su primogénito hubiese nacido con un manual de operación. Ni siquiera en el libro del Doctor Spock había un capítulo sobre bebés como yo. No obstante, me empeñé en crecer con salud y temeridad; cerré mi etapa de los "terribles dos años" con más terror potencial para mis padres que el que habrían provocado unos octillizos.

¿Cómo se va a alimentar a sí mismo?, ¿cómo irá a la escuela?, ¿quién lo cuidará si algo nos sucede?, ¿cómo podrá llevar una vida independiente?

Nuestros poderes humanos de razonamiento pueden ser una bendición o una maldición. Al igual que mis padres, seguramente a ti también te preocupó y te angustió el futuro, pero a menudo sucede que eso a lo que le temes resulta ser un problema mucho menor de lo que habías previsto. No hay nada de malo en planear el futuro, pero debes tomar en cuenta que tus peores miedos podrían convertirse en tu mayor sorpresa. Por lo general la vida funciona de la manera correcta.

Una de las mejores sorpresas de mi niñez fue el control que logré sobre mi pequeño pie izquierdo. Lo utilizaba por instinto para rodarme, patear, empujar y apoyarme. Mis padres y los doctores sintieron que mi útil piecito podía convertirse en una herramienta con alcances mayores. Yo tenía dos dedos en el pie, pero se fusionaron antes de mi nacimiento. Mis padres y los doctores decidieron que podrían operarme para liberar los dedos y que eso me permitiría usarlos para sujetar una pluma, voltear la página o para realizar otras funciones.

Luego vivimos en Melbourne, Australia, y eso nos ofreció parte del mejor servicio médico del país. Yo presentaba desafíos que sobrepasaban el entrenamiento de la mayoría de los profesionales de la salud. Cuando los doctores me preparaban para la cirugía del pie, mi mamá continuaba insistiendo en que yo sufría de fiebre con frecuencia y que, por consiguiente, tendrían que mantenerse alerta ante la posibilidad de que mi cuerpo se sobrecalentara. Ella tenía información sobre otro niño sin miembros que se había sobrecalentado durante una operación y que quedó con daño cerebral después de sufrir un derrame.

Mis tendencias a rostizarme generaron una frase familiar que usábamos con frecuencia: "Cuando Nicky tiene frío, es porque los patos se están congelando". Sin embargo, no bromeo al decir que, si me ejercito demasiado, me agito o si permanezco demasiado tiempo bajo iluminación caliente, la temperatura de mi cuerpo aumenta con peligrosidad. Siempre tengo que estar preparado para evitar derretirme.

"Por favor verifique su temperatura con cuidado", les dijo mi madre a los miembros del equipo médico. Aunque los doctores sabían que mi madre era enfermera, no tomaron su advertencia con seriedad. Tuvieron éxito al separar los dedos de mi pie, pero sucedió lo que mi mamá les había prevenido. Salí empapado del quirófano porque no tomaron ninguna precaución para evitar que mi cuerpo se sobrecalentara y cuando notaron que mi temperatura se estaba saliendo de control, trataron de bajarla con sábanas empapadas en agua. También colocaron cubetas de hielo sobre mí para evitar un ataque.

Mi madre estaba furiosa. Sin duda alguna, ¡los doctores sintieron la ira de Dushka!

A pesar del congelamiento (literal), la calidad de mi vida se incrementó en gran medida con mis nuevos dedos. No funcionaban de la forma precisa que los doctores esperaban, pero pude adaptarme. Es increíble lo que un pequeño pie y dos dedos pueden hacer por alguien que no tiene brazos ni piernas. Esa operación, más las nuevas tecnologías, lograron liberarme ya que me dieron el poder de operar sillas de ruedas electrónicas construidas especialmente para mí, una computadora y un celular.

Yo no sé exactamente cuál es tu carga y tampoco puedo fingir que alguna vez he estado cerca de una crisis similar, pero mira lo que mis padres atravesaron cuando nací. Imagínate cómo se sintieron, piensa en lo terrible que les debió parecer el futuro.

Es posible que, en este preciso momento, no puedas ver una luz brillando al final de tu oscuro túnel, pero quiero que sepas que mis padres jamás pudieron imaginar la maravillosa vida que yo llegaría a tener algún día. No tenían idea de que su hijo no sólo llegaría a ser autosuficiente y tener una carrera, ¡sino que también sería feliz y lo embargaría un gozoso propósito!

La mayoría de los peores temores de mis padres jamás se materializaron. Es verdad que no fue sencillo criarme, pero creo que ellos podrán decirte que, a pesar de todos los retos, también disfrutamos de bastante risa y alegría. Considerándolo todo, tuve una niñez sorprendentemente normal en la que gocé de atormentar a mis hermanos Aaron y Michelle, ¡así como lo hacen todos los hermanos mayores!

Tal vez la vida te está vapuleando en este momento; tal vez te preguntas si cambiará tu suerte. Y yo te digo que no puedes imaginar siquiera el bienestar que te espera si continúas perseverando. Enfócate en tu sueño, haz lo que sea necesario para continuar en la persecución. Tú tienes el poder de cambiar tus circunstancias, persigue aquello que más deseas.

Mi vida es una aventura que todavía se está escribiendo y lo mismo sucede con la tuya. Comienza a escribir el primer capítulo ¡ahora! Llénalo de aventura, amor y felicidad. ¡Vive la historia que escribas!

En busca del significado

Debo aceptar el hecho de que durante mucho tiempo no creí tener el poder para decidir cómo sería mi historia. Tuve que luchar para entender la diferencia que yo podía significar en el mundo o para saber qué camino debería seguir. Cuando era chico estaba convencido de que mi breve cuerpo no ofrecía nada bueno. Claro que nunca tuve que levantarme del comedor a lavarme las manos y, sí, jamás conocí el dolor de un dedo pisado, pero sé que estos escasos beneficios no parecen un gran consuelo.

Mi hermano, mi hermana y mis primos jamás permitieron que sintiera pena por mí mismo. Nunca me mimaron. Me aceptaron como era y al hacerme bromas y molestarme, también me ayudaron a ser más duro, me ayudaron a encontrar humor en mi circunstancia, en lugar de amargura.

"¡Mira al niño de la silla de ruedas! Es un alienígena". Así gritaban mis primos por todo el centro comercial mientras me señalaban. Y todos moríamos de la risa ante las reacciones de los extraños que no sabían que los niños que molestaban al discapacitado eran, en realidad, sus mejores aliados.

Conforme crecí pude comprender que ser amado de esa forma es un regalo muy poderoso. Incluso, si te sientes solo a veces, debes saber que *tú* también eres amado y reconocer que Dios te creó por amor. Es por eso que nunca estás solo. Su amor por ti es incondicional. Él no te ama con condiciones, te ama siempre. Recuérdalo cuando te sobrecojan esos sentimientos de soledad y desesperación. Recuerda que se trata solamente de sensaciones que no son reales. El amor de Dios es tan real que Él te creó para probarlo.

Es importante que mantengas su amor en tu corazón porque habrá ocasiones en que te sientas vulnerable. Mi gran familia no siempre podría estar presente para protegerme; en cuanto comencé a asistir a la escuela fue obvio que no había manera de ocultar que era muy distinto a los demás. Mi padre me aseguró que Dios no cometía errores pero que, en ocasiones, sería difícil deshacerme de la sensación de que yo era la excepción de la regla.

"¿Por qué no pudiste darme por lo menos un brazo?" le preguntaba a Dios. "¡Piensa lo que podría hacer con un brazo!"

Estoy seguro de que has vivido momentos similares al orar o al desear un cambio dramático en tu vida. No hay razón para angustiarse si el milagro no llega o si tu deseo no se hace realidad en este preciso minuto. Recuerda que Dios ayuda a quienes se ayudan a sí mismos. Continúa siendo tu responsabilidad esforzarte para servir ese elevado propósito que existe para aplicar tus talentos y sueños en el mundo que existe a tu alrededor.

Durante mucho tiempo creí que si mi cuerpo hubiese sido más "normal", mi vida sería gloriosa. De lo que no me daba cuenta era de que yo no tenía que ser normal: sólo tenía que ser yo mismo, el hijo de mi padre, el que llevaría a cabo el propósito de Dios. Al principio no estaba dispuesto a enfrentar el hecho de que lo que realmente estaba mal no era mi cuerpo, sino los límites que me imponía y la corta visión que tenía de las posibilidades que había en mi vida.

Si no te encuentras en donde quieres estar o no has logrado todo lo que esperas realizar, es posible que la razón no se encuentre alrededor de ti, sino dentro. Debes asumir la responsabilidad y actuar. Sin embargo, primero debes creer en ti mismo y en lo que vales. No puedes esperar a que otros descubran tu escondite, no puedes esperar por ese milagro o por "la oportunidad perfecta". Debes considerar que tú eres el cucharón y el mundo es el guisado: agítalo.

Cuando fui niño pasé muchas noches orando para tener miembros. Me iba a dormir llorando y soñaba que, al despertar, habían aparecido como un milagro. Por supuesto, eso nunca sucedió. Como yo no me aceptaba a mí mismo, al siguiente día iba a la escuela y descubría que era muy difícil obtener la aceptación de otros.

Como la mayoría de los chicos, fui más vulnerable en mis años de preadolescente, esa época en que todos tratan de descubrir en dónde está su lugar, quiénes son y lo que les depara el futuro. Por lo general, aquellos que me herían en realidad no deseaban ser crueles, sólo eran típicos niños sin tacto.

"¿Por qué no tienes brazos ni piernas?", me preguntaban.

Mi deseo de pertenecer era igual al de mis compañeros. En algunos buenos días, me los podía ganar con mi ingenio, mi deseo de bromear sobre mi situación y arrojando mi cuerpo alrededor del patio de recreo. En los peores días, me ocultaba tras los arbustos o en salones vacíos para evitar que me hirieran o que se burlaran de mí. Parte del problema era que yo pasaba más tiempo con adultos y con mis primos mayores que con chicos de mi edad; me veía más grande y, a veces, la gravedad de mis pensamientos me trasladaba a lugares oscuros.

Nunca voy a lograr que una chica me ame. Ni siquiera tengo manera de abrazar a una novia. Si llego a tener hijos, tampoco podré abrazarlos jamás. ¿Qué tipo de empleo podría conseguir?, ¿quién me contrataría? Para la mayoría de los trabajos sería necesario contratar a otra persona tan sólo para que me ayudara a hacer lo que se supone que debo hacer. ¿Quién me va a contratar por el precio de dos?

En su mayoría, mis desafíos eran físicos, pero era claro que también me afectaban emocionalmente. A una edad muy temprana atravesé un periodo terrible de depresión. Luego, para mis eternas conmoción y gratitud, pasé a la adolescencia, fui ganando aceptación poco a poco, primero la mía y después la de los demás.

Todos atravesamos etapas en las que sentimos que nos excluyen, nos marginan o no nos aman. Todos tenemos inseguridades. La mayoría de los chicos creen que se burlarán de ellos por tener la nariz muy grande o porque su cabello es demasiado rizado. Los adultos temen no poder pagar sus deudas o no lograr vivir de la forma que han deseado.

Tú enfrentarás momentos de duda y temor: nos sucede a todos. Es normal sentirse abatido, es parte de ser humano. Pero ese tipo de sensaciones representa un peligro sólo si, en lugar de dejar que los pensamientos negativos se alejen de ti, permites que perduren.

Cuando confíes en el hecho de que cuentas con bendiciones —talentos, conocimiento, amor— que puedes compartir con otros, comenzarás el viaje a la autoaceptación, aun cuando tus dones no se hayan manifestado todavía. Cuando comiences ese viaje, otros se te unirán y caminarán contigo.

HABLAR FUERTE

Al tratar de hablar con mis compañeros de clase, encontré el camino hacia mi propósito. Si alguna vez has tenido que ser el nuevo niño en la esquina y comer el almuerzo solo, estoy seguro de que comprendes que ser el nuevo niño en la silla de ruedas puede ser aún más difícil. Nuestras mudanzas de Melbourne a Brisbane, a Estados Unidos y de vuelta a Brisbane, me obligaron a realizar ajustes que se sumaban a mis desafíos naturales.

Con frecuencia, mis compañeros nuevos asumían que yo estaba discapacitado física y mentalmente. En general, mantenían su distancia a menos que yo reuniera el valor para iniciar una conversación en el comedor o en algún pasillo. Entre más lo hacía, más crecía su noción de que, en realidad, no era un alienígena que había sido arrojado entre ellos.

Verás, en algunas ocasiones, Dios espera que tú ayudes a levantar la pesada carga. Puedes desear, puedes soñar, puedes tener esperanza. Pero también es necesario que actúes para lograr esos deseos, sueños y esperanzas. Tienes que estirarte más allá de donde estás para alcanzar lo que quieres ser. Yo deseaba que los chicos de mi escuela supieran que por dentro era igual que ellos, pero para eso tuve que salir de mi zona de comodidad. El hecho de alcanzarlos de esta forma me produjo recompensas fabulosas.

Después de algún tiempo, esas conversaciones con mis compañeros respecto a la forma en que lidiaba con un mundo diseñado para gente con piernas y brazos, tuvieron como resultado que me invitaran a dar pláticas para grupos de estudiantes, grupos de jóvenes en iglesias y otros tipos de organizaciones para adolescentes. Hay una maravillosa verdad inherente a la vida y yo descubrí con sorpresa que esa verdad no se enseña en las escuelas. Esa verdad tan fundamental es que cada uno de nosotros tiene algún don —un talento, habilidad, facilidad para un oficio, alguna capacidad especial— que nos proporciona placer y que nos atrapa. Y nuestro camino a la felicidad radica precisamente en ese don.

Si tú todavía estás buscando, tratando de descubrir en dónde tienes cabida y qué es lo que te hace sentir pleno, te sugiero que hagas una autoevaluación. Siéntate con papel y pluma, o con la computadora, y haz una lista de tus actividades favoritas. ¿Qué es lo que más te atrae?, ¿qué es aquello que puedes hacer por horas?, ¿lo que te hacer perder la noción del tiempo y del lugar y que, a pesar de todo, siempre deseas seguir haciendo? Ahora, ¿qué es lo que las otras personas ven en ti?, ¿acaso te halagan por tu habilidad para organizar eventos o por tu capacidad analítica? Si no estás seguro de lo que los otros ven en ti, pregunta a tu familia y amigos en qué actividad creen que te desarrollas mejor.

Existen algunas pistas para encontrar el sendero de tu vida, un sendero que reside oculto dentro de ti. Al llegar a este mundo, todos llegamos desnudos y llenos de promesas, venimos con paquetes que esperan ser abiertos. Cuando encuentras algo que te mueve por completo, que harías durante todo el día aunque no te pagaran, entonces estás en el camino correcto. Cuando encuentras a alguien que está dispuesto a pagarte por hacerlo, entonces ya también tienes una carrera.

Al principio, mis breves pláticas para otros jóvenes fueron una forma de alcanzarlos, de mostrar que era igual a ellos. En ese tiempo estaba enfocado en mí, estaba agradecido por tener la oportunidad de compartir mi mundo y de poder hacer una conexión. Sabía que hablar me era benéfico, pero me llevó algún tiempo comprender que lo que dijera debía tener un efecto importante en los otros.

PARA ENCONTRAR EL SENDERO

Un día di una plática a un grupo de aproximadamente trescientos estudiantes adolescentes; era, tal vez, el grupo más grande al que me había dirigido. Estaba compartiendo mis sentimientos y mi fe cuando algo maravilloso sucedió. En ocasiones, algunos estudiantes o maestros derramaban lágrimas cuando les platicaba sobre los retos que había tenido que enfrentar, pero en aquella plática en particular, una chica del público se desarmó por completo y comenzó a sollozar. Yo no estaba seguro en realidad de lo que sucedía, creí que tal vez había disparado alguna terrible memoria que ella guardaba. Pero me sorprendí mucho cuando reunió el valor para alzar la mano y hablar a pesar de su tristeza y el llanto. Con mucha valentía, me preguntó si podía acercarse y abrazarme. ¡Vaya! Me quedé helado.

La invité a subir, enjugó sus lágrimas y se dirigió al frente del auditorio. Entonces me dio un enorme abrazo, uno de los mejores de mi vida. Para ese momento, casi todos en el auditorio estaban llorando, incluyéndome. Pero, cuando murmuró algo en mi oído, me derrumbé por completo.

"Nadie me ha dicho jamás que soy bella así como soy. Nadie me ha dicho que me ama", dijo. "Acabas de cambiar mi vida y, tú, también eres una bella persona".

Hasta ese momento, yo había cuestionado mi valor muy a menudo. Pensaba que era tan sólo una persona que daba pláticas como un medio para conectarse con otros adolescentes. Esa chica, para empezar, dijo que yo era "bello" (y eso no le hace daño a nadie), pero, más que nada, me ofreció la primera pista real de que mis pláticas podían ayudar a otros. Ella modificó mi perspectiva: *Tal vez, en realidad, sí tengo algo con lo que puedo contribuir para otros*, pensé.

Ese tipo de experiencias me ayudó a comprender que, ser "diferente", quizás me motivaría a contribuir con algo especial para el mundo. Descubrí que las personas estaban dispuestas a oírme hablar porque les bastaba verme para darse cuenta de que yo había enfrentado y superado mis desafíos. Yo tenía credibilidad. La gente sabía por instinto que yo tenía algo que decir y que podría ayudarle con sus problemas personales.

Dios me ha utilizado para tocar a gente en un sinnúmero de escuelas, iglesias, prisiones, orfanatos, hospitales, estadios y auditorios. Y, aún mejor, he podido abrazar a miles de personas en encuentros cara a cara que me permiten decirles lo valiosas que son. También me encanta asegurarles que Dios tiene un plan para sus vidas. Dios tomó mi extraño cuerpo y vertió en él la habilidad de levantar corazones y animar espíritus. Así como lo dice en la Biblia: "Tengo planes para ti... planes para que prosperes, no para dañarte; planes para darte una esperanza y un futuro".

PARA HACER QUE SUCEDA

No hay duda, a veces la vida puede parecer cruel. A veces se acumulan los problemas y en apariencia no hay salida. Es posible que no te guste cómo suena esto, pero tal vez es porque todavía no estás convencido de que lo bueno también te puede suceder a ti, ahora mismo.

El hecho es que, como simples mortales que somos, tú y yo tenemos una visión limitada. No nos es posible ver lo que nos espera. Ésas son la buena y la mala noticia. Yo te puedo animar diciéndote que lo que te espera adelante es mucho mejor de lo que hayas podido imaginar, pero, es tu responsabilidad sobreponerte, levantarte y ¡presentarte ahí!

Si acaso tu vida es buena y quieres hacerla mejor, o si es tan mala que sólo tienes ganas de quedarte en cama, el hecho es que, lo que suceda de aquí en adelante depende totalmente de ti y de tu Creador. Es verdad, no lo puedes controlar todo. Es común que le sucedan cosas terribles a la gente, sin importar cuán buena es. Tal vez es injusto que no hayas nacido con una existencia más desahogada, pero ésa es tu realidad y tienes que trabajar con ella.

Es posible que te tropieces y que la gente dude de ti. Cuando decidí que convertiría mis pláticas públicas en mi carrera, incluso mis padres cuestionaron mi decisión.

"¿No crees que una carrera de contabilidad en tu propio despacho sería más apropiada para tus circunstancias y te ofrecería un futuro mejor?", me preguntó mi padre.

Sí, desde muchos puntos de vista la carrera en contabilidad tal vez era más lógica para mí porque tengo un talento natural para los números. Pero desde muy chico he tenido esta enorme pasión por compartir mi fe y esperanza de que haya una vida mejor. Cuando encuentras tu verdadero propósito, llega la pasión y, entonces, toda tu vida se vuelca en él.

Si tú todavía estás buscando tu sendero en la vida, debes saber que es normal sentirse un poco frustrado. La vida no es una carrera corta, es un maratón. El deseo que tienes de obtener más significado es un símbolo de que estás creciendo, de que te mueves más allá de tus límites y de que estás desarrollando tus talentos. Es muy sano que, de vez en cuando, te fijes en dónde estás y te preguntes si tus acciones y prioridades están dirigidas hacia tu propósito más alto.

Para aligerar el camino

Cuando tenía quince años arreglé mi vida con Dios y le pedí dirección y perdón. Le rogué que iluminara el camino de mi propósito. Cuatro años después de ser bautizado comencé a hablar con otros sobre mi fe y entonces supe que había encontrado mi llamado. Mi carrera como orador y evangelista creció para convertirse en un ministerio global y, hace tan sólo unos años, sin esperarlo, sucedió algo que elevó mi corazón aún más y me confirmó que había elegido el camino correcto.

Esa mañana de domingo no había nada que me hiciera pensar que sucedería algo extraordinario. Me dirigía a una iglesia de California para hablar sobre el compromiso y, a diferencia de las otras presentaciones que había tenido que llevar a cabo en lugares lejanos del mundo, en esta ocasión estaba muy cerca de mi hogar. La iglesia cristiana de la avenida Knott, en Anaheim, se localiza a unas cuadras de mi casa.

El coro estaba comenzando su canción de apertura cuando entré en mi silla de ruedas. El servicio estaba a punto de iniciar, por lo que me senté en una banca al frente de la congregación que llenaba el enorme templo y comencé a prepararme mentalmente para mi discurso. Ésa era la primera vez que me dirigiría a la gente de la Avenida Knott y no esperaba que supieran mucho sobre mí, así que me sorprendió mucho cuando, por encima de las voces del coro, alguien gritó: "¡Nick!, ¡Nick!"

No reconocí la voz y ni siquiera creí que yo fuera el "Nick" al que estaban llamando, pero, cuando volteé, vi a un caballero mayor que me saludaba.

"¡Nick! ¡Por aquí!", me gritó de nuevo.

Cuando vio que había captado mi atención, me señaló a un joven que estaba parado junto a él, en medio de la multitud en la iglesia, y parecía que el joven tenía un bebé en sus brazos. Había tanta gente que al principio sólo pude ver un destello de los brillantes ojos, un mechón de cabello castaño y la enorme sonrisa del bebé al que le faltaban algunos dientes.

Luego el hombre elevó al pequeño por encima de la multitud para que lo pudiera ver mejor. La imagen completa me llenó con una ola de sensaciones tan intensas que, de haber tenido rodillas, se me habrían doblado.

El pequeño era igual a mí. No tenía brazos ni piernas, sólo un pequeño pie como el mío. A pesar de que sólo tenía diecinueve meses, era *exactamente* igual a mí. Entonces comprendí por qué los dos hombres tenían tanto interés en que yo lo viera. Más adelante me enteré de que el nombre del bebé era Daniel Martínez y que era hijo de Chris y Patty.

Se suponía que yo me estaría preparando para mi discurso, pero al ver a Daniel —al verme a mí mismo en ese pequeño— se detonó un remolino de sensaciones tan grande que no podía concentrarme. Primero sentí compasión por él y por su familia, pero después me bombardearon memorias muy agudas y emociones de angustia al recordar cómo me había sentido yo de pequeño y comprendí que él debía estar pasando por lo mismo. *Yo sé cómo se siente*, pensé. *Yo ya pasé por lo que él va a experimentar.* Al ver a Daniel sentí una conexión increíble y una fuerte corriente de empatía. Volvieron los antiguos sentimientos de inseguridad, frustración y soledad, y me quedé totalmente sin aliento. Sentí como si me estuviera cocinando bajo las luces del escenario, comencé a sentirme aletargado. No era precisamente un ataque de pánico, más bien, la visión de ese pequeño había tocado al niño que habita en mí.

En ese momento tuve una revelación que me devolvió la calma. *Al crecer, no conté con alguien que compartiera mi situación y que pudiera guiarme. Pero ahora, Daniel sí tiene a alguien. Yo puedo ayudarlo, mis padres pueden ayudar a los suyos; él no tiene por qué pasar por lo que yo pasé. Tal vez le puedo evitar algo del dolor que yo tuve que soportar.* Ahí descubrí que, aun con lo difícil que era vivir sin miembros, mi vida tenía un valor que debía compartir. No me hacía falta nada para marcar una diferencia en el mundo. Dar valor e inspirar a otros se convertiría en mi alegría; aun cuando no pudiera cambiar este planeta tanto como lo deseaba, tenía la certeza de que mi vida no sería un desperdicio. Estaba y estoy decidido a realizar una contribución. Tú debes creer en tu poder para lograr lo mismo.

La vida sin significado pierde toda esperanza. La vida sin esperanza carece de fe. Si encuentras una manera de contribuir, también encontrarás el significado: la esperanza y la fe también llegarán de manera natural y te acompañarán en el futuro.

Se suponía que mi visita a la iglesia de la avenida Knott sería para inspirar y motivar a otros pero, a pesar de que al principio, cuando vi a ese niño, me sentí un poco abrumado, terminó siendo una poderosa confirmación de la diferencia que yo podía lograr en las vidas de mucha gente, en especial de aquella que se enfrenta a desafíos mayores como en el caso de Daniel y sus padres.

41

El encuentro fue tan fuerte que tuve que compartir con la congregación mis sentimientos y lo que estaba viendo. Por ello, invité a los padres de Daniel a que lo trajeran al podio.

"No existen las coincidencias en la vida", dije. "Cada respiro y cada paso han sido ordenados por Dios. No es una coincidencia que haya otro niño sin piernas ni brazos en este salón".

En cuanto dije eso, Daniel nos regaló una sonrisa radiante y cautivó a todos en la iglesia. Cuando su padre lo sostuvo erguido a mi lado, la congregación guardó silencio. La visión de los dos juntos, un joven y un niño que comparten los mismos desafíos, sonriendo el uno al otro, provocó llanto y sollozos entre la gente de los banquillos que nos rodeaban.

Yo no suelo llorar con facilidad, pero en cuanto se desató un mar de lágrimas entre los que me rodeaban, no pude evitar unírmeles. Recuerdo que esa noche en casa no pude decir una sola palabra. Continuaba pensando en el pequeño y en cómo debía sentir lo que yo había experimentado a su edad. También pensé en cómo se sentiría conforme se fuera haciendo más consciente, cuando se encontrara con la crueldad y el rechazo que yo había sufrido. Me sentía triste por él y por el sufrimiento que tendría que soportar, pero después me pude sentir un poco más animado porque sabía que mis padres y yo podríamos aligerar su carga, incluso, iluminar la esperanza en su corazón. Estaba desesperado por contarle a mis padres esto, porque sabía que de inmediato desearían conocer al pequeño y compartir la esperanza con él y con sus padres. Mamá y papá habían pasado por demasiadas experiencias y no habían tenido a nadie que los guiara. Sabía que estarían agradecidos por tener la oportunidad de ayudar a esta familia.

Ese momento había sido surrealista para mí, abrumador por completo. Me quedé sin habla (lo cual es raro) y cuando Daniel me miró, mi corazón se derritió. Yo todavía me sentía como un niño, y como nunca había visto a alguien como yo, deseaba muchísimo saber que no estaba solo, que no era distinto a todas las personas del planeta. Sentía que en realidad nadie podía entender lo que yo estaba experimentando ni comprender mi dolor y mi soledad.

Al reflexionar sobre mi niñez, de pronto recordé todo el dolor que había sentido en cuanto me di cuenta de lo diferente que era a todos los demás. La pena se incrementaba cuando la gente se burlaba de mí, pero comparado con la infinita piedad, gloria y poder de Dios, ahora podía sentir, gracias a ese momento con Daniel, que de pronto mi dolor era insignificante.

Yo no le desearía mi discapacidad a nadie, es por ello que me sentía tan triste por Daniel. Sin embargo, sabía que Dios había traído a este niño hacia mí para que yo pudiera aligerar su carga. Era como si Dios me guiñara y me estuviera diciendo: "¡Te atrapé! ¿Lo ves? ¡Yo sí tenía un plan para ti!"

¡ÁNIMO!

Por supuesto que no tengo todas las respuestas, no conozco el dolor específico que enfrentas, ni tus desafíos. Yo llegué a este mundo con limitaciones físicas, pero nunca me he enfrentado al dolor del abuso o el descuido. Nunca he tenido que lidiar con una familia desintegrada, nunca he perdido a mis padres, ni a un hermano o hermana. Hay muchas experiencias que yo no he vivido. De hecho, estoy seguro de que, de mil maneras distintas, he tenido una vida más fácil que la de mucha gente.

En ese momento tan coyuntural, cuando volteé y vi a Daniel sobre la multitud en la iglesia, comprendí que me había transformado en el milagro que yo había pedido. Dios no me había otorgado tal milagro, pero, en lugar de eso, me convirtió en el milagro de Daniel.

Yo tenía veinticuatro años cuando conocí a Daniel. Más tarde ese día, cuando su madre, Patty, me abrazó, me dijo que era como viajar al futuro y abrazar a su propio hijo cuando creciera.

"No tienes idea de cuánto le recé a Dios para que me enviara una señal, algo que me dijera que Él no se había olvidado de mi hijo ni de mí", me dijo. "Eres un milagro, tú eres *nuestro* milagro".

Uno de los aspectos más trascendentes de nuestra reunión de aquel domingo fue que mis padres venían viajando desde Australia para hacerme la primera visita desde que me mudé a Estados Unidos un año antes. Un par de días más tarde, papá y mamá se reunieron con Daniel y sus padres. Te puedo asegurar que tenían muchísimo de que hablar.

Chris y Patty creyeron que yo era una bendición para Daniel, pero mis padres fueron algo mucho mejor. ¿Quién podría prepararlos y guiarlos mejor en el camino para criar a un niño sin pies ni brazos? No sólo les podíamos dar esperanza, sino evidencias sólidas de que Daniel podría tener una vida normal y de que, con el tiempo, él también descubriría las bendiciones que estaba destinado a compartir. Nosotros fuimos bendecidos para compartir nuestras experiencias con ellos, para motivarlos y ofrecerles la prueba de que no hay límites para una vida sin extremidades.

De manera similar, Daniel es una vivaz bendición para mí; su energía y alegría me brindan mucho más de lo que yo jamás podré darle. Ésa es otra recompensa por completo inesperada.

Debido a una enfermedad, la ya fallecida Helen Keller perdió la vista y la audición antes de los dos años. No obstante, se convirtió en una reconocida escritora de fama mundial, oradora y activista social. Esta gran mujer dijo que la verdadera felicidad proviene de "la fidelidad a un propósito que valga la pena".

¿Qué significa eso? Para mí significa que debes ser fiel a tus dones, hacerlos crecer, compartirlos y gozarlos. Significa que te debes mover más allá de la búsqueda de la satisfacción personal y alcanzar aquella búsqueda más madura, la búsqueda de significado y plenitud.

Las mayores recompensas llegan cuando te entregas a ti mismo. Se trata de mejorar la vida de otros, de ser parte de algo más grande que tú mismo. Se trata de hacer una diferencia positiva. No tienes que ser la Madre Teresa para lograrlo. Puedes ser un tipo "discapacitado" y aun así, provocar un cambio. Tan sólo pregúntale a la jovencita que envió este correo electrónico a nuestro sitio, *Life Without Limbs* (*La vida sin miembros*):

Querido Nick,

Vaya, no sé por dónde empezar. Supongo que comenzaré presentándome. Tengo dieciséis años y te escribo porque vi tu video "No Arms, No Legs, No Worries" ("Sin brazos, sin piernas, sin preocupaciones") y causó un fuerte efecto en mi vida y en mi recuperación. Hablo de mi recuperación porque me estoy reponiendo de un desorden alimenticio: anorexia. He entrado y salido de centros de tratamiento durante todo un año; ha sido la peor parte de mi existencia hasta ahora. Hace poco me dieron de alta de un centro residencial de tratamiento que se encuentra en California. Vi tu DVD cuando estuve ahí; nunca me había sentido tan inspirada y motivada en toda mi vida. En verdad me conmoviste; todo acerca de ti es muy ins-

pirador y positivo. Cada palabra que salía de tu boca logró influir en mí.
Nunca había estado tan agradecida, es decir, hubo ocasiones en la vida en
que pensé que había llegado al fin, pero ahora veo que todos tienen un
propósito y deben respetarse por lo que son. En serio, no puedo agradecerte
lo suficiente por toda la motivación que me dio tu DVD. *Desearía conocerte*
algún día, es algo que me gustaría hacer antes de morir. Tienes la mejor
personalidad que podría tener un ser humano, me hiciste reír muchísimo
(lo cual es difícil cuando estás en rehabilitación). Gracias a ti, ahora soy
más fuerte y estoy más consciente de quién soy. Ya no estoy obsesionada
con lo que las otras personas opinan de mí y tampoco me subestimo todo el
tiempo. Me enseñaste a transformar mis pensamientos negativos en pensa-
mientos positivos. Gracias por salvar mi vida y cambiarla por completo; no
puedo dejar de agradecerte, ¡eres mi héroe!

ÚSAME

Me siento agradecido por recibir muchas cartas como la anterior. Resulta extraño en particular cuando pienso que, de niño,
siempre me sentí muy abatido y me fue difícil disfrutar mi propia
vida, olvídate de ayudar a otros a disfrutar las suyas. Tal vez tu
búsqueda de significado continúa, pero creo que nunca lo lograrás
sin ayudar a otros. Cada uno de nosotros espera usar los talentos y
conocimiento que nos fueron otorgados para algo con mucho más
alcance que tan sólo pagar las cuentas.

A pesar de que en el mundo de hoy podemos estar conscientes del vacío espiritual que nos provoca la acumulación de bienes
materiales, también necesitamos recordatorios de que la plenitud
no tiene nada que ver con la posesión de bienes. Ciertamente, en
su intento por obtener la plenitud, las personas toman las opciones más extrañas. Pueden beber un *six-pack* de cervezas, se pueden
drogar hasta el olvido, pueden alterar sus cuerpos con el objeto de

alcanzar algún modelo arbitrario de belleza, pueden trabajar durante toda su vida para llegar a la cima del éxito, para que luego, en un segundo, todo les sea arrebatado. Pero la gente más sencilla sabe que no existen rutas sencillas para lograr la felicidad a largo plazo. Si le apuestas a los placeres temporales, lo único que obtendrás será satisfacción personal. Las emociones baratas sólo te dan el valor de lo que pagas por ellas: hoy están aquí y, mañana, se habrán ido.

La vida no se trata de poseer sino de ser. Te podrías rodear de todo lo que el dinero puede comprar y, aún así, te sentirías tan miserable como es posible. Conozco a personas con cuerpos perfectos que no tienen la mitad de la felicidad que yo he podido encontrar. En mis viajes he podido encontrar más alegría en los barrios bajos de Mumbai y en los orfanatos de África, que en las adineradas y amuralladas comunidades, y en algunas propiedades de esas que valen millones y surgen por todos lados.

¿Por qué sucede eso?

Sólo cuando tus talentos y tu pasión estén totalmente comprometidos, con toda su fuerza, encontrarás tranquilidad. Debes aprender a reconocer las recompensas instantáneas y a resistir la tentación de poseer objetos materiales como la casa perfecta, las prendas de moda o el auto más lujoso. Ese síndrome de: "Si tan sólo tuviera x cosa, sería feliz", es tan sólo parte de una alucinación colectiva. Si tratas de encontrar la felicidad en los objetos, te parecerá que nunca tienes suficientes.

Mira a tu alrededor, mira hacia dentro de ti.

...

Cuando era niño imaginaba que si tan sólo Dios me concediera tener piernas y brazos, sería feliz por el resto de mi vida. No me parecía que fuera un deseo egoísta porque los miembros son parte del equipo estándar. Sin embargo, como ya sabes, descubrí que podía ser feliz y tener plenitud sin ellos. Daniel me ayudó a confirmarlo y la experiencia de entrar en contacto con él y su familia me recordó por qué estaba yo en este mundo.

Cuando mis padres llegaron a California nos reunimos con la familia de Daniel, ahí pude ser testigo de algo muy especial. Mis padres y yo pasamos horas hablando con su madre y su padre, comparando experiencias, discutiendo cómo lidiamos nosotros con los desafíos que le esperan a él. A partir de esos primeros días, formamos un fuerte vínculo que continúa existiendo hasta ahora.

Aproximadamente un año después de nuestra primera entrevista, nos reunimos de nuevo y durante nuestra plática, los papás de Daniel mencionaron que sus doctores pensaban que él no estaba listo para tener una silla de ruedas fabricada con el objetivo de cubrir sus necesidades.

"¿Por qué no?", les pregunté. "Yo comencé a manejar mi silla cuando tenía más o menos su edad".

Para probar mi punto de vista, salté de la silla y dejé que Daniel tomara mi lugar. Su pie se adaptaba a la palanca como un guante y ¡le encantó! Maniobró la silla con mucha seguridad y, como estábamos ahí, Daniel tuvo la oportunidad de mostrar a sus padres que podía manejar una silla especial. Ésa fue una de las tantas maneras en que supe que podría ayudarlo y que podría iluminar su camino con mi experiencia. No sabes lo emocionante que es servir de guía a Daniel.

Ese día le dimos a Daniel un regalo muy peculiar, pero con su felicidad, él me dio algo todavía mejor en ese desigual intercambio. No fue un auto de lujo, no fue una McMansión. No hay nada comparable a cumplir tu destino y alinearte con el plan de Dios.

Ese regalo me mantiene dando. En una visita posterior que les hice a Daniel y a su familia, mis padres compartieron con ellos aquellas primeras preocupaciones, por ejemplo que podría ahogarme en la bañera porque no tenía brazos ni piernas para mantenerme a flote. Es por eso que tenían mucho cuidado cuando me bañaban y, conforme crecí, mi papá me sostenía en el agua con suavidad para mostrarme que podía flotar. Con el tiempo adquirí más confianza y temeridad y aprendí que podía flotar con facilidad mientras guardara un poco de aire en mis pulmones. Hasta aprendí a usar mi pequeño pie como una propela para moverme en el agua. Tomando en cuenta lo asustados que mis padres siempre habían estado respecto a mis baños, imagina su sorpresa al ver que me convertía en un hábil nadador y que me arrojaba a cuanta alberca me encontraba.

Después de compartir esa historia con la familia de Daniel, nos dio mucho gusto enterarnos de que una de las primeras frases que les dijo a sus padres cuando aprendió a hablar con claridad, fue: "¡Nadar como Nick!" Ahora Daniel también es un ávido nadador y no puedo expresar con palabras lo feliz que eso me hace. Ver que Daniel se puede beneficiar con mi experiencia, le da un significado más profundo a mi vida. Si mi historia nunca alcanza a otra persona, la determinación de Daniel para "Nadar como Nick" sería suficiente para hacer que mi vida y todos los obstáculos que encontré hayan valido la pena.

Lo más importante es reconocer tu propósito, te aseguro que tú también tienes algo para contribuir. Tal vez ahora no lo puedes notar, pero no estarías en este planeta si no fuera verdad. Estoy seguro de que Dios no comete errores, sino milagros. Yo soy uno de ellos. Y tú, también.

DOS

SIN BRAZOS, SIN PIERNAS, SIN LÍMITES

Durante mis viajes, en muchas ocasiones he sido testigo del increíble poder del espíritu humano. Tengo la certeza de que los milagros sí ocurren, pero sólo a aquellos que se aferran a la fe. ¿Qué es la esperanza? Es el lugar en donde nacen los sueños, es la voz de tu propósito, te habla y te asegura que nada de lo que te sucede vive dentro de ti en realidad, que no puedes controlar lo que pasa, sólo puedes controlar la manera en que respondes a ello.

El reverendo Martin Luther King, Jr., solía decir: "Todo lo que se hace en el mundo, se hace por la esperanza". Yo tengo la certeza de que, mientras respires, siempre habrá esperanza para ti. Nosotros, tú y yo, somos solamente humanos, no podemos ver el futuro. En lugar de eso podemos imaginar las posibilidades. Sólo Dios sabe lo que nos depara la vida, y la esperanza es el regalo que nos ha brindado. Es una ventana por la que podemos mirar. No es posible conocer el futuro que Dios nos ha designado, pero debes confiar en Él, mantener la esperanza en tu corazón, incluso cuando te enfrentes a lo peor, debes hacer lo necesario y ¡prepararte siempre para lo mejor!

Claro que, a veces, no hay respuesta para nuestras oraciones. Las tragedias ocurren a pesar de las oraciones y de nuestra fe. Incluso a la mejor gente, la que tiene los corazones más puros, a veces sufre pérdidas terribles y mucho dolor. Los recientes terremotos mortales que tuvieron lugar en Haití, Chile, México y China son muestra de que el sufrimiento y las tragedias ocurren todos los días. Miles de personas murieron en esas catástrofes; sus esperanzas y sueños perecieron con ellas. Muchas madres perdieron a sus niños y muchos niños, a sus madres.

¿Cómo es posible mantener la fe en medio de tal sufrimiento? Una de las cosas que me permiten mantener mi fortaleza cuando escucho sobre estas tremendas calamidades, es el hecho de que, invariablemente, producen una cantidad increíble de cariño de parte de otros seres humanos. Justo cuando te preguntabas por qué la gente mantiene la fe en medio de tal sufrimiento, cientos de generosos voluntarios llegaron a estas regiones. Estudiantes, médicos, ingenieros y otros rescatistas y constructores, brindan algo de sí y de sus talentos para ayudar a los sobrevivientes.

La esperanza aparece aun en los peores momentos para probarnos la presencia de Dios. Mi propio sufrimiento parece ligero cuando se le compara con las pruebas que ha enfrentado mucha gente que he conocido, sin embargo, también he sufrido la pérdida de alguien muy querido. Nuestra familia perdió a mi primo Roy debido al cáncer. Roy tenía veintisiete años y falleció a pesar de las fervientes oraciones de todos los cristianos devotos que hay en nuestra familia, iglesia y comunidad. Es muy triste perder a alguien tan cercano, es muy difícil de entender, y es por ello que para mí, resulta muy importante tener fe. Verás, mi esperanza se extiende más allá de nuestra existencia terrenal. La última esperanza se encuentra en el cielo. Mi familia ha recibido un enorme consuelo porque tiene la esperanza de que mi primo, quien creía en Jesucristo, ahora se encuentre en el cielo con Él y ya no sufra más.

Incluso en las peores situaciones, las que parecen estar más allá de nuestra capacidad, Dios sabe cuánto pueden soportar nuestros corazones. Yo siempre me aferro a la creencia de que nuestra vida en este mundo es temporal y que sólo nos estamos preparando para la eternidad. Sin importar si nuestras vidas son buenas o malas, siempre nos espera la promesa del cielo. En los momentos más difíciles, siempre mantengo la esperanza de que Dios me dará la fuerza necesaria para sobrellevar los desafíos y los dolores de cabeza, y que me esperan días mejores: si no es en esta tierra, entonces ten por seguro que será en el cielo.

Una de las mejores maneras que he encontrado para mantener mi fe cuando nuestras oraciones no reciben respuesta es acercarme a otros. Si tu sufrimiento se convierte en una carga, trata de acercarte a alguien y de aligerar su carga, trata de darle esperanza. Anímalo y bríndale consuelo, hazle saber que no está solo. Ofrece compasión cuando tú la necesites, ofrece amistad cuando te sientas solo. Regala esperanza cuando a ti más falta te haga.

Yo soy joven y no creo tener todas las respuestas, pero he descubierto y probado, una y otra vez, que, en esos momentos en que prevalece la desesperanza, cuando no hay respuesta para nuestras oraciones y cuando se materializan nuestras peores pesadillas, la única salvación yace en la relación que tenemos con la gente que nos rodea. En mi caso y en el de mis compañeros cristianos, la salvación yace en la relación que tenemos con Dios y en la confianza que depositamos en su amor y sabiduría.

UN PODEROSO REGALO

Cuando realicé mi primera visita a China en 2008, se reforzó mi creencia de que la esperanza prevalece sobre el sufrimiento. Vi la Gran Muralla y quedé anonadado por la grandeza de una de las más excelsas maravillas del mundo. Sin embargo, el momento más poderoso del viaje llegó cuando vi el gozoso brillo en los ojos de una joven china. Era una artista que se presentaba con otros niños. Habían montado un espectáculo digno de las Olimpiadas. La jubilosa expresión de aquella niña llamó mi atención, no podía dejar de observarla. Mientras se movía con toda precisión siguiendo a los otros bailarines, balanceaba un plato que giraba sobre su cabeza. Su concentración era total y, a pesar de todo en lo que tenía que pensar, mantenía esa apariencia de felicidad total que me hizo llorar.

Verás, esta niña, al igual que todos los demás que participaban en el show, era parte de los más de cuatro mil jóvenes que habían quedado huérfanos por el terremoto que había golpeado a la región unos meses antes. Mi cuidador, nuestro coordinador de viajes y yo habíamos llegado al orfanato con provisiones para los niños. Ahí me solicitaron que hablara con ellos para elevar su ánimo.

Mientras viajábamos al orfanato, me sentí apesadumbrado por el daño y el sufrimiento que había causado el terremoto. Al enfrentar tal devastación, sentí que no sabría qué decirle a los huérfanos. La tierra se había abierto y se había tragado todo lo que amaban y conocían. Yo nunca había vivido algo tan terrible. ¿Qué podía decirles? Habíamos traído abrigos y otras prendas útiles para ellos, pero ¿cómo podría brindarles esperanza?

Cuando llegué al orfanato me rodearon los niños. Uno tras otro me abrazó. Yo no hablo chino, pero eso no tuvo la menor importancia: sus rostros me explicaban todo. A pesar de sus circunstancias se veían radiantes. En realidad no debí preocuparme sobre qué decirles porque no era necesario que yo inspirara a estos niños. En lugar de eso, ellos me inspiraron a mí con el exaltado carácter de su presentación. Habían perdido a sus padres, sus hogares y todo lo que poseían, pero, a pesar de eso, expresaban gozo.

Les dije que admiraba la valentía de sus espíritus y los exhorté a seguir mirando hacia adelante, a atreverse a tener vidas mejores y a perseguir sus sueños con toda su fuerza.

ATRÉVETE A SOÑAR

Debes tener el valor para perseguir tus sueños y nunca dudar de tu habilidad para afrontar los desafíos que te lleguen. Yo he podido ver la increíble capacidad que tiene la gente para sobreponerse a las circunstancias. No sólo en los orfanatos chinos, también en las ciudades perdidas de Mumbai y en las prisiones de Rumania. Hace poco hablé en un centro de ayuda social en Corea del Sur. Algunos de los residentes estaban discapacitados y también había muchas madres solteras. Me sobrecogió el poder de su espíritu. Asimismo visité una prisión con muros de concreto y rejas oxidadas en Sudáfrica. A los peores criminales no se les permitió participar en nuestro servicio en la capilla, pero pude escuchar a otros que estaban afuera, en toda la prisión. Cantaban música gospel. Fue como si el Espíritu Santo hubiese inundado toda la población con la alegría de Dios. Eran cautivos en el exterior pero, por dentro, eran libres porque tenían fe y esperanza. Aquel día, al atravesar las puertas de la prisión, sentí que los internos se veían mucho más libres que mucha gente que estaba fuera de la prisión. Tú también puedes permitir que la esperanza habite en tu corazón.

Recuerda que la tristeza tiene un propósito. Es totalmente natural experimentar esta emoción, sin embargo, no debes permitir que domine tus sentimientos día y noche. Tú puedes controlar tu respuesta, sólo debes enfocarte en los pensamientos más positivos y en las acciones que elevan tu ánimo.

Debido a que soy una persona espiritual, en momentos de dolor siempre me dirijo a mi fe. Pero, (sorpresivamente) estoy entrenado en contabilidad, lo que me da un enfoque más práctico. Si dices que no tienes esperanza, significa que tienes *cero* posibilidades de que vuelva a suceder algo bueno en tu vida.

¿Cero? Es bastante extremista, ¿no crees? El poder de creer que vendrán mejores tiempos es tan indiscutible que, según yo, gracias a él, hay más probabilidades de que tus días mejoren. La esperanza, con la fe y el amor, es uno de los pilares de la espiritualidad. Sin importar cuáles sean tus creencias, nunca debes dejar que la esperanza te abandone porque todo lo bueno de la vida comienza gracias a ella. Si no tuvieras esperanza, ¿acaso te atreverías a planear una familia? Sin esperanza, ¿tratarías de aprender algo nuevo? La esperanza es el trampolín para casi todos los pasos que damos; la esperanza que yo tengo al escribir este libro es que tú encuentres una vida mejor, una vida sin límites.

Hay un pasaje en la Biblia que dice: "Aquellos que tengan esperanza en el Señor, renovarán su fuerza. Volarán con alas como si fueran águilas; correrán sin agotarse, caminarán sin desfallecer". La primera vez que escuché este pasaje, comprendí que no necesitaba piernas ni brazos. Nunca olvides que Dios no se da por vencido contigo; mantente en movimiento porque la actividad produce inercia y, a su vez, esta inercia provoca oportunidades inesperadas.

Las olas se convierten en mareas

El devastador terremoto de 2009 en Haití entristeció profundamente a muchas personas alrededor del mundo. No obstante, a pesar de todas las tragedias que originó este desastre masivo, las atroces circunstancias también sacaron a relucir las cualidades de la gente. Es el caso de los sobrevivientes que se negaron a darse por vencidos sin importar la abrumadora situación en su contra.

Se creía que Emmanuel, el hijo de Marie, estaba entre los muertos que quedaron sepultados bajo un edificio. El sastre de veintiún años estaba en el apartamento de su madre cuando inició el terremoto. Ella escapó, pero no pudo encontrar a su hijo después; el edificio se había transformado en una pila de escombros. Marie buscó a su hijo en un campamento de emergencia que se abrió para la gente que había perdido su hogar, pero no pudo encontrarlo entre los demás sobrevivientes. Se quedó ahí, con la esperanza de que su hijo llegaría.

Después de varios días, regresó al caos y la destrucción para seguir buscando a su hijo. Había maquinaria pesada en el lugar y eso le dificultaba escuchar, pero, en algún momento, Marie pensó que había a oído a Emmanuel llamándola.

"En ese instante", le dijo a un reportero, "sabía que era posible salvarlo".

Marie les dijo a todos que había escuchado a su hijo debajo de los escombros, pero nadie pudo ayudarla. Sin embargo, cuando llegaron los grupos internacionales de rescate, encontró a un experimentado grupo de ingenieros. Los convenció de que su hijo seguía con vida. Los ingenieros pusieron en acción todo su equipo y experiencia, cortaron el acero, el concreto y los escombros, en el lugar preciso en donde Marie había escuchado la voz de su hijo.

Continuaron cavando hasta que encontraron la mano de Emmanuel. Él la estiraba hacia ellos. Siguieron así hasta que liberaron su hombro y consiguieron jalarlo. Había estado enterrado durante diez días, sufría de deshidratación severa, estaba cubierto de polvo y tenía mucha hambre, pero había sobrevivido.

A menudo todo lo que necesitas es creer que todo es posible, que los milagros pueden suceder. Como en el caso de Marie, puede ser que todo el mundo a tu alrededor sea un caos, pero no debes ceder ante la desesperanza. En lugar de eso, debes creer que Dios te proveerá aquello que te hace falta. Ése fue el pensamiento que motivó a Marie a actuar y sus acciones la acercaron a la voz de su hijo. No es mucho exagerar si pensamos que la esperanza de Marie fue lo que mantuvo a Emmanuel con vida, ¿verdad?

Tal vez la vida no te trata muy bien ahora, pero, mientras estés aquí, mientras sigas presionando, *todo* es posible.

La vida con esperanza en tu corazón

Tal vez te cuesta trabajo creer que todo es posible gracias a la fe, o tal vez te sientes tan abatido que parece imposible reunir la fuerza para arrastrarte hacia arriba. Hubo un tiempo en el que me sentí exactamente igual: estaba convencido de que mi vida nunca valdría algo y que siempre sería una carga para la gente que amaba.

Cuando nací, mis padres no estaban preparados para tener un niño sin miembros y, por lo tanto, se sintieron muy abrumados. ¿Quién podría culparlos? Cada madre y padre trata de prever el futuro para los hijos que traen al mundo. A mis padres les costaba trabajo pensar en el tipo de futuro que yo tendría y, conforme crecía, a mí también me era difícil imaginarlo.

Muchos de nosotros hemos podido ver cómo la imagen que teníamos de lo que sería nuestra vida se estrella contra una cruel realidad, de la misma forma en que se estrella un auto de carreras contra una barrera. Los hechos particulares de tu experiencia son únicos, pero las situaciones desesperadas son inherentes a toda la humanidad. En ocasiones, me han escrito algunos adolescentes por correo electrónico y me relatan sus historias, son niños de los que se ha abusado sexualmente, han sido maltratados, o fueron alejados de sus familias. Los adultos comparten historias en las que hablan sobre cómo el alcohol, las drogas o la pornografía, los han dejado en situaciones insostenibles. A veces parece que la mitad de la gente con la que trato está lidiando con el cáncer o con alguna otra enfermedad mortal.

¿Cómo se puede uno mantener lleno de esperanza en situaciones así? Tienes que confiar en Dios y recordar que estás aquí por alguna razón, tienes que dedicarte a llenar ese propósito. Sin importar el desafío que enfrentas, has sido bendecido de tal forma que encontrarás tu camino. Tan sólo piensa en mis padres y en la amargura que tuvieron que afrontar.

CONFÍA EN EL MEJOR

Sin duda es muy difícil seguir positivo y motivado cuando tu carga parece insoportable. Cuando crecí lo suficiente para comprender los retos que me esperaban, la desesperanza se apoderó de mí muy a menudo, no podía siquiera imaginar que habría algo bueno esperándome en el futuro. Las memorias que tengo de los días más oscuros de mi infancia son borrascosas; yo atravesaba uno de esos periodos en los que era bastante difícil ser diferente. Estoy seguro de que has pasado por esos momentos de duda personal: todos queremos pertenecer pero a veces nos sentimos totalmente ajenos.

Mis inseguridades y dudas provenían principalmente de la problemática física que implicaba no tener brazos ni piernas. Yo desconozco tu situación, pero te puedo decir que lo que a mí me funcionó fue aferrarme a la esperanza. A continuación te relataré tan sólo una de las formas en que la esperanza funcionó en mi mundo:

Yo apenas era un pequeño cuando los doctores les recomendaron a mis padres que me inscribieran en un grupo de juego con otros niños que también habían sido catalogados como "discapacitados". Sus problemas iban desde la falta de algún miembro, hasta fibrosis quística y desórdenes mentales. Mis padres sentían mucho cariño y simpatía por otros niños con necesidades especiales y por sus familias, pero también creían que ningún niño debía ser limitado a un grupo de compañeros de juego. Se apegaron a su convicción de que mi vida no tendría límites y lucharon para mantener vivo ese sueño.

En una etapa muy temprana de mi existencia, mi madre, Dios la bendiga, tomó una decisión fundamental: "Nicholas, necesitas jugar con niños normales porque tú eres un niño normal. Sólo te faltan algunas piezas, eso es todo", me dijo, y de esa forma, estableció el tenor de las cosas para el futuro. Ella no deseaba que me sintiera menos normal o que estuviera restringido de alguna manera. No quería que me volviera introvertido, tímido o inseguro, sólo porque era diferente en el aspecto físico.

Yo no podía darme cuenta de que mis padres estaban sembrando en mí la creencia de que yo tenía el derecho a una vida libre de etiquetas y restricciones. Tú también tienes ese derecho, debes exigir ser libre de cualquier tipo de categorización o limitación que otras personas traten de imponerte. Debido a esa falta que tengo de algunas partes o piezas, soy muy sensible al hecho de que algunas personas aceptan lo que otros dicen de ellas y que, incluso de manera inconsciente, se restringen a sí mismas. Por supuesto que hubo ocasiones en que me sentía cansado o molesto, y decía que estudiar o ir al médico era demasiado agotador, pero mis padres no me permitieron ocultarme tras esos pretextos.

Las etiquetas nos pueden ofrecer una situación muy tentadora para ocultarnos, algunas personas las utilizan como excusas, pero hay otras que se elevan sobre ellas. A mucha, mucha gente se le ha catalogado como "incapaz" o "minusválida", y se ha podido sobreponer a eso y disfrutar de vidas dinámicas y hacer cosas importantes. Yo te exhorto a elevarte por encima de cualquier intento para restringirte, te invito a que explores y desarrolles tus dones.

Como hijo de Dios, yo sé que Él siempre me acompaña. Me consuela saber que Él sabe cuánto puedo soportar. A veces, cuando otras personas comparten conmigo sus historias sobre sus propios retos y tribulaciones, me siento conmovido hasta las lágrimas. Trato de recordarles a quienes sufren o atraviesan dolor, que el brazo de Dios nunca es demasiado corto: Él puede alcanzar a cualquiera.

Trata de sacar fuerza de eso, atrévete a darle una oportunidad y a volar, a ir hacia donde tu imaginación te lleve. Puedes esperar desafíos, recíbelos como "experiencias para construir el carácter". Aprende de ellos y sobreponte. Tú puedes tener un sueño maravilloso, sólo trata de mantener tu mente abierta lo suficiente para aceptar que, tal vez, Dios tiene un camino para ti muy distinto al que habías visualizado. Existen muchas formas de alcanzar tu sueño, no te desanimes si aún no puedes ver el camino hacia el tuyo.

Niño biónico

La esperanza es un catalizador, puede incluso retirar obstáculos que parecían inamovibles. Siempre que continúes empujando y negándote a ceder, estarás creando inercia. La esperanza ofrece oportunidades que jamás te hubieras imaginado: se acercará a ti la gente que te puede ayudar, nuevas puertas se abrirán, los caminos se liberarán.

Recuerda que la acción tiene una reacción. Cuando estés tentado a abandonar tus sueños, presiónate para continuar por lo menos un día más, una semana más, un mes más, un año más. Te sorprenderá ver lo que sucede cuando te niegas a darte por vencido.

Cuando llegué a la edad de asistir a la primaria, de nueva cuenta mis padres me convencieron de tener una educación típica. Como resultado de su férrea convicción, me convertí en uno de los primeros niños discapacitados en Australia en asistir a un sistema escolar estándar. Me fue tan bien en la escuela, que los periódicos locales presentaron un reportaje con el título: "La integración permite que un niño florezca". El reportaje, acompañado por una enorme fotografía de mi hermana Michelle empujando mi silla de ruedas, inició un debate nacional en los medios que, a su vez, produjo visitas de funcionarios del gobierno, tarjetas, cartas, regalos e invitaciones de todo el país.

Las donaciones que nos inundaron después del reportaje en el periódico sirvieron para ayudar a mis padres a equiparme con prótesis. Ellos habían estado tratando de conseguirme extremidades artificiales desde que tenía dieciocho meses. Mi primera prótesis fue un brazo, el cual no me funcionó muy bien. El brazo y la mano se operaban mecánicamente con palancas y ¡pesaban casi el doble que yo!

Tan sólo mantener el equilibrio usando el aparato ya era todo un reto. Logré operarlo después de algún tiempo. Yo ya me había acostumbrado a sujetar objetos con mi pie izquierdo, mi barbilla o mis dientes, por lo que el brazo biónico resultó ser más bien, engorroso. Al principio, mis padres se sintieron desilusionados, pero mi confianza aumentó porque me sentía muy bien haciendo cosas por mí mismo. Los motivé, les agradecí y seguí viendo hacia adelante.

En la perseverancia radica un poder. Nuestro primer experimento con un miembro artificial falló, pero yo seguí creyendo que mi vida mejoraría. Mi optimismo y mi ánimo fueron la inspiración para que el Club Rotario de mi comunidad, una organización internacional, recaudara 200 000 dólares para mis gastos médicos y para una nueva silla de ruedas. Parte de esos fondos también nos sirvieron para viajar a Toronto, Canadá. Ahí probamos un equipo más sofisticado de brazos electrónicos que había sido desarrollado en una clínica para niños. No obstante, al final, incluso los expertos médicos decidieron que yo podía realizar la mayoría de las tareas por mí mismo con mayor eficiencia que con la ayuda de las prótesis.

A mí me emocionaba mucho ver que había científicos e inventores tratando de proveerme de miembros artificiales algún día, pero también creció mi determinación de hacer todo lo que pudiera sin esperar a que alguien más encontrara una manera de mejorar mi vida. Yo tenía que encontrar mis propias respuestas. Hasta la fecha recibo a cualquier persona que desee ayudarme: puede ser abrir una puerta para que yo pase con mi silla de ruedas o darme de beber de un vaso con agua. Necesitamos responsabilizarnos de nuestra propia felicidad y éxito. Puede ser que tus amigos y tu familia vean por ti en momentos de necesidad y eso lo debes agradecer. Debes agradecer su esfuerzo, pero tú debes seguir insistiendo por ti mismo. Entre más esfuerzo inviertas, más oportunidades crearás.

Puede ser que a veces sientas que estás a punto de lograr un objetivo y te quedes corto, pero ésa no es razón para darse por vencido. La derrota sólo afecta a aquellos que se niegan a intentarlo otra vez. Yo todavía creo que algún día podré caminar, levantar y sujetar utensilios como lo hace la gente normal. Cuando eso suceda, será un milagro. Y puede ser un milagro que realice Dios por sí mismo o a través de sus agentes en la Tierra. La tecnología de los miembros robóticos avanza con mucha rapidez, algún día tal vez pueda utilizar prótesis de brazos y piernas, que funcionen con eficiencia, pero, por el momento, estoy muy contento de ser como soy.

A veces, aquellos problemas que sentimos que nos detienen, en realidad nos están fortaleciendo. Tienes que mantenerte abierto a la posibilidad de que la discapacidad de hoy se pueda convertir en la ventaja del mañana. Yo he llegado a considerar a mi carencia de miembros como un activo. Los hombres, mujeres y niños que no pueden hablar mi idioma sólo tienen que mirarme para saber que he logrado sobreponerme a mis limitaciones. Ellos saben que no ha sido fácil aprender mis lecciones.

Cuando le digo a mi público que debe esperar la llegada de días mejores, siempre lo digo por experiencia. Puedes creer y confiar en lo que digo porque yo ya estuve ahí. De hecho, en algún momento de mi vida, también me rendí.

Eso sucedió durante mi niñez, la cual fue feliz la mayor parte del tiempo. Ocurrió cuando tenía como diez años; los pensamientos negativos me abrumaron. Realmente no importó cuán optimista, decidido e inventivo traté de ser, había algunas actividades que no podía realizar. Por ejemplo, me molestaba muchísimo no ser capaz de sacar un refresco del refrigerador como cualquier otro niño. No me podía alimentar a mí mismo y odiaba pedir a otros que lo hicieran. Me sentía mal porque ellos tenían que interrumpir su comida para hacerlo.

También me inquietaban otras cosas en aquel tiempo de mi vida: *¿alguna vez encontraría una esposa que me amara?, ¿cómo la podría mantener a ella y a nuestros niños?, ¿cómo podría protegerlos si se veían amenazados?*

La mayoría de la gente piensa en esas cosas; seguramente tú te has preguntado en alguna ocasión si tendrás una relación duradera, un empleo seguro o un lugar adecuado en dónde vivir. Es normal y sano adelantarse a los hechos porque de esa forma desarrollamos una visión de nuestra vida. Los problemas inician cuando los pensamientos negativos bloquean esa visión y nublan tu mente. Yo siempre trato de orar y recordar que Dios me ayuda y me acompaña: Él nunca me deja, nunca se ha olvidado de mí. Él es capaz de lograr que los peores sucesos se den para bien. Recuerdo que debo aferrarme a las promesas de Dios sin importar lo que veo a mi alrededor. Yo sé que Dios es bueno y que, si permite que algo malo suceda, tal vez yo no lo entenderé, pero debo aferrarme a su bondad.

Cuando se acercaba mi cumpleaños número once, entré en la engañosa etapa de la adolescencia, cuando nuestro cerebro cambia su configuración y varios químicos extraños viajan por nuestros cuerpos. Otros chicos y chicas de mi edad estaban comenzando a formar parejas y eso se sumó a la, ya de por sí intensa, sensación de que estaba marginado. *¿Habría una chica a la que le gustaría tener un novio que no podría abrazarla ni bailar con ella?*

Con frecuencia y sin siquiera estar consciente de ello, permití que esos pensamientos sombríos y sentimientos negativos se convirtieran en una carga. A veces se arrastraban hacia mi mente durante la noche, cuando no podía dormir, o cuando me sentía muy cansado tras un largo día en la escuela. Ya sabes cómo es: estás tan harto y agobiado que parece como si el mundo entero estuviera sobre tus hombros. Todos pasamos por esos momentos de tristeza, en particular cuando tienes problemas para dormir, cuando estás enfermo o cuando otras situaciones te hacen vulnerable.

Nadie permanece feliz y alegre durante todo el tiempo; es natural que tengamos momentos sombríos porque también cumplen una función. Según algunas investigaciones psicológicas recientes, un momento triste te permite ser más crítico y analítico con tu trabajo. Este enfoque resulta particularmente útil cuando realizas tareas como revisar tu contabilidad, calcular impuestos o editar un ensayo. Siempre y cuando estés consciente de tus emociones y las controles, hasta los pensamientos negativos pueden producir consecuencias positivas. Es sólo cuando permites que tus emociones controlen tus acciones que te arriesgas a caer en un vórtice de depresión y comportamientos autodestructivos.

La clave se encuentra en que te niegues a que las emociones negativas y los sentimientos de depresión te abrumen. Por fortuna, tienes el poder de ajustar tu actitud. Cuando detectes pensamientos negativos merodeando, puedes apagar el interruptor. Trata de reconocerlos y de identificar su fuente, pero también de enfocarte en las soluciones, no en los problemas. Recuerdo una imagen que vi en una clase de estudios bíblicos, era la "armadura de Dios" con el peto de la rectitud, el cinturón de la verdad, el escudo de la fe, la espada del espíritu y el casco de la salvación. A mí me habían enseñado que ésas eran todas las armas que un niño cristiano necesitaría; en ese sentido, considero que la palabra de Dios es como una espada para luchar contra los pensamientos negativos. La Biblia es la espada y, además, tú también cuentas con el escudo de la fe para protegerte.

Espiral de desesperación

En aquella etapa crítica de la adolescencia, cuando la autoestima y la imagen que tenemos de nosotros mismos son tan importantes, yo permití que las preocupaciones y temores se apoderaran de mí. Así, todo lo malo que había en mí superó a lo bueno.

Me tocó la pajilla más corta. ¿Cómo podré llevar una vida normal, tener un trabajo, una esposa e hijos? Siempre voy a ser una carga para quienes me rodean.

Creo que en realidad quedé discapacitado en el momento en que perdí la fe. Créeme, perder la fe es mucho peor que no tener extremidades. Si alguna vez has atravesado por una depresión o sentido gran dolor, ya sabes lo mala que puede llegar a ser la desesperación. Yo me sentía más enojado, herido y confundido que nunca antes.

Le recé a Dios, le pregunté por qué no podía concederme lo que le había dado a todos los demás. *¿Acaso hice algo malo? ¿Es por eso que no respondes a mi petición de brazos y piernas? ¿Por qué no me ayudas? ¿Por qué me haces sufrir?*

Ni Dios ni los médicos podían explicarme por qué había nacido sin brazos ni piernas. El no tener una explicación, aunque fuera científica, empeoraba las cosas. Continué creyendo que si existía alguna razón espiritual, médica o de otro tipo, sería más fácil para mí manejar el problema, pensaba que el dolor disminuiría.

A pesar de que la autocompasión no había representado un problema antes, en muchas ocasiones me sentí tan deprimido que me negué a ir a la escuela. Había tratado, luchado constantemente para sobrellevar mi discapacidad, para realizar actividades normales y jugar como lo hacían los otros niños. En la mayoría de las ocasiones impresionaba a mis padres, maestros y compañeros con mi determinación y autosuficiencia, sin embargo, dentro de mí había un gran dolor.

A mí me habían criado con espiritualidad: siempre había ido a la escuela y creído en la oración y en el poder sanador de Dios. Estaba tan involucrado en mis creencias que, cuando cenábamos, sonreía porque creía que Jesús estaba ahí con nosotros sentado a la mesa. Creía que permanecía sentado en una silla vacía mientras nosotros comíamos. Yo seguía rezando para tener brazos y piernas. Por algún tiempo esperé despertar una mañana y tener extremidades. Me habría conformado con tan sólo un brazo o una pierna, pero, al no aparecer, me enojaba más con Dios.

También llegué a pensar que había descubierto el plan que Dios tuvo al crearme: que yo sería su socio en la realización de un milagro y que, gracias a ese milagro, el mundo reconocería que Él era real. Solía rezar: "Dios, si me dieras brazos y piernas, iría por todo el mundo y compartiría el milagro. Saldría en televisión nacional y le diría a todos lo que sucedió; el mundo sería testigo del poder de Dios". Le decía que había comprendido todo y que estaba dispuesto a seguir hasta el final. Recuerdo que también oraba diciendo, *Dios, yo sé que me hiciste así para después darme brazos y piernas y, de esa forma, con ese milagro, probar tu amor y tu poder.*

Siendo niño aprendí que Dios nos habla de distintas maneras, entonces creí que él me respondería enviando un sentimiento a mi corazón, pero, sólo había silencio, no podía sentir nada.

Mis padres me decían: "Sólo Dios sabe por qué naciste así". Luego le preguntaba a Dios y Él no me respondía. Todos estos llamados y preguntas sin respuesta me lastimaron profundamente, porque yo siempre me había sentido muy cercano a Él.

Por otra parte, tenía otros problemas que debía enfrentar, ya que nos mudaríamos a Queensland, a más de mil quinientos kilómetros al Norte y hacia la costa. Nos alejaríamos de mi enorme familia y el capullo protector que proporcionaban mis tías, mis tíos y los veintiséis primos que tenía, estaba a punto de serme arrebatado.

El estrés de la mudanza también estaba afectando a mis padres, a pesar de la confianza que me proveían, del amor y el apoyo, no podía quitarme la idea de que yo representaba una enorme carga para ellos.

Sentía como si me hubieran puesto un antifaz, como si la luz hubiera desaparecido de mi vida; no podía imaginar el uso que podría tener para alguien en el futuro. Sentía que todo había sido un error, un tremendo error de la naturaleza, sentía que era el hijo olvidado de Dios. Pero papá y mamá continuaron esforzándose para convencerme de lo contrario; me leían la Biblia y me llevaban a la iglesia. Mis maestros de la escuela dominical también me enseñaban que Dios amaba a todo mundo, pero yo simplemente no podía salir de mi enojo y mi dolor.

Hubo algunos momentos más radiantes, como en una ocasión en la que, en la escuela dominical, sentí gran alegría cuando canté con mis compañeros: "Jesús ama a los niños pequeños, a todos los niños del mundo, rojos, amarillos, blancos y negros, todos son preciosos para Él. Y Jesús ama a todos los pequeños del mundo". Como estaba rodeado de gente que me quería y me apoyaba, me identifiqué mucho con este himno y me sentí muy aliviado.

Quería creer que Dios se preocupaba profundamente por mí, pero después, cuando no me sentía muy bien o estaba cansado, los pensamientos negativos me inundaban otra vez. Me sentaba en mi silla de ruedas y me quedaba pensando en el patio de recreo: *Si Dios realmente me ama como ama a otros niños, entonces ¿por qué no me dio brazos y piernas?, ¿por qué me hizo tan distinto a sus otros hijos?*

Ese tipo de pensamientos comenzó a invadirme incluso durante el día y en medio de circunstancias que por lo general hubiese considerado agradables. Había estado luchando contra los sentimientos de desesperación y contra la sensación de que mi vida siempre sería difícil. Y parecía que Dios no iba a contestar mis oraciones.

Un día estaba sentado en la barra de la cocina y veía a mamá preparar la cena, era algo que me relajaba y me hacía sentir bien. Pero, de repente, llegaron esos pensamientos, me di cuenta de que no quería estar siempre ahí y ser una carga para ella. Sentí el impulso de arrojarme de la barra, así que miré hacia abajo y traté de calcular cuál era el ángulo correcto para golpear mi cuello y matarme.

Sin embargo, pude convencerme de no hacerlo, en particular porque, si fallaba en el intento, tendría que explicar por qué me sentía tan desesperado. El hecho es que estuve tan cerca de lastimarme a mí mismo, que sentí mucho temor; debí haber hablado con mi madre sobre lo que sentía, pero estaba muy avergonzado, no quería espantarla.

Era muy joven y, a pesar de que estaba rodeado de gente que me amaba, no podía hablar con ellos y decirles lo profundos que eran mis sentimientos. Tenía medios, pero no los utilizaba, y ése fue mi gran error.

Si en algún momento te sientes abrumado por los momentos difíciles, no tienes que afrontarlos solo. La gente que te ama no sentirá que eres una carga, y eso es por el simple hecho de que *desea* ayudarte. Si sientes que no puedes confiar en los demás, busca asesoría profesional en la escuela, el trabajo o en tu comunidad; no estás solo. Yo no lo estaba y puedo darme cuenta de eso ahora. Deseo que tú nunca llegues a estar tan cerca de cometer un error fatal así como yo lo estuve.

Pero es que en ese tiempo estaba totalmente abatido por la desesperación y creí que, para terminar con mi dolor, tenía que terminar con mi vida.

Un llamado cercano

Una tarde al regresar de la escuela, le pregunté a mi madre si podía ponerme en la tina para remojarme un rato. Cuando salió del baño, le pedí que cerrara la puerta. Después puse mis orejas bajo el agua y, en medio del silencio, me inundaron pensamientos muy densos. Ya había planeado lo que quería hacer.

Si Dios no se va a llevar mi dolor y si no hay ningún propósito para mí en esta vida, si estoy aquí tan sólo para sentir rechazo y soledad, si soy una carga para todos y no tengo futuro, entonces tal vez debería terminar con eso ahora.

Así como lo mencioné cuando narré la forma en que aprendí a nadar, podía flotar si mantenía mis pulmones llenos de aire. Ahora iba a ver cuánto aire debía guardar antes de voltearme. *¿Contengo la respiración antes de girar? ¿Tomo un respiro profundo o sólo la mitad? ¿Sería mejor vaciar mis pulmones y luego girar?*

Finalmente sólo giré y sumergí mi rostro en el agua. Por instinto, contuve la respiración y como mis pulmones eran fuertes, pude flotar por un buen rato.

Cuando se me acabó el aire, giré de nuevo.

No puedo hacer esto.

Pero los pensamientos negativos continuaron: *Quiero salir de aquí, quiero desaparecer.*

Saqué de mis pulmones todo el aire que pude y me volteé de nuevo. Sabía que podía contener la respiración por diez segundos al menos, así que conté: *10... 9... 8... 7... 6... 5... 4... 3...*

Mientras contaba pude ver en mi mente la imagen de mamá y papá llorando junto a mi tumba. Pude ver a mi hermano Aarón de siete años que también lloraba. Todos sollozaban y decían que había sido culpa de ellos, que debieron haber hecho mucho más por mí.

No podía soportar la idea de que se sintieran responsables de mi muerte por el resto de sus vidas.

Estoy siendo egoísta.

Giré de nuevo y respiré profundamente. No podía hacerlo, no podía dejar a mi familia con esa carga de pérdida y culpa.

Pero mi angustia era insoportable y, esa noche, en la habitación que compartía con mi hermano Aarón, le dije: "Planeo suicidarme cuando tenga veintiún años".

Pensé que podría soportarlo durante la preparatoria y, tal vez, en la universidad, pero no me veía yendo más lejos. Sentí que no podría conseguir un trabajo o casarme como los otros hombres. ¿Qué mujer querría casarse conmigo? Parecía que para mí el final del camino llegaría a los veintiún años. Pero, por supuesto, con la edad que tenía, parecía que aún faltaba mucho para eso.

"Le voy a contar a papá lo que dijiste", me contestó mi hermanito.

Le pedí que no le dijera a nadie y cerré los ojos para dormir. Poco después, sentí el peso de mi padre al sentarse en mi cama.

"¿Qué es eso de que te quieres matar?", me preguntó.

Con un tono cálido me habló sobre todas las cosas buenas que me esperaban y, mientras hablaba, peinaba mi cabello con sus dedos. Yo adoraba que lo hiciera.

"Nosotros siempre vamos a estar aquí para ti", me aseguró. "Todo va a estar bien y te prometo que siempre voy a estar aquí. Vas a estar bien, hijo".

A veces, lo único que se necesita es una mirada amorosa y una caricia para que el acongojado corazón y la preocupada mente de un niño encuentren la paz. En ese momento bastó con el apoyo de mi padre al decirme que todo iba a estar bien; con su tono consolador y con sus caricias, me convenció de que él creía que encontraríamos un camino para mí. Todo hijo desea confiar en su padre porque no hay más seguridad que la que él puede ofrecerle. Papá era muy generoso en ese aspecto y era muy bueno para expresar su amor y su apoyo para todos nosotros. Yo todavía no podía entender cómo funcionarían las cosas para mí, pero como mi padre me dijo que todo saldría bien, le creí.

Después de esa conversación pude dormir profundamente. De repente tenía algunos malos días, algunas malas noches también, pero confiaba en mis padres y me aferré a la esperanza. Pasó mucho tiempo antes de que pudiera tener una visión de cómo sería mi vida. Hubo momentos y largos periodos de duda y temor, pero, por fortuna, aquél había sido el punto más difícil de mi existencia. Incluso ahora tengo momentos tristes como todos los demás, pero nunca he vuelto a pensar en suicidarme. Cuando pienso en aquel tiempo y reflexiono sobre lo que ha sido mi vida desde entonces, lo único que puedo hacer es agradecer a Dios por haberme rescatado de la desesperación.

Aferrado a la esperanza

A través de mis compromisos de hablar en público en veinticuatro países, además de los DVD y los millones de visitas a YouTube.com, me siento bendecido por haber alcanzado a tanta gente con mi mensaje de esperanza.

Tan sólo piensa en toda la alegría que me hubiera perdido de haberme suicidado a los diez años. Hubiera perdido la maravillosa oportunidad de compartir mi historia y no hubiera aprendido todo lo que me han enseñado las más de 120 000 personas en India, las 18 000 en una plaza de toros en Colombia y aquellas 9 000 que conocí durante una tormenta eléctrica en Ucrania.

Con el tiempo llegué a entender que yo no fui quien tomó mi vida aquel día tan oscuro: *lo hizo Dios.*

Dios tomó mi vida y le dio más significado, propósito y alegría de lo que un niño de diez años podría haber entendido.

No caigas en el mismo error que yo estuve a punto de cometer. Si yo hubiera permanecido sumergido en esos quince centímetros de agua en 1993, tal vez habría acabado con mi dolor temporal, pero ¿a qué precio? Aquel niño abatido no podía ver al gozoso hombre que nadaría con enormes tortugas en las costas de Hawai, que surfearía en California o que bucearía en Colombia. Y algo aún más importante que todas esas aventuras, son las personas con las que he logrado conectarme.

Yo soy apenas un minúsculo ejemplo. Escoge a cualquier héroe de la vida real como la Madre Teresa, Mahatma Gandhi o el reverendo Martin Luther King, y encontrarás a alguien que tuvo que afrontar la adversidad —encarcelamiento, violencia, incluso amenazas de muerte— pero se apegó a la creencia de que sus sueños prevalecerían.

Cuando los pensamientos negativos y las sensaciones sombrías lleguen a ti, recuerda que tienes una opción. Si necesitas ayuda, búscala, no estás solo. Puedes imaginarte días más brillantes y realizar las acciones necesarias para hacerlos reales.

Piensa en lo que tuve que enfrentar cuando fui niño y mira cómo es mi vida ahora. ¿Quién puede saber cómo serán los grandes días y los maravillosos logros que te esperan? ¿Quién sabe cuántas vidas puedes enriquecer si te conviertes en el milagro de otros? Así que camina conmigo, el hombre sin brazos ni piernas, y ¡vayamos hacia un futuro lleno de esperanza!

TRES

CONFIANZA TOTAL EN EL CORAZÓN

A la fe se le define en la Biblia como la sustancia de las cosas que se esperan, la evidencia de lo que no se puede ver. Ni tú ni yo podríamos vivir sin fe, sin depositar nuestra confianza en algo de lo que no tenemos prueba. Con frecuencia hablamos de la fe en términos de creencias religiosas, pero hay muchos otros tipos de fe que son parte de lo cotidiano. Como cristiano, yo vivo según mi fe en Dios; a pesar de que no puedo verlo ni tocarlo, en mi corazón sé que Él existe y pongo mi futuro en sus manos. No sé lo que depara el futuro, pero como creo en Él, sé quién está a cargo.

Ésa es una forma de fe y yo tengo fe en muchas áreas de mi vida. Acepto que hay ciertos elementos que no puedo ver, tocar o sentir, pero creo en ellos de cualquier forma. Confío en que existe el oxígeno y confío en que la ciencia está en lo correcto al decir que lo necesitamos para sobrevivir. No puedo ver, tocar ni sentir el oxígeno, sólo sé que existe porque *yo* estoy aquí. Si estoy aquí, vivo, entonces debo estar respirando oxígeno para vivir, ¿no es verdad?

Así como necesitamos del oxígeno para vivir, también debemos confiar en ciertas realidades invisibles. ¿Por qué? Porque todos enfrentamos dificultades: tú las tienes y yo las tengo. Hay momentos en la vida en que no encontramos el camino para salir, pero es justo ahí en donde aparece la fe.

Hace poco recibí un correo electrónico de una mujer que se llama Katie. A ella la despidieron de su trabajo por sus problemas de salud, los cuales incluían cerca de veinte cirugías. Cuando nació, le faltaba el fémur de una pierna, la cual se le amputó cuando apenas gateaba. Ahora que está en sus treinta y casada, Katie me dijo que a menudo se enfrentaba a la pregunta "¿por qué?".

Tras ver uno de mis videos, Katie descubrió que a veces no podemos saber ¿por qué a mí?, lo único que podemos hacer es confiar en que el plan que Dios tiene para nosotros será revelado a su tiempo. Hasta ese momento, debemos guiarnos por la fe.

"Te agradezco con todo mi corazón y ahora creo que yo, como tú, fui elegida por Dios", me escribió. "Espero tener algún día el honor de conocerte en persona para envolverte con mis brazos, para abrazarte y agradecerte por ayudarme a abrir los ojos a la luz".

Katie pudo encontrar la fortaleza y esperanza, sólo hasta que decidió confiar en lo que no podía ver o entender. Así funciona la fe precisamente. Encontrarás desafíos que al principio parecerán infranqueables, pero mientras esperas la solución, tal vez lo único con lo que contarás será la fe. A veces, con tan sólo confiar en que encontrarás la respuesta, hallarás el camino a través de esos oscuros momentos.

Es por ello que digo que la FE puede ser un acrónimo. Fe, en inglés, se dice FAITH, y a cada letra le he asignado una palabra: *Full Assurance In The Heart* (*confianza total en el corazón*). Tal vez yo no pueda presentar evidencia de todo en lo que creo, pero siento confianza en mi corazón y creo que estoy mucho más cerca de la fe de lo que estaría si viviera sumido en la desesperanza. Cuando, año con año, hablo ante miles de niños en escuelas, con frecuencia exploro la idea de que podemos confiar en lo que no vemos. (A veces los más pequeñitos se asustan un poco al verme. No sé por qué, si por lo general somos del mismo tamaño. Pero yo les digo que soy un poco pequeño para mi edad).

Bromeo con ellos hasta que se sienten cómodos con mi presencia. He descubierto que, cuando ya se han acostumbrado a mi falta de extremidades, comienzan a interesarse en mi pie. Noté que lo observan o lo señalan, así que los saludo y hago alguna broma sobre "mi piernita de pollo". Siempre se ríen con eso porque la descripción es bastante acertada.

Mi hermana Michelle tiene seis años menos que yo y fue la primera en hacer esa observación. Michelle, mi hermano Aarón, mis padres y yo, realizábamos largos viajes muy a menudo. Mis hermanos y yo íbamos empacados en el asiento trasero. Al igual que a todos los padres, a los nuestros no les gustaba detenerse durante el camino, por lo que, cuando sentíamos hambre, se los hacíamos saber de inmediato.

Cuando nos estábamos muriendo de hambre nos poníamos un poco locos y fingíamos comernos unos a los otros. En uno de los viajes Michelle anunció sus intenciones de masticar mi piecito "porque parece una pierna de pollo". Nos reímos cuando lo dijo pero después olvidé la descripción. Varios años después, Michelle trajo un perrito a la casa. Cada vez que me sentaba, el perrito trataba de morder mi pie; yo lo ahuyentaba pero él siempre regresaba.

"¿Lo ves? ¡Es que también al perrito le parece que es una pierna de pollo!", dijo Michelle.

¡Me encantó! Desde entonces, siempre he contado esa historia en mis pláticas con niños. Después de mostrarles mi pie les pregunto si creen que sólo tengo uno. Es una pregunta que siempre los confunde porque, aunque sólo ven un pie sería lógico que tuviera dos.

La mayoría de los niños se dejan llevar por lo que ven y me dicen que piensan que sólo tengo uno. En ese momento les presento a Junior, mi pie derecho que es aún más pequeño. Por lo general mantengo a Junior oculto y sorprendo a los niños cuando lo saco y lo agito. Ellos se espantan y gritan; es divertido porque los niños son muy francos y admiten el hecho de que tienen que ver para creer.

Luego los invito, así como lo estoy haciendo ahora contigo, a que se animen a creer que hay *posibilidades* para sus vidas. La clave para seguir adelante, aun en tiempos difíciles, reside en permitir que la guía para la visión de tu vida no sea lo que puedes ver, sino lo que puedes imaginar. A eso le llaman tener fe.

Confía en el vuelo

Mi imaginación vuela a través de los ojos de Dios. Yo confío en Él y, en mi corazón, tengo absoluta certidumbre de que incluso sin brazos ni piernas, puedo construir una vida maravillosa. De la misma forma, tú deberías sentir que todo está a tu alcance. Debes tener fe en que si haces todo lo posible alcanzarás tus sueños y tus esfuerzos se verán recompensados.

A veces la fe tiene que ser puesta a prueba antes de que el trabajo duro reciba recompensas. Durante una gira en Colombia, en Sudamérica, en 2009, recibí un recordatorio de cómo funcionan las cosas. En diez días tenía que hablar en nueve ciudades, así que, con tantos kilómetros que recorrer en tan poco tiempo, el organizador de la gira contrató un pequeño avión para llevarnos a todas las ciudades. En el avión viajaban ocho personas incluyendo los dos pilotos. Ambos se llamaban Miguel y ninguno hablaba bien inglés. En uno de los vuelos, todos los que estábamos en la cabina de pasajeros nos sorprendimos cuando escuchamos instrucciones desde la computadora del avión. Era una alerta automática que decía "¡Eleve el vuelo, eleve el vuelo!" ¡Pero la alerta estaba en inglés!

La voz de la computadora describía con urgencia nuestro rápido descenso: "¡Seiscientos pies!", "¡Quinientos pies!", "¡Cuatrocientos pies!". Intercaladas entre los reportes, se podían escuchar las instrucciones que indicaban a los pilotos: "¡Eleve el vuelo! ¡Eleve el vuelo!"

Nadie perdió la calma, pero el ambiente en la cabina de pasajeros se tornó bastante tenso. Le pregunté a mi cuidador si creía que debíamos traducir, del inglés al español, las advertencias de la computadora del avión para que los capitanes Miguel Uno y Miguel Dos las comprendieran.

"¿En verdad crees que no saben que estamos descendiendo?"

Yo no sabía qué pensar pero, ya que a nadie más le parecía que fuera un problema, seguí la corriente y traté de no alarmarme. Para mi alivio, aterrizamos poco tiempo después y, más tarde, cuando uno de nuestros traductores les mencionó el momento de pánico a nuestros pilotos, se rieron bastante.

"Sabíamos lo que estaba diciendo la computadora, sólo que siempre lo ignoramos cuando vamos a aterrizar", dijo Miguel Dos con ayuda del intérprete. "¡Deberías tener más fe en tus pilotos, Nick!"

Está bien, lo admito, por un minuto dudé de los Migueles voladores, pero la mayoría del tiempo me mantengo tranquilo porque sé que Dios me cuida. Te voy a dar una pista de cuán grande es la fuerza de mi confianza: en el clóset guardo ¡un par de zapatos! En verdad creo que existe la posibilidad de que algún día pueda usarlos y caminar con ellos. Podría suceder o podría no suceder, pero creo que la posibilidad está ahí. Si tú te puedes imaginar un futuro mejor, entonces puedes creer en él. Y si puedes creer en él, puedes lograrlo.

VISIÓN ILIMITADA

Cuando pasé por aquel periodo de depresión a los diez años, no sufría de ninguna enfermedad. No tenía ni brazos ni pies pero tenía todo lo que requería para vivir la plena vida que hoy tengo, excepto por algo. En ese tiempo sólo confiaba en lo que podía ver, estaba enfocado en mis limitaciones y no en mis posibilidades.

Todos tenemos limitaciones: yo nunca llegaré a ser una estrella de la NBA, pero eso no importa porque puedo inspirar a otras personas a que se conviertan en las estrellas de su propia vida. Nunca debes vivir sujeto a lo que no tienes, debes vivir como si pudieras hacer cualquier cosa que has soñado. Incluso cuando tienes un revés o sufres una tragedia, hay un beneficio totalmente inesperado e imposible. Tal vez no suceda en ese momento, tal vez te preguntarás qué será eso bueno que proviene de una tragedia. Pero debes confiar en que todo pasa para bien, incluso las tragedias se pueden convertir en triunfos.

A SURFEAR

En 2008 me encontraba en Hawai para cumplir un compromiso. Ahí conocí a la surfista de clase mundial, Bethany Hamilton. Tal vez recuerdes que perdió su brazo izquierdo cuando la atacó un tiburón tigre en 2003.

Tenía trece años cuando sucedió; antes del ataque del tiburón, Bethany ya era bien conocida entre los surfistas. Sin embargo, tras sobrevivir a la tragedia, regresó a practicar su deporte alabando a Dios y agradeciéndole sus bendiciones. Entonces, Bethany adquirió fama internacional gracias a su valeroso espíritu y a su asombrosa fe. Ahora, al igual que yo, viaja por el mundo para inspirar a la gente y compartir sus creencias.

Ella dice que su objetivo es "hablar de mi fe en Dios y hacerle saber a todos que Él los ama, explicarles la forma en que cuidó de mí durante el ataque. Yo en realidad no debería estar aquí porque perdí el setenta por ciento de mi sangre aquella mañana".

Yo no había escuchado la historia completa de lo que sucedió sino hasta que la conocí. No sabía lo cerca que estuvo de morir esta maravillosa damita. Me contó que camino al hospital iba rezando. El hospital quedaba a cuarenta y cinco minutos de distancia y el paramédico le murmuraba palabras de aliento: "Dios nunca te va a abandonar ni a olvidar".

El panorama se veía bastante desalentador; cuando por fin llegaron al hospital y la prepararon con premura para la cirugía, descubrieron que todos los quirófanos estaban en uso. Bethany se desvanecía con rapidez, pero un paciente cedió su cirugía de rodilla, la cual estaba a punto de iniciar, para que el doctor pudiera operar a Bethany. ¡Adivina quién era!

¡Era su papá!

Sorprendente, ¿no crees? El cirujano estaba listo para operar, así que sólo cambiaron a hija y padre, y continuaron. La intervención quirúrgica salvó su vida.

Debido a que Bethany era una chica saludable y atlética, y a que tenía una sorprendente actitud positiva, se recuperó mucho más rápido de lo que esperaban los médicos. Volvió a surfear tan sólo tres semanas después del ataque.

Durante nuestra visita, Bethany me dijo que su fe en Dios la llevó a la conclusión de que perder su brazo era parte del plan que Él tenía para ella. En lugar de sentir pena por ella misma, lo aceptó y siguió adelante. Terminó en tercer lugar en su primera competencia contra muchas de las mejores mujeres surfistas del mundo. ¡Y sólo tenía un brazo! Ella dice que perder su brazo fue una bendición de muchas maneras porque, ahora, cada vez que le va bien en una competencia, ¡inspira a otra gente a creer que su vida no tiene límites!

"En definitiva, Dios ha respondido a mi oración. Yo le pedí que me usara. Él le habla a la gente cada vez que escuchan mi historia", dice. "La gente me dice que se ha acercado más a Dios, que ha comenzado a creer en Él, que ha encontrado esperanza para su vida o que se sintió inspirada a sobreponerse a una circunstancia adversa. Cada vez que escucho eso, alabo a Dios porque, en realidad, yo no estoy haciendo nada por esas personas, es Dios el que los está ayudando. Estoy inmensamente feliz de que Dios me haya permitido ser parte de su plan".

No se puede hacer otra cosa más que sorprenderse ante el increíble espíritu de Bethany. Habría sido difícil culparla por abandonar el surfismo después del ataque del tiburón. Tuvo que aprender a balancearse sobre la tabla una vez más, pero eso no la amedrentó. Confió en que a pesar de que le había sucedido algo terrible, habría una recompensa al final.

VIAJANDO EN LAS OLAS

Cada vez que la vida te salte encima y muerda tus planes y sueños, recuerda la admirable fe de esta chica. Te sucederá: de vez en cuando a todos nos golpean las olas de forma inesperada. Lo más probable es que tu problema no sea un tiburón, pero, sin importar lo que te noquee, piensa en esta jovencita que no sólo sobrevivió al ataque de uno de los depredadores más feroces de la naturaleza, también se repuso y regresó con más determinación que nunca, para tener una vida increíble.

Bethany me inspiró tanto, que le pedí que me ayudara a intentar algo que siempre había querido hacer. ¿Me podría enseñar a surfear? Para mi sorpresa, de inmediato ofreció llevarme a la playa Waikikí.

Me emocionaba mucho pensar que aprendería a surfear en el histórico lugar en donde los reyes y reinas hawaianos surcaron las olas por primera vez. Estaba muy nervioso. Mientras Bethany enceraba una tabla para mí, me presentó a las estrellas del surfeo, Tony Moniz y Lance Hookano. Ellos nos iban a acompañar en el agua.

Como ya lo mencioné, si dudas de tu capacidad para lograr tus objetivos en la vida, confía en la gente que está dispuesta a echarte una mano y a guiarte. Eso fue exactamente lo que hice para llegar a esta meta. No pude haber tenido mejores compañeros de surfeo. Lo primero que hicieron fue ayudarme a practicar sobre el pasto con la tabla.

Se turnaron para subir a la tabla conmigo, para darme instrucciones y para animarme. Mientras nos introducíamos en las olas marinas, de repente pensé que, entre los dos, sólo teníamos tres extremidades, ¡y todas eran de Bethany! Me encantaba la idea de ser un surfista y un nadador competente. No le tengo miedo al agua pero no estaba seguro de mantenerme sobre la tabla en las olas, incluso con la ayuda de un experto. En uno de los intentos realicé un giro de trescientos sesenta grados con un instructor acompañándome. En otro intento ¡salí volando de mi tabla y caí en la de Bethany mientras surfeábamos!

Llegó el momento en que quise intentarlo por mí mismo. No pude evitarlo, soy un exagerado. Al final, todos estuvieron de acuerdo en que estaba listo para surfear solo. Para ayudarme a subir solo a la ola en cuanto la atrapara, crearon una pequeña plataforma con unas toallas dobladas que pegaron al frente de la tabla con cinta aislante. Yo confiaba en que esa plataforma me ayudaría a mantenerme arriba. Luego, cuando logré cierta velocidad en las olas, pude balancear mis hombros hacia las tablas y adquirir altura para mantenerme erguido. ¡En donde hay voluntad y una ola, hay un camino!

Ese día se iba a realizar una competencia de surf en Waikikí, por lo que se comenzó a reunir mucha gente que nos observaba. A pesar de que eso me puso nervioso, tenía bastantes consejos de mis asesores.

"¿De verdad vas a tratar de hacer esto en el agua, amigo?"

"Amigo, ¡de verdad no sé cómo puedes mantener el equilibrio sin brazos ni piernas!"

"¿Puedes nadar, hermano? ¿Puedes nadar más rápido que un tiburón, amigo?"

Comencé a sentirme mejor en cuanto estuvimos en el agua, de hecho, me sentí inmensamente mejor. Soy muy optimista y, por lo mismo, flotar y nadar nunca ha sido un problema. También tiendo a desviarme, por lo que nunca sé en dónde voy a acabar. ¡Podía visualizarme flotando hasta Australia y dándome un remojón en el jardín de mis padres!

Era un día hermoso. Bethany estaba a mi lado en el agua motivándome, pero cada vez que intentaba atrapar una ola y erguirme, me caía de la tabla. Lo intenté seis veces, y las seis quedé hecho polvo.

No podía rendirme, había demasiada gente observando, demasiadas cámaras encendidas. No me iban a mostrar en YouTube como un tipo discapacitado que no podía aferrarse a una tabla con sus dos dedos. Cuando niño, pasé mucho tiempo andando en patineta, por lo que cada vez me sentía más cómodo con el surf. Al séptimo intento pude atrapar una gran ola y levantarme. Fue sensacional y no me molesta confesar que grité como colegiala mientras estaba sobre la tabla acercándome a la playa.

Todos los que observaban desde ahí, aplaudieron y silbaron. ¡Yo estaba vuelto loco! Lo sé porque todos me lo dijeron: "Amigo, ¡estás loco!"

Pasamos las dos horas siguientes atrapando olas, una tras otra. Hicimos casi veinte paseos. Debido a la competencia, había varios fotógrafos en la playa, así que fui el primer surfista novato que apareció en la revista *Surfer*. Después, me sequé tras un maravilloso día en el agua.

Más tarde, en una entrevista, Lance Hookano hizo una observación muy interesante: "He estado en esta playa toda mi vida", dijo, "y nunca había participado en algo así. Nick es una de las personas más apasionadas que conozco. Adora esto, por sus venas corre agua salada. Me hace pensar que todo es posible".

No olvides eso: *Todo es posible.* Cuando te sientas que te ha tumbado un problema enorme, confía en que todo es posible. Al principio tal vez no encuentres la salida, pero debes creer que las circunstancias pueden variar, que pueden llegar soluciones y que la ayuda te llegará de lugares inesperados. Entonces, ¡todo es posible!

Si un tipo, sin brazos ni piernas, puede aprender a surfear en una de las playas más increíbles del mundo, entonces, ¡cualquier cosa, cualquiera, es posible para ti!

La fe echa raíces

La parábola del sembrador es una de las historias más populares de la Biblia. Un granjero siembra semillas por todo el lugar. Algunas caen en el camino y las aves se las comen, otras caen sobre las rocas y nunca echan raíces. Otras más caen entre la maleza espinosa y su crecimiento se ve mermado. Sólo las semillas que crecen en buen suelo pueden crecer, producir una cosecha y crear muchas más semillas de las que se plantaron originalmente.

A nosotros no sólo nos entregan semillas, también nos brindan un corazón que es nuestro "buen suelo". Cuando las dificultades nos golpean, podemos consolarnos con los sueños que tenemos de una vida mejor. Estos sueños son como las semillas que necesitamos para las realidades que se avecinan. Nuestra fe es el buen suelo que le permite crecer a esas semillas.

La gente que me ama siempre me motivó. Plantaron semillas en mi corazón y me aseguraron que yo contaba con bendiciones que podían beneficiar a otros. Algunos días les creía, algunos otros, no. Sin embargo, ellos no se rindieron jamás porque sabían que a veces estaban sembrando en el pavimento o entre la maleza. Confiaron en que sus semillas echarían raíces algún día.

Cada mañana, antes de irme a la escuela, mi familia plantaba semillas: "¡Que tengas un lindo día, Nicholas! ¡Haz tu mejor esfuerzo y Dios hará el resto!"

Había días en que pensaba: *Ajá, sí, sí. Dios tiene un terrible sentido del humor porque ya sé que hoy me van a molestar en el patio.*

Por supuesto, en cuanto llegaba a las canchas de la escuela en mi silla de ruedas, algún idiota comenzaba a decirme que tenía una rueda ponchada o que necesitaba usarme en la biblioteca como tope para la puerta. *Muy gracioso.*

En aquellos descorazonadores días, las palabras de aliento de mis padres caían en un suelo estéril, no había nada que las nutriera. Yo tenía demasiada amargura por la situación en la que había nacido.

Pero en los meses y años que le siguieron a mi mal viaje en la tina, una mayor parte, cada vez, de su aliento, caía en tierra fértil. Fue así, en parte, porque me había ido ganando a mis compañeros gracias a mi determinación y mi personalidad extrovertida. Todavía tenía días pésimos, pero eran cada vez menos.

Alguna vez, el gran escritor motivacional, Norman Vincent Peale, dijo: "Conviértete en un *posibilitador*. No importa cuán oscura se vea tu vida: levanta la mirada y contempla las posibilidades. Siempre míralas, porque están ahí".

Tal vez nunca te conviertas en presbítero o rotario, pero siempre deberás llevar contigo una tarjeta de posibilitador. Si no tuvieras confianza en las posibilidades de tu vida, ¿en dónde estarías? ¿En donde estaríamos todos? Las esperanzas para el futuro nos proporcionan inercia. Nos mantienen moviéndonos hacia adelante a pesar de los inevitables tiempos difíciles, del desencanto y de la desesperación.

Mis tendencias posibilitarias surgieron a muy temprana edad: tenía unos seis o siete años cuando escribí e ilustré mi primer libro. El título era: *El unicornio que no tenía alas.* Claro, no es ningún misterio de dónde salió el concepto, pero tengo que decir que aquella breve parábola tomada de mi propia vida, te ofrecerá un cálido mensaje sobre la fe. (No te preocupes, es muy breve porque sólo tenía seis años cuando la escribí.)

Había una vez una mamá unicornio que iba a tener un bebé.
Cuando el unicornio creció, no le salieron alas.
La madre unicornio, dijo: "¿Qué le pasó a sus alas?"
Cuando el unicornio salió de paseo, vio a otros unicornios volando en el cielo. Entonces se acercó un niño y le preguntó: "¿Qué le pasó a tus alas?"
El unicornio respondió: "No me salieron alitas, niño"
Entonces el pequeño le dijo: "Voy a tratar de fabricarte unas alas de plástico".
Le tomó una hora hacer las alas de plástico para el unicornio.
Cuando terminó, le preguntó al unicornio si podía montar en su espalda y él le dijo: "Sí, sí puedes"
Así que se fueron de paseo; el unicornio comenzó a volar y gritó: "¡Funciona, funciona!"
Cuando volvieron a la tierra, el niño desmontó y el unicornio volvió a volar de nuevo.
El pequeño le dijo al unicornio: "¡Felicidades, unicornio!"
El niño regresó a casa y le contó a su mamá, a sus dos hermanas y a su hermano, lo que había pasado con el unicornio.
El unicornio vivió muy feliz por siempre.

Fin

Todos deseamos vivir felices por siempre, pero la desilusión siempre ocurrirá a pesar de que creas que puedes manejar los momentos difíciles. No obstante, tu objetivo siempre debe ser un final feliz. ¿Por qué no intentarlo?

Mi equipo de Life Without Limbs me ayudó a planear la Gira de Alcance Mundial, en 2008. Nuestro objetivo era visitar catorce países. En las primeras instancias de la planeación, establecimos un presupuesto y echamos a andar una campaña para recaudar fondos y así cubrir los gastos del viaje. En aquel entonces no contábamos con un grupo profesional de recaudadores de fondos, así que nos quedamos cortos y no alcanzamos nuestra meta. Yo me adelanté y comencé la gira visitando Colombia, Ucrania, Serbia y Rumania. Cuando regresé a casa, a mis consejeros les preocupaba el hecho de que no tuviéramos fondos para llevar a cabo el resto del viaje.

Mi tío Batta es un exitoso hombre de negocios en California y es parte de mi Consejo. Él tomó la decisión ejecutiva de cancelar dos compromisos importantes de la gira, pero el dinero no era la única razón.

"Hemos recibido más y más reportes de que tal vez no sea seguro viajar porque han surgido situaciones delicadas en la India, en especial en Mumbay y también en Indonesia", nos dijo. "Como de cualquier manera estamos cortos de presupuesto, creo que lo más adecuado sería visitar esos países en otra ocasión".

Mi tío es un hombre muy sabio y no lo contradije. Le dije que confiaba en él y me fui a cumplir un compromiso en Florida. Ahí contábamos con cuatrocientos cincuenta voluntarios tan sólo para manejar a la multitud. Yo estaba ahí para inspirarlos a ellos, pero el público logró recargarme la batería con su entusiasmo. En el camino de vuelta a casa en California, me sentía tan motivado por la recepción que había tenido en Florida, que sentí la urgente necesidad de continuar la gira mundial de la forma en que se había planeado al principio.

Oré y pedí una guía, sentí que debía ir a India e Indonesia a pesar de la falta de fondos y de las señales de peligro. Pensé que nosotros debíamos servir a otros y que el mundo tendría que arreglarse solo. Tío Batta me invitó a cenar a su casa para hablar sobre el deseo que yo tenía de continuar apoyado en la fe y no en los fondos.

Mientras charlábamos durante la cena, me sentí muy conmovido por la situación. Sentía con mucha fuerza que era algo que debía hacer; tío Batta me entendió y comprendió el deseo que tenía de llevar un mensaje a la mayor cantidad posible de gente.

"Vamos a ver a dónde nos conduce el Señor durante las próximas semanas", me dijo con paciencia.

No te sientes vencido cuando afrontas un reto. Tampoco sales huyendo. Defines la situación, buscas soluciones y confías en que cualquier cosa que suceda, será para bien. Es fundamental tener paciencia porque estás plantando semillas, porque tienes que soportar el mal tiempo y esperar la cosecha. Pero, si encuentras un obstáculo, lo más importante es que no cometas ninguna tontería. No estrellas tu cabeza contra el problema y no das la vuelta para alejarte: buscas una solución y confías en que todos los obstáculos tienen un propósito.

Cuando no hubo dinero para continuar la gira, no nos apresuramos a gastar un dinero que no teníamos. Oramos, buscamos soluciones. Creímos que si la puerta estaba cerrada entonces, en algún otro momento se abriría con otra oportunidad.

Lo más importante es que, si sigues buscando, siempre vas a encontrar un camino. Tal vez tengas que ajustar tus sueños a las realidades, pero, mientras sigas respirando, debes recordar que las posibilidades continúan ahí.

Dicho lo anterior, tengo que contarte esto: no recibimos ninguna respuesta a nuestras oraciones para conseguir financiamiento para el resto de la gira. Sin embargo, se disparó una cadena sorprendente de sucesos.

Unos días después de la cena en casa de tío Batta, un individuo llamado Bryan Hart, quien me había escuchado hablar en Florida, me llamó para ofrecerle a la fundación una gran suma de dinero como donación.

Luego, recibimos una llamada de nuestros contactos en Indonesia. Nos dijeron que habían rentado dos estadios en Hong Kong para nosotros. Nos prometieron que si asistíamos, ellos cubrirían nuestros gastos.

Dos días después nos visitaron de una organización de beneficencia de California para entregarnos una suma todavía mayor. ¡Con eso podríamos pagar los gastos que nos faltaban cubrir de la gira!

El dinero dejó de ser problema en sólo un par de días. Todavía teníamos algunas preocupaciones respecto a la seguridad en algunos de los lugares que visitaríamos, pero depositamos nuestra confianza en Dios.

Gracia salvadora

¿Recuerdas cuando mencioné que todo lo malo venía para bien? Debido a la falta de recursos que tuvimos, nos habíamos visto forzados a modificar el itinerario para India, pero cuando tuvimos fondos disponibles, volvimos a cambiar la fecha de la visita y, de hecho, llegamos una semana antes de lo planeado.

Tal vez ese cambio en el itinerario salvó nuestras vidas. Tan sólo un par de días después de que estuvimos en Mumbai, tres de los lugares que habíamos visitado sufrieron ataques terroristas. El Hotel Taj, el aeropuerto y la estación de trenes del sur de Mumbai fueron algunos de los blancos de ataques en los que murieron ciento ochenta personas y trescientas más quedaron heridas.

Nuestro primer itinerario nos habría situado en Mumbai, en los lugares precisos, justo al momento de los ataques. Se podría decir que corrimos con suerte, pero yo creo que Dios tenía un plan que no pudimos ver antes. Es por esa razón que resulta tan relevante tener fe en el futuro y seguir trabajando para alcanzar tus metas, incluso cuando los problemas parecen acumularse en tu contra.

Montado en la vida con un pie

Este capítulo lo inicié comentando que mi pie izquierdo resultó ser un pequeño apéndice de bastante utilidad. He aprendido a sentirme agradecido de tener mi pie porque los innovadores se mantienen ocupados inventando ingeniosos artilugios que son perfectos para él. Las palancas y las pantallas digitales son tan sólo algunos de los aparatos más útiles que he encontrado. A pesar de que no tengo brazos ni piernas, ahora puedo vivir la vida de formas que ni yo ni mis padres hubiéramos imaginado cuando era niño. Las posibilidades para mi vida parecían mínimas en aquel entonces, pero, gracias a la tecnología y al poder de creer y lograr, los límites se han desvanecido.

Sin importar lo difícil, cruel e implacable que sea tu vida, debes mantenerte firme. Cuando yo llegué al mundo mi situación era bastante sombría, pero logre ir esculpiendo una existencia plena y llena de recompensas. Y si acaso crees que soy la excepción, piensa en los logros de uno de mis héroes, el fallecido Christy Brown.

Christy nació en 1932 en Dublín, Irlanda. Fue el décimo de los veintidós niños que tuvieron sus padres. Por desgracia, sólo trece de ellos llegaron a la edad adulta. Christy llegó al mundo con todos sus miembros, pero estaba terriblemente discapacitado, tanto, que no se podía mover, sólo podía emitir algunos sonidos. En aquel tiempo los doctores no supieron identificar cuál era el problema de Christy, tuvieron que pasar varios años antes de que le diagnosticaran un tipo de parálisis cerebral particularmente severa.

Como Christy no podía hablar con claridad, los doctores pensaron por años que también tenía una discapacidad mental. Su madre insistió en que no tenía problemas de ese tipo, que sólo le era imposible comunicarse. Ella y otros miembros de la familia trabajaron incansablemente con él y, un día, cuando Christy trataba de decirle algo a su hermana, tomó un pedazo de tiza con su pie izquierdo. Era la única parte de su cuerpo que podía controlar.

Christy aprendió a escribir, dibujar y pintar con su pie izquierdo. Su familia, al igual que la mía, estaba decidida a brindarle una vida tan normal como fuera posible, así que lo montaron en un viejo carrito y después en un vagón. Como yo, Christy se convirtió en un buen nadador. Después, su madre conoció a un doctor que le ayudó a internarlo en el hospital Johns Hopkins. Tiempo después, ese mismo doctor abrió un hospital para Christy y otros pacientes con parálisis.

También introdujo a Chisty al mundo de la literatura; varios escritores irlandeses inspiraron a Christy a expresarse como poeta y escritor. Su primer obra fue un libro de memorias que tituló *Mi pie izquierdo*; más adelante éste se convirtió en una novela best seller, *Down All the Days* (*Abajo todos los días*) y luego en una película estelarizada por Daniel Day-Lewis (quien, por cierto, es hijo de uno de los amigos literarios de Christy, Cecil). Day-Lewis ganó el Oscar a mejor actor por su interpretación. Christy publicó otros seis libros y también se convirtió en un pintor incansable.

Piensa en los oscuros días en que Christy Brown y su familia pasaron preguntándose qué tipo de vida tendría. Sólo podía mover una parte de su atormentado cuerpo, sólo podía emitir algunos sonidos y, sin embargo, se convirtió en un connotado escritor, poeta y pintor. Además, ¡tuvo una sorprendente vida que fue narrada en una película premiada!

¿Qué te depara el futuro? ¿Por qué no te quedas un rato a ver cómo se desarrolla tu historia?

Muchas veces, durante mi niñez, tuve una visión limitada. La imagen que tenía de mi vida estaba tan centrada en mí, que nunca imaginé que habría otras personas en circunstancias más adversas que las mías. Gente como Christy Brown, por ejemplo. Luego, como a los trece años, en un periódico leí un reportaje sobre un hombre australiano que se había visto envuelto en un terrible accidente. Según recuerdo, quedó paralizado, incapaz de moverse o hablar, y confinado a una cama por el resto de su vida. No podía imaginarme lo espantoso que eso sería.

Su historia me ayudó a abrir los ojos y expandir mi mente. Comprendí que, mientras mi carencia de miembros representaba varios desafíos, todavía tenía mucho qué agradecer, que había infinitas posibilidades para mi vida.

Creer en tu destino puede desencadenar un gran poder, puede ayudarte a mover montañas. Mi despertar a todas esas posibilidades fue, sin embargo, un proceso gradual. A los quince años escuché la historia del hombre ciego que se narra en el Evangelio de San Juan. El hombre había sido ciego desde que nació y cuando lo vieron los seguidores de Jesús, le preguntaron a su líder: "Señor, ¿quién cometió el pecado para que este hombre naciera ciego, él o sus padres?"

Ésa era la misma pregunta que yo me había formulado. *¿Acaso hicieron algo malo mis padres? ¿Acaso fui yo? ¿Por qué otra razón habría nacido sin brazos ni piernas?*

Jesús respondió: "Ni este hombre ni sus padres han pecado". Nació ciego "para que la obra de Dios se pueda manifestar en él".

Cuando el ciego escuchó la explicación, la visión que tenía de su vida y las posibilidades cambió dramáticamente. Puedes imaginar la resonancia que tuvo esta parábola en mí cuando era un adolescente tan consciente de mis peculiaridades, discapacidades y de lo mucho que dependía de otros. De pronto vi una nueva posibilidad: yo no era una carga, no era deficiente, no estaba siendo castigado. ¡Había sido diseñado para que la obra de Dios se manifestara a través de mí!

Cuando leí aquel versículo de la Biblia a los quince años, me inundó una ola de paz como no había sentido nunca. Me había preguntado por qué nací sin miembros, pero ahora, comprendía que el único que sabía la respuesta era Dios. Lo tuve que aceptar y creer en las posibilidades que Él me enviaría.

Nadie sabe por qué nací con esta discapacidad y nadie sabía por qué el ciego nació con la suya. Jesús dijo que sucedió de esa forma para que las obras de Dios pudieran ser reveladas.

Aquellas palabras me confirieron una sensación de alegría y gran fortaleza. Comprendí por primera vez que en la vida no se consiguen de inmediato las respuestas que uno desea. Tienes que caminar con fe. Yo tuve que aprender a confiar en las posibilidades para mi vida. Si yo puedo tener esa confianza, tú también puedes.

Piénsalo: cuando era niño no había forma de saber que mi carencia de miembros me ayudaría a ofrecer un mensaje de esperanza en tantas naciones y a tal diversidad de gente. Claro que la adversidad y la desilusión no son divertidas, no tienes que fingir que las disfrutas, pero debes creer en que se avecinan mejores días, que la vida será plena y llena de propósito.

UN MODELO A SEGUIR

La primera vez que presencié en verdad el poder de creer en nuestro propio destino, fue en una junta de la preparatoria, cuando escuché a un orador motivacional. Era un hombre de Estados Unidos llamado Reggie Dabbs, y ése iba a ser un día difícil para él. Había cuatrocientos chicos en nuestra asamblea escolar, el calor era húmedo y el destartalado sistema de sonido emitía terribles ruidos y a veces fallaba.

Los nativos estábamos inquietos, pero él nos cautivó con su historia. Nos contó que su madre fue una prostituta adolescente de Louisiana que había considerado practicarse un aborto para resolver su "pequeño problema". Por fortuna para Reggie, decidió tenerlo. Cuando se embarazó, ya no contó con su familia ni con un lugar para vivir, así que se mudó a un gallinero.

Una noche, mientras se acurrucaba ahí, temerosa y sola, se acordó de una maestra que había tenido. Era una mujer muy simpática que alguna vez le dijo que le llamara si necesitaba algo. Era la señora Dabbs. La maestra manejó desde su casa en Tennessee hasta Louisiana para recoger a la chica embarazada y la llevó a su casa, con su propia familia: su esposo y seis hijos grandes. La señora Dabbs y su esposo adoptaron a Reggie y le brindaron su apellido.

La pareja le inculcó valores morales muy sólidos, contó Reggie. Una de las primeras lecciones que le enseñaron fue que no importaban la situación ni las circunstancias, él siempre tendría la opción de responder negativa o positivamente.

Reggie nos contó que casi siempre había tomado las decisiones correctas porque tenía fe en las posibilidades para su vida. No quería equivocarse porque creía que había muchas cosas buenas esperándolo. Hizo mucho hincapié en algo que me conmovió profundamente: "Nunca podrás cambiar tu pasado, ¡pero sí puedes cambiar tu futuro!"

Tomé sus palabras muy en serio, nos había tocado a todos. Reggie también ayudó a plantar una semilla en mi mente: me hizo considerar la posibilidad de convertirme en un orador. Me agradaba pensar en el hecho de que este humilde hombre había causado un efecto positivo en un grupo tan grande e inquieto, en tan sólo unos minutos. También me parecía súper *cool* que anduviera volando por todo el mundo sólo para hablar con la gente y, además, ¡le pagaban por darles esperanza!

Al salir de la escuela, pensé: *tal vez algún día yo también tendré una historia para compartir tan buena como la de Reggie.* Ahora te exhorto a que aceptes el hecho de que, quizás, ahora no puedes ver el camino, pero eso no significa que no esté ahí. Ten fe, tu historia te está esperando y ¡yo sé que será increíble!

CUATRO

AMA TU PERFECTA IMPERFECCIÓN

Un día, en una gira por el Este de Asia, hablé en Singapur ante más de trescientos ejecutivos y empresarios de negocios del más alto nivel. Cuando terminé mi presentación y la gente salía de la sala, un caballero muy elegante se apresuró a alcanzarme. Tenía la apariencia de ser muy exitoso y de tener mucha confianza en sí mismo, al igual que los otros distinguidos miembros del público, es por ello que me sorprendieron mucho sus palabras.

"Nick, ayúdame", suplicó.

Después pude enterarme de que este exitoso hombre era el poseedor de tres bancos. Sin embargo, se había acercado a mí con gran humildad porque la riqueza material no podía protegerlo de la angustia que lo consumía.

"Tengo una maravillosa hija de catorce años y, por alguna extraña razón, cada vez que se mira en el espejo, dice que es horrible", dijo. "Me rompe el corazón que no pueda ver lo bella que es. ¿Cómo puedo hacerla ver?"

Es fácil de entender la preocupación del hombre porque lo más difícil para los padres es soportar el sufrimiento de sus hijos. Él había tratado de ayudarla a superar el odio que se tenía a sí misma por una razón muy importante: si no podemos aceptarnos cuando somos jóvenes y tenemos salud, entonces, ¿cómo nos sentiremos cuando envejezcamos y comencemos a tener problemas médicos con el paso de los años? Y si nos odiamos a nosotros mismos por cualquier razón al azar, pues es muy fácil terminar reemplazando esa razón con cien más, tan arbitrarias e inválidas como la inicial. Si en lugar de enfocarte en tus cualidades sólo ves tus fallas, la inseguridad de la juventud puede lograr que te desplomes en una espiral sin fondo.

La Biblia nos dice que fuimos "creados con maravilla y temor". Entonces, ¿por qué sentimos con tanta frecuencia que no somos suficientemente hermosos, altos o delgados? Estoy seguro de que aquel hombre de Singapur no escatima en los elogios para su hija, que siempre trata de fortalecer su confianza y autoestima. La gente que nos ama y nuestros padres pueden desvivirse para construir nuestra confianza y, sin embargo, basta con una sola frase negativa de algún compañero o un comentario nauseabundo de nuestro jefe o colega, para derribar los logros de quienes nos aprecian.

Cuando nos comparamos con otros o cuando la opinión que tenemos de nosotros mismos se basa en lo que otras personas piensan, nos volvemos vulnerables y la mentalidad de víctima nos aprisiona. Si no estás dispuesto a aceptarte a ti mismo, tampoco podrás aceptar a otros, lo que te puede llevar a experimentar soledad y marginación. Un día estaba hablando ante un grupo de adolescentes sobre la manera en que el deseo de ser popular a veces hace que algunas personas rechacen a los chicos menos atractivos o menos atléticos de la escuela. Para ilustrar lo que decía les hice una pregunta muy directa: "¿A cuántos de ustedes les gustaría ser *mis* amigos?"

Para mi alivio, la mayoría de la gente en el salón levantó la mano, pero luego les lancé una pregunta que los confundió mucho: "Entonces no importa como luzco, ¿verdad?"

Dejé que lo analizaran por unos minutos. Acabábamos de hablar sobre el hecho de que los chicos y las chicas invierten mucho tiempo en tratar de pertenecer: usan las prendas correctas, se hacen un corte de cabello *cool* y tratan de no tener sobrepeso o estar demasiado delgados, no muy bronceados ni muy pálidos.

"¿Cómo pueden desear ser amigos de un tipo sin brazos ni piernas —tal vez el tipo más distinto a ustedes que jamás hayan conocido— pero rechazan a otros compañeros porque no tienen los *jeans* de moda, la piel clara o un cuerpo de modelo?"

Cuando te juzgas a ti mismo con demasiada severidad o te presionas en exceso, comienzas a juzgar a los demás de la misma forma. Amarte y aceptarte de la manera en que Dios te ama, abrirá una amplia puerta hacia un sentido mucho mayor de paz y plenitud.

Parece ser que las presiones que sufren los adolescentes y los adultos jóvenes son universales. He sido invitado a hablar para gente de China y de Corea del Sur porque existe una gran preocupación ante los altos niveles de depresión y suicidio que hay en esos países en donde se trabaja tanto y el desarrollo se ha tornado vertiginoso.

Llegué a Corea del Sur cuando se estaban llevando a cabo los Juegos Olímpicos de Invierno en Vancouver. Fue muy emocionante ver cómo se esparcían el entusiasmo y el orgullo nacional por todas partes de Seúl cuando Kim Yu-Na, la "reina" del patinaje artístico de Corea del Sur, logró la primera medalla de oro para su país. El interés en su lucha era tan fuerte que en su última participación, las operaciones de la bolsa de valores del país, se desplomaron a la mitad de su nivel habitual.

Yo había aparecido en un documental que se vio mucho entre la población cristiana de Corea del Sur. Eso provocó que me hicieran varias invitaciones para hablar. La explosión de fe que hay allá es extraordinaria. Mis anfitriones de la iglesia Onnuri me dijeron que los cristianos surcoreanos sienten gran pasión por el trabajo misionero. Predecían que, en una década o dos, los misioneros sur-coreanos superarían en número a los misioneros estadounidenses, lo cual es de llamar la atención dado que Corea del Sur es un país mucho más pequeño.

Al entrar a Seúl me asombró el número de iglesias. Se dice que en la capital se encuentran las tres iglesias cristianas más grandes del mundo. A pesar de que hace sólo cien años había pocos cristianos en Corea del Sur, ahora casi un tercio de sus cuarenta y ocho millones de habitantes se consideran cristianos. Una de las iglesias en donde hablé, la iglesia Yoido Full Gospel, tiene más de 800 000 miembros que asisten a los servicios en veinte templos.

Tengo amigos que visitan Corea del Sur sólo para conocer las iglesias. Las ceremonias son asombrosas: las oraciones se hacen en voz alta y las campanas repican para anunciar el inicio de cada nuevo programa. Sin embargo, a pesar de este fuerte crecimiento espiritual, la gente experimenta altos niveles de estrés debido a las largas jornadas de trabajo. La presión también es intensa en las escuelas: hay una competencia furiosa por ser el mejor. Mucha gente joven se siente estresada porque cree que el único lugar que vale la pena alcanzar es el primero. Si no llegan a la posición más alta, se sienten como perdedores. Yo los exhorté a tomar conciencia de que reprobar un examen no los convierte en fracasados. Ante los ojos de Dios, todos somos valiosos, así que deberíamos amarnos a nosotros mismos de la misma forma en que Él nos ama.

El tipo de autoamor y autoaceptación que yo promuevo no se trata de amarte a ti mismo de una manera egoísta y obsesiva. No, esta forma de amor no es un ensimismamiento. En ella debes dar más de lo que tomas, ofrecer sin que te pidan, compartir cuando no tienes mucho, encontrar felicidad al hacer sonreír a otros. En ella, te amas a ti mismo porque, en realidad, no estás preocupado por ti: te sientes feliz contigo porque logras hacer felices a los que te rodean.

Pero, ¿qué tal si no te puedes amar porque nadie más te ama? Me temo que eso es imposible. Verás, tanto tú como yo somos hijos de Dios; cada uno de nosotros puede contar con su amor incondicional, su compasión y su perdón. Debemos amarnos, comprender nuestras imperfecciones y perdonar nuestros errores, tan sólo porque Dios también hace todo esto por nosotros.

En una gira por Sudamérica hablé en un centro de rehabilitación en Colombia. Los adictos y los rehabilitados que formaban el público tenían tan poco interés en su valor como seres humanos, que casi habían logrado destruirse con las drogas. Les dije que Dios los ama sin importar por cuánto tiempo han sido adictos. Sus rostros se iluminaron cuando les aseguré, a través de un intérprete, que Dios los amaba sin condiciones. Si Dios está dispuesto a perdonar nuestros errores y a amarnos como somos, ¿entonces por qué no podemos perdonarnos y aceptarnos nosotros? Al igual que la hija de aquel banquero de Singapur, los adictos colombianos habían extraviado su camino porque, por alguna razón, comenzaron a minusvalorar sus vidas. Sentían que no merecían lo mejor que la vida puede ofrecer; yo les dije que todos eran merecedores del amor de Dios. Si Él nos perdona y nos ama, nosotros debemos amarnos y perdonarnos, y luego luchar por tener la mejor vida posible.

Cuando le pidieron a Jesús que mencionara cuáles eran los mandamientos más importantes, dijo que el primero era amar a Dios con todo tu corazón, alma, mente y fuerza, y el segundo era amar a tu prójimo como a ti mismo. Amarte a ti mismo no significa ser egoísta, egocéntrico o ensimismado, significa que tienes que aceptar tu vida como un regalo que se debe nutrir y compartir como bendiciones para otros.

En lugar de regodearte en tus imperfecciones, tus fallas o tus errores, enfócate en las bendiciones y en la contribución que puedes hacer, ya sea a través de talento, conocimiento, sabiduría, creatividad, trabajo duro o nutriendo almas. No tienes que complacer a nadie porque tú puedes tener tu propia definición de lo que es ser perfecto.

El brillo interno

Elisabeth Kübler-Ross, psiquiatra y escritora, dijo que las personas son como ventanas con vidrios sucios: "Brillan y centellean cuando sale el sol, pero, cuando cae la oscuridad, su verdadera belleza sólo se puede apreciar si hay una luz que provenga de adentro". Para vivir sin límites y, en especial, para sobrevivir la oscuridad de la depresión, la adicción a las drogas, el alcoholismo o cualquier problema importante, tú debes encender esa luz de adentro. Debes creer en tu propia belleza y valor, creer que eres una persona capaz de marcar la diferencia, alguien que importa.

El primer paso trascendente para vivir una vida sin límites, es encontrar tu propósito. Conservar la esperanza para el futuro y tener fe en las posibilidades, incluso en los tiempos difíciles, será lo que te mantenga en movimiento hacia tu objetivo. Pero para sentirte pleno, tu corazón debe saber que tú eres *merecedor* del éxito y la felicidad.

Tengo un amigo que se siente tan cómodo consigo mismo, tan en paz y tan entusiasmado por desarrollar sus cualidades, que parece como si sólo irradiara buenos sentimientos. Me encanta estar con él: se ama pero no es vanidoso, se acepta a sí mismo como un hombre bendecido aun cuando las cosas no salen como espera y a pesar de que lucha igual que tú y yo.

Estoy seguro de que conoces a gente que irradia ese tipo de vibra agradable, así como, tal vez, también conoces a gente que es todo lo opuesto, aquella cuya amargura y odio hacia sí misma aleja a todos. El no aceptarse uno mismo, no sólo conduce a la autodestrucción, también a la soledad.

Si tu brillo no proviene de adentro, tal vez es porque dependes de que otras personas te validen, te den confianza y te hagan sentir apreciado. Ten cuidado: ése camino sólo te va a conducir a la desilusión porque, antes que nada, debes aceptarte tú mismo. La única medición importante de tu belleza y de tu valor como persona, debe provenir de dentro de ti.

Lo sé, es fácil de decir pero difícil de hacer, yo también he tenido que lidiar con esto. Habiendo sido hijo de padres cristianos, siempre se me enseñó que Jesús me amaba y que me había creado de acuerdo con su plan. Por supuesto, todas las enseñanzas bíblicas de mis padres y los esfuerzos que hacía mi familia para animarme se derrumbaban cuando algún mocoso corría hacia mí y gritaba: "¡Eres un fenómeno!"

La vida puede ser muy cruel, la gente es irracional o simplemente mala onda. Así que debes ser capaz de buscar fortaleza dentro de ti y, si eso falla, siempre puedes mirar hacia arriba, hacia Dios, la fuente más poderosa de fuerza y amor.

Aceptarse y amarse a uno mismo son nociones fundamentales, sin embargo, a veces son mal entendidas en estos tiempos. Te debes amar como el reflejo que eres de Dios y como alguien que fue depositado en esta tierra para hacer una contribución especial. Hay muchos adolescentes y adultos que se quedan con el significado más superficial y llegan a los extremos del narcisismo y la autoindulgencia. Esto se debe en buena parte al culto a la belleza y la celebridad que se promueve en los *reality shows*, las películas, los *podcasts* y los videos. Cuando ves esos programas es muy fácil olvidar que existe un propósito más grande que el de verse bien, vivir con lujos o ligar. No es de sorprenderse que haya más celebridades en centros de rehabilitación que asistiendo a la iglesia. Muchas de esas personas adoran a los falsos dioses de la vanidad, el orgullo y la lujuria.

Siendo honesto, no creo que anteriormente haya habido una generación a la que le hayan mentido tanto como a ésta. Todo el tiempo nos bombardean con la idea de que tenemos que lucir de cierta forma, tener cierto auto y cierto estilo de vida para sentirnos plenos, amados, apreciados o para que los demás validen nuestros triunfos. Hemos llegado al peligroso punto en el aspecto cultural, en que aparecer en un video de indiscreciones sexuales se considera un camino a la fama, la fortuna y la plenitud.

¿No crees que sería mejor si los paparazzi persiguieran a la gente que se titula de posgrados, o a misioneros que transportan medicina y esperanza para los pobres y necesitados, en lugar de ir tras las celebridades que abandonan su rehabilitación cargando sus antecedentes penales y cicatrices de agujas en los brazos? Pero no todo está perdido. He visto cantidades apabullantes de gente, joven y mayor, que asiste a ceremonias religiosas y festivales de alabanza, gente que busca la satisfacción de aprender a amar a su prójimo. He visto jóvenes y adultos pasar sus vacaciones construyendo casas en países no desarrollados y prestando servicios a gente necesitada en zonas de gran pobreza en Estados Unidos. No todo mundo está obsesionado con la cirugía plástica, la liposucción y los bolsos de Louis Vuitton.

Cuando permites que los bienes materiales y la belleza superficial te atrapen, y cuando permites que otros definan tu valor, estás cediendo demasiado de ti y arriesgándote a que tus bendiciones se desperdicien.

Después de ver mi DVD, Kristy me escribió: "Tú me hiciste comprender que no sirve de nada lograr que alguien te ame si no te amas tú mismo. Te vi hace más de un año y hoy lo estoy haciendo de nuevo. Comprendí que debía decirte lo que has hecho por mí. Me has enseñado a defenderme, a amarme por lo que soy y a vivir mi vida de la manera que yo deseo hacerlo... Ah, y por cierto, ahora que ya cambié la manera en que me siento respecto a mí misma, mi novio ha notado una gran diferencia y te lo agradece. Siempre temía por mí, le daba miedo que yo pudiera hacer algo estúpido algún día como suicidarme. Pero he cambiado y ¡mi vida es mucho más feliz!"

Autoaceptación

Mi mensaje tuvo resonancia en Kristy porque alguna vez estuve en el mismo lugar que ella. Un día, cuando tenía siete años, llegué a casa tras un día de particular rechazo y desilusión. Pasé horas mirándome en el espejo. La mayoría de los adolescentes se preocupan porque tienen acné y porque desean mantener su cabello bajo control. Yo tenía que lidiar con los mismos problemas que ellos y, además, afrontar el reto de no tener miembros.

En verdad soy un tipo raro, pensé.

El dolor se apoderó de mí, me permití aullar con autocompasión durante unos cinco minutos. Pero luego, una voz en lo profundo, dijo: *Okay, como dice tu mamá, te faltan algunas piezas y cachitos, pero, también tienes cosas buenas.*

Pensé, *menciona una. Te reto. Vamos, encuentra una sola cosa y será suficiente.*

Estudié mi imagen un rato más y logré encontrar algo positivo.

Tengo lindos ojos. Las chicas me han dicho que tengo lindos ojos. Si acaso no tengo nada más, ¡al menos cuento con eso! Y nadie puede cambiarlo. Mis ojos nunca van a cambiar, así que siempre tendré lindos ojos.

Cuando sientes que tu ánimo se derrumba porque alguien te lastimó, te desdeñó o se comportó como un bravucón contigo, ve al espejo y encuentra algo que te encante de ti, algún detalle o algo que te haga sentir bien respecto a tu persona. Explora esa cualidad durante un rato y agradece por tenerla, aprende que tu belleza y tu valor provienen de esa persona especial que naciste para ser.

No exageres y reclames: "No hay nada especial en mí". Somos muy severos con nosotros mismos, en especial cuando nos comparamos con otros y salimos perdiendo. Lo veo mucho entre los adolescentes; muchos de ellos batallan porque se sienten inadecuados o porque creen que nadie los amará jamás.

Es por ello que he insistido en decirles: "Yo te quiero como eres, para mí eres hermoso/hermosa".

Son unas sencillas palabras que vienen de mí, un extraño que tiene una apariencia extraña. Son palabras que ofrezco en la mayor parte de mis compromisos para hablar en escuelas y para grupos juveniles. Pero esas sencillas palabras parecen tocar algunas fibras. De hecho, casi siempre la respuesta es muy notable. La reacción típica comienza con un gimoteo apagado o sollozos suaves. Me asomo para ver si hay alguna chica con la cabeza agachada o algún chico con las manos en su rostro. Luego, una serie de fuertes emociones se apoderan del salón como si fueran contagiosas. Las lágrimas ruedan por las jóvenes mejillas. Los hombros tiemblan por el llanto. Las niñas se acurrucan entre ellas y los chicos salen para ocultar sus rostros.

Las primeras veces que esto sucedió, me sentí desconcertado. *¿Qué sucede? ¿Por qué responden con tal emoción?*

Las extremidades de mi público han contestado esas preguntas. Cuando termino los discursos, tanto jóvenes como gente mayor, se forman para abrazarme y compartir sus sentimientos. La respuesta es abrumadora una vez más, a veces llegan a formarse durante horas.

Ahora, está bien que soy bastante guapo, pero la gente no se forma por horas para abrazarme sólo porque soy encantador. Sé que lo que en realidad los invita a acercarse es el hecho de que logro desatar por ahí un par de fuerzas que a muchos les hace falta en la vida: *el amor incondicional y la autoaceptación.*

El de Kristy es tan sólo uno de muchos correos electrónicos y cartas que recibo. También tengo conversaciones personales con personas jóvenes y mayores que han llegado a pensar en el suicidio porque sienten que perdieron la capacidad de amarse a sí mismos.

Cuando te sientes herido, construyes murallas a tu alrededor para evitar que te vuelvan a hacer daño. Sin embargo, es imposible que construyas una muralla para rodear tu corazón. Y si tan sólo logras amarte por lo que eres, por toda la belleza natural que radica en tu interior y en tu exterior, las otras personas se sentirán atraídas y lograrán descubrir tu belleza también.

ÁMATE LO SUFICIENTE PARA PODER REÍRTE DE TI MISMO

La gente que nos ama y nuestros amigos pueden decirnos cien veces al día que somos hermosos, que nos aman y que los malos tiempos pasarán. Pero, con frecuencia hacemos a un lado sus palabras de apoyo y nos aferramos al dolor. Yo hice eso durante años; mis padres pasaban semanas tratando de deshacer el daño causado por uno o dos niños que me molestaban en la escuela, pero, cuando finalmente se acercó a mí una persona de mi edad, me sentí transformado. Cuando una chica de mi salón me dijo que "me veía bien", caminé en las nubes por un mes.

Claro, poco tiempo después desperté teniendo trece años y con un grano en la nariz. No era agradable, era gigante, era un enorme jitomate, no un grano.

"Mira esto, es una locura", le dije a mamá.

"No te rasques", me contestó.

"¿Con qué me lo voy a rascar?", me pregunté.

Me fui a la escuela con la sensación de que era el tipo más horrible del planeta. Cada vez que pasaba por un salón y veía mi reflejo en las ventanas, deseaba salir corriendo y ocultarme. Se me quedaban viendo otros chicos. Yo seguía con la esperanza de que desapareciera, pero, dos días después, había crecido aún más. Era el grano más rojo y más grande del universo. Comencé a pensar que llegaría a ser más grande que el resto de mí.

¡La monstruosa deformidad no se iba! Ocho meses después, el asqueroso grano seguía ahí. Me sentía como el Rodolfo (el reno de la nariz roja) australiano. Por fin, mamá me llevó a un dermatólogo; le dije que quería que me extrajera el grano, incluso si eso implicaba una cirugía mayor. Me examinó con una enorme lente de aumento —como si el grano no pudiera verse suficientemente bien— y dijo: "Hmmmmm, no es un grano".

Lo que sea, pensé, *deshagámonos de él, ¿sí?*

"Es una glándula sebácea inflamada", dijo. "La puedo cortar o quemar, pero, de cualquier manera, te va a dejar una cicatriz más grande que este puntito rojo".

¿Puntito rojo?

"Pero, es tan grande que no puedo ver en dónde empieza y dónde termina", protesté.

"¿Preferirías tener una cicatriz de por vida?", me preguntó.

El enorme no-grano permaneció en mi nariz. Oré y me quejé por un tiempo, pero al final, comprendí que ese brillante foco rojo en mi nariz no era una distracción mayor que mi falta de extremidades. *Si las personas no quieren hablar conmigo, pues ellas se lo pierden,* decidí.

Si cachaba a alguien mirando el grano fijamente, hacía alguna broma. Le decía que estaba tratando de que me creciera una nariz extra para venderla en el mercado negro. Y, cuando la gente veía que me podía reír de mí mismo, comenzaban a reír *conmigo* y sentir empatía. Porque, después de todo, ¿quién no ha tenido alguna vez un grano? Hasta Brad Pitt los tiene.

A veces, con nuestra propia actitud, logramos agrandar los problemas, como cuando los tomamos demasiado en serio. Tener un grano es parte del trato, todos somos humanos perfectamente imperfectos. Tal vez algunos lo somos más que otros, pero todos tenemos fallas y defectos. Es esencial que no tomemos muy en serio cada arruga o verruguita porque, algún día, en verdad te va a suceder algo muy serio, y entonces, ¿qué vas a hacer? Entonces, prepárate para reír de los pequeños zapes que te da la vida y los baches que te aparezcan en la nariz.

Se ha demostrado que la risa puede reducir el estrés gracias a la producción de endorfinas. Las endorfinas son hormonas, son un relajante natural del cuerpo que fortalece el sistema inmunológico y mejora la circulación, además de que lleva oxígeno al cerebro. No está mal, ¿verdad? Los estudios también han demostrado que la risa te hace más atractivo ¿Premio doble?

La belleza es ciega

¿Sabes qué cosa es de verdad hilarante? La vanidad. Lo es porque, justo cuando sientes que te ves bien y sexy, preparado para aparecer en la portada de la revista *People*, te llega una lección de la vida que te hace comprender que la belleza, en realidad, se encuentra en los ojos de quien la contempla. Y que lo que se encuentra afuera no es ni la mitad de importante que lo que hay en el interior.

Hace poco conocí a una niña australiana que es ciega. Estábamos en una carrera para reunir fondos y comprar equipo médico para niños necesitados. La niña tenía unos cinco años y su mamá me la presentó cuando terminó el evento. La madre le explicó a la niña que yo había nacido sin brazos ni piernas.

La gente ciega a veces me pide permiso para tocar mi cuerpo para comprender lo que es una persona sin miembros. A mí no me molesta, así que, cuando la niña preguntó si podía "ver" por sí misma, yo le dije que sí. Su mamá guió sus manos sobre mis hombros y mi pie izquierdo. La reacción de la niña fue muy interesante; tuvo mucha calma al tocar los huecos en mis hombros y mi extraño pie. Luego, cuando colocó sus manos en mi rostro, ¡gritó!

Fue graciosísimo.

"¿Qué pasa? ¿Te asusta mi hermoso rostro?", le pregunté, riéndome.

"¡No! Es todo ese pelo que tienes. ¿Eres un lobo?"

La nena nunca había sentido una barba, así que cuando tocó la mía, se espantó. ¡Le dijo a su mamá que era muy triste que yo estuviera tan peludo! Aquella niña tenía sus propias opiniones sobre lo que es ser atractivo y quedó claro que mi barba no estaba en la lista. No me sentí ofendido, mejor aún, me dio gusto recordar que la belleza reside en los ojos —y en el tacto— de quien la "contempla".

CELEBRA TU UNICIDAD

Nosotros, los humanos, somos una bola de tontos. Pasamos la mitad del tiempo tratando de pertenecer a la multitud y la otra mitad tratando de destacar. ¿Por qué es así? Yo he caído en ese error, y estoy seguro de que tú también. Y es que parece ser universal, parece ser parte de nuestra naturaleza humana. ¿Por qué no podemos estar contentos con nosotros mismos, sabiendo que somos creaciones de Dios, fabricados para reflejar su gloria?

Cuando era niño e iba a la escuela, al igual que muchos otros adolescentes, me sentía desesperado por pertenecer. Y ¿has notado que los chicos que quieren "ser diferentes", por lo general se juntan con otros muchachos que se visten, hablan y actúan igual a ellos? ¿Qué onda con eso, cuate? ¿Cómo puedes ser *diferente*, si toda la gente con la que te juntas usa el mismo tipo de ropa negra, esmalte de uñas negro, labial negro y delineador negro? ¿Acaso eso no te hace, sólo, *igual*?

Los tatuajes y los *piercings* solían ser una manifestación rebelde del individualismo. Pero ahora, hasta las mamás que ves en las tiendas tienen tatuajes y *piercings*. Tiene que haber una mejor manera de celebrar tu individualidad que seguir las mismas modas y tendencias que llevan las mamás en los centros comerciales, ¿no?

Yo he adoptado una actitud que te puede funcionar a ti. He decidido que mi belleza radica en mis diferencias, en el hecho de que soy distinto a todos los demás. Tengo unicidad. Nunca, nadie, podrá decir que soy "promedio" o "sólo un tipo más". Tal vez no soy el más alto entre la multitud, pero, ciertamente, destaco.

Esa actitud me ha servido porque, a menudo, los niños y la gente mayor que me conoce, tienen reacciones peculiares. Los niños tienden a pensar que soy de otro planeta o que soy una especie de monstruo. Los adolescentes tienen una imaginación sórdida, por lo que suelen asumir que me desmembró algún maniático con un hacha o algo igual de horripilante. Los adultos también llegan a conclusiones extrañas, a veces sospechan que soy un maniquí o una marioneta.

En una ocasión, cuando visitaba a unos parientes en Canadá, me llevaron, por primera vez, a pedir dulces el día de brujas. Habían encontrado una espeluznante y enorme máscara de anciano que cubría todo mi cuerpo. Me la pusieron y me llevaron de puerta en puerta. Al principio, las personas no reaccionaban del todo, y nos dimos cuenta de que era porque no creían que yo fuera de verdad. Lo comprendimos cuando una mujer colocó algunas de mis paletas favoritas en mi bolsa y yo dije: "¡Gracias! ¿Truco o trato?"

La mujer se encogió y saltó hacia atrás. "¿Hay un niño ahí dentro?", preguntó gritando. "¡Pensé que traían un muñeco!"

Bueno, la verdad es que sí soy bastante bonito, pensé.

Ya aprendí a sacarle el mayor jugo a mi unicidad, especialmente cuando me siento juguetón. Me encanta pasear por los centros comerciales con mis primos y mis amigos. Hace algunos años, estábamos en un centro comercial en Australia y vimos un aparador con ropa interior Bonds, que es la versión australiana de Haines o Jockey, es una marca de calzoncillos que ya tiene muchos años en el mercado.

El maniquí tenía puestos unos Bonds "blancos y ajustados". Su cuerpo era igual al mío: pura cabeza y torso, sin miembros y con un atractivo *six-pack* de músculos abdominales. Yo traía mis propios Bonds, así que mis primos y yo decidimos que podía servir como maniquí de aparador. Nos metimos a la tienda y ellos me levantaron hasta la base de la ventana, luego me coloqué junto al maniquí.

Durante cinco minutos me quedé como carnada para los visitantes del centro comercial. Cada vez que pasaban compradores y se detenían frente al aparador, yo me contoneaba, sonreía, guiñaba o hacía una reverencia ¡y la gente se horrorizaba! Por supuesto, esta pequeña broma provocaba las tremendas carcajadas de mis cómplices, quienes observaban desde afuera de la tienda. Después bromeaban diciendo que, si mi carrera de orador público llegaba a terminar, siempre tendría la oportunidad de encontrar trabajo como maniquí de tienda departamental.

ALIGERA LA CARGA

He aprendido a reírme de mis discapacidades y de las peculiares reacciones que provocan en la gente. Pero hay todavía un método mejor para sobreponerte a las dudas que puedas tener sobre tu valía o tu capacidad para amarte por lo que eres. En lugar de regodearte en la compasión, trata de aligerar el dolor de alguien más. Enfócate en alguien que lo necesite.

Puedes ser voluntario para servir comidas en un asilo, recaudar dinero para huérfanos, organizar un evento para beneficiar a víctimas de un terremoto. Encuentra patrocinadores que te puedan donar dinero si participas en una caminata de caridad, en un paseo en bicicleta o en algún maratón de baile. Levántate y busca.

Cada vez que yo lo hago, descubro que es tal vez la mejor solución para alguien que no ha podido encender la luz del amor en su interior.

Si no puedes resolver tus propios problemas, trata de ser la solución para alguien más. Después de todo, es mejor dar que recibir, ¿no? Si no te amas a ti mismo, entonces, entrégate. Te sorprenderá lo valioso que te sentirás si lo haces.

¿Cómo es que lo sé? Vamos, amigo, mírame, mira mi vida. ¿Te parece que soy una persona feliz y plena?

Una rinoplastia no te va a dar una vida llena de alegría, un Ferrari no logrará que te admiren millones de personas. Tú ya tienes lo que se necesita para ser amado y valorado, lo único que tienes que hacer es dejarlo fluir y maximizar todo lo que hay en ti. No siempre serás perfecto, pero no hay problema. No se trata de llegar a ser perfecto mientras vives, se trata de intentarlo.

Lo que tienes que hacer es seguir presionando, creciendo, ofreciendo todo lo que tienes para dar. Al final podrás voltear y decir: *Di lo mejor de mí.*

Mira ahora mismo en el espejo y di: "Éste es el que soy y acepto el reto de ser lo mejor que se pueda". Tú eres hermoso porque Dios te creó para cumplir su propósito. Tu reto está en encontrar cuál es ese propósito, inundarlo de esperanza, conducirlo con fe y poner tu unicidad al servicio de lo mejor.

La única cura segura para la compasión es amarse y aceptarse a sí mismo. Las drogas, el alcohol y la promiscuidad, sólo ofrecen alivio temporal. Tarde o temprano siempre te traerán más dolor. Cuando logré aceptarme como hijo de Dios y como parte de su plan, mi vida cambió para siempre. Tal vez tú no crees en Cristo, pero puedes creer en tu valor y en el propósito que tienes en este planeta.

El mejor consejo que tengo para encontrar la felicidad interior es tratar de ver más allá de ti mismo y usa tus talentos, tu inteligencia y tu personalidad para que la vida de alguien más, pueda ser mejor.

Cuando tenía dieciséis años y estudiaba en la preparatoria Runcorn State, en Queensland, por lo general tenía que esperar una hora o más para tomar el transporte que me llevaría a casa al terminar las clases. La mayoría de las veces me quedaba platicando con otros chicos o con el señor Arnold, un gran tipo. Él era el intendente de la escuela, pero era una de esas personas que brillan desde adentro. Estaba tan en paz consigo mismo y se veía tan cómodo en su overol, que todos lo respetaban y disfrutaban de su compañía.

El señor Arnold podía hablar sobre cualquier tema. Era un hombre espiritual y sabio, algunos días dirigía discusiones con jóvenes cristianos durante el recreo. A pesar de que yo le había dicho que no era muy religioso que digamos, me invitó a unirme a las pláticas. Él me simpatizaba mucho, así que comencé a asistir a las sesiones.

En esas reuniones, el señor Arnold invitaba a los chicos a hablar sobre sus vidas, pero yo siempre decliné "Vamos, Nick, nos gustaría escuchar tu historia", decía. "Queremos conocerte mejor y saber lo que piensas".

Me negué a participar durante tres meses. "No tengo una historia para contar", le decía.

Finalmente, el señor Arnold me ganó; los demás chicos hablaban sobre sus sentimientos y experiencias con mucha franqueza, así que en algún momento decidí hablar sobre mí en la siguiente sesión. Me sentía nervioso, por lo que preparé unas tarjetas con los puntos más importantes. (¡Sí, ya sé, qué ñoño!)

No esperaba impresionar a nadie, sólo quería que sucediera pronto y salir de ahí. O, por lo menos, eso fue lo que me decía a mí mismo. Otra parte de mí también quería mostrar a los chicos que tenía los mismos sentimientos, preocupaciones y temores que ellos habían expresado.

Ese día hablé durante diez minutos sobre lo que era crecer sin brazos ni piernas. Les conté historias tristes y también otras alegres. No quería sonar como víctima, así que también platiqué de mis victorias. Como era un grupo cristiano, mencioné que hubo ocasiones en las que sentí que Dios me había abandonado o que yo era uno de sus raros errores. Después les expliqué cómo logré comprender que tal vez había un plan para mí, pero que no se había revelado aún.

"Estoy aprendiendo con mucha lentitud a tener fe en que no fui un error", dije, tratando de aligerar el ambiente con algo gracioso.

Al decir la verdad, me sentí tan relajado cuando terminé de hablar, que me dieron ganas de llorar. Pero para mi sorpresa, eran los otros chicos en el salón quienes sollozaban.

"¿Estuvo mal?", le pregunté al señor Arnold.

"No, Nick", me dijo. "Al contrario, lo hiciste muy bien".

Al principio creí que sólo estaba tratando de ser amable y que los chicos del grupo fingían sentirse conmovidos por mi presentación. Porque, después de todo, eran cristianos y se supone que los cristianos son amables.

Pero entonces, uno de los chicos del grupo me invitó ha hablar con el grupo juvenil de su iglesia. Luego llegó la invitación de otro chico para visitar su escuela dominical. Durante los siguientes dos años, recibí docenas de invitaciones para compartir mi historia con grupos en iglesias, organizaciones juveniles y otros clubes.

En la preparatoria había tratado de evitar a los grupos cristianos porque no quería que me identificaran como el hijo del predicador que sólo piensa en la religión. A veces actuaba con rudeza, incluso maldecía para que me aceptaran como a cualquier otro chico. La verdad es que yo mismo no me había aceptado aún.

Pero, obviamente, Dios tiene un gran sentido del humor. Me encaminó para hablar ante el grupo que había yo había estado evitando y, después, fue justo ahí que reveló el propósito que tenía para mí en la vida. Me mostró que, a pesar de que no era perfecto, tenía riquezas para compartir y bendiciones para aligerar la carga de otros.

Aplica de igual manera para ti: compartimos nuestra imperfección. Necesitamos compartir los hermosos dones que nos han sido otorgados. Mira hacia adentro, hay una luz ahí que espera encenderse pronto.

CINCO

LA ACTITUD ES ALTITUD

Cuando establecí una compañía para organizar mis compromisos como orador en el ámbiente corporativo, se me ocurrió llamarla Actitud es Altitud, porque, de no haber tenido una actitud positiva, nunca habría sido capaz de elevarme sobre mis discapacidades y llegar a tanta gente.

Lo más probable es que te sientas tentado a desdeñar el concepto de "ajuste de actitud" porque se ha convertido en un lugar común de la propaganda motivacional y de los materiales de entrenamiento para superación personal. Pero en realidad hay un gran poder que proviene del control de tu actitud, de ajustar tu carácter y deshacerte de comportamientos que puedan amenazar la capacidad que tienes de vivir sin límites. El psicólogo y filósofo William James, quien era académico de la Universidad de Harvard, dijo que uno de los mayores descubrimientos de su generación había sido la comprensión de que, *al cambiar nuestras actitudes, podíamos cambiar nuestras vidas.*

Aunque no te hayas dado cuenta, tú ves el mundo a través de tu propia perspectiva individual, y esta perspectiva, a su vez, se basa en lo que consideras bueno o malo, correcto o incorrecto, justo o injusto. Tus decisiones y actos se basan en esas actitudes, por lo que, si lo que has hecho hasta el momento no ha funcionado, entonces tienes en tus manos el poder de ajustar tu actitud y cambiar tu vida.

Imagina que tu actitud es el control remoto de tu televisión: si el programa que ves no te agrada en lo absoluto, entonces, sólo toma el control y cambia de canal. Así, cuando no obtienes los resultados deseados, puedes ajustar tu actitud más o menos de la misma forma, sin importar el tipo de desafíos que enfrentes.

Linda, maestra de música, escribió y describió la forma en que su extraordinaria actitud le ayudó a reponerse tras un accidente que sufrió en su infancia y que muy bien podría haber arruinado su vida. Estaba en la primaria cuando quedó severamente lastimada en un accidente automovilístico. Linda pasó dos días y medio en coma y, cuando recuperó la conciencia, no podía caminar, hablar ni comer.

Los doctores temían que Linda hubiese quedado dañada de sus facultades mentales y no pudiera hablar o caminar con normalidad nunca más. Sin embargo, su mente, su capacidad de habla y su cuerpo, se recuperaron poco a poco. De hecho, el único problema médico que aún tiene como recuerdo de aquel horrible accidente, es que su ojo derecho quedó dañado y tiene visión limitada.

Esta mujer atravesó por un dolor increíble, soportó muchas operaciones y todavía tiene un problema de visión. Hubiese sido muy fácil para ella sentirse la víctima y amargarse. No podrías culparla si dijera que la vida la ha tratado de una manera injusta. Sin embargo, la actitud que adoptó fue la siguiente:

"A veces me siento frustrada porque mis ojos no funcionan con coordinación", me escribió. "Pero luego recuerdo de dónde vengo y en dónde podría estar, y me doy cuenta de que Dios me salvó por una razón: para vivir como testigo de su obra en mi vida. Mi ojo es un recordatorio de que no soy perfecta, pero no hay problema, debo confiar por completo en Él para tener fuerza. Dios eligió mostrar su poder a través del problema de mi ojo. A pesar de que soy débil, Él es fuerte".

Linda prefirió aceptar que su visión imperfecta es parte del "perfecto plan que Dios tiene para mi vida", según escribió. "Él modificó mi actitud frente a la vida porque, como ahora sé que puedo morir en cualquier instante, trato de vivir para Él todo el tiempo posible. Además, ahora siempre trato de ver el lado positivo de las cosas, de entregarme por completo a Dios y al prójimo y de preocuparme en verdad por la gente que me rodea".

En lugar de enfocarse en la visión limitada que tiene en uno de sus ojos, Linda decidió sentirse agradecida porque puede pensar, hablar, caminar y vivir una vida normal en casi todos los sentidos. Tú y yo también tenemos la capacidad de elegir nuestras actitudes así como ella lo hizo.

Y no tienes que ser un santo para lograrlo, es perfectamente normal que al sufrir una tragedia o atravesar una crisis personal, pases las etapas de miedo, enojo y tristeza. Pero en algún momento todos tenemos que decir: "Sigo aquí. ¿Quiero pasar el resto de mi vida revolcándome en la miseria, o quiero superar lo que sucedió y seguir tratando de alcanzar mis sueños?"

¿Acaso es fácil hacerlo? No, no lo es; se requiere de mucha determinación, sin mencionar que también necesitas un propósito, esperanza, fe y creer que tienes talentos y habilidades que debes compartir. Y Linda es tan sólo un ejemplo más entre mucha, mucha gente que ha demostrado que sí se pueden superar los desafíos con una actitud positiva. La única verdad, antigua, probada e innegable, es que tú y yo no tenemos ningún control sobre lo que nos sucede, pero sí tenemos control sobre la forma en que reaccionamos. Si elegimos la actitud correcta, nos podemos sobreponer a todos los imprevistos que debemos afrontar.

Lo más probable es que no tengas control sobre el próximo obstáculo que aparezca en tu vida. Imagina que un huracán llega a tu casa, un conductor ebrio choca contra tu auto, tu jefe te corre, tu pareja te dice "necesito tiempo". En fin, todos recibimos eso de vez en cuando. Así que puedes sentirte triste y mal, pero luego, levántate y pregunta: *¿Qué sigue?* Después de un rato de sollozar, de quejarte o de derramar todas las lágrimas en tu pecera, levántate y efectúa un ajuste en tu actitud.

Para recargar las pilas

Puedes modificar tu actitud y cambiar tu vida sin necesidad de tomar píldoras, visitar al psicólogo o escalar hasta lo alto de una montaña para consultar a un gurú. A lo largo de este libro te he motivado para que busques tu propósito, para que tengas esperanza para el futuro y fe en las posibilidades que se le presentarán a tu existencia. Esos atributos te permitirán tener una base sólida y una razón para sentirte contento, y ésa es la fuente de energía para ajustar tu actitud. Es algo parecido a las baterías del control remoto de la televisión.

¿Alguna vez has conocido a alguien exitoso, pleno y feliz que también sea pesimista? Yo no. Y eso es porque el optimismo te recarga las pilas, te da control sobre tus emociones. En cambio, el pesimismo debilita tu voluntad y permite que tu ánimo controle tus acciones. Cuando tienes una visión optimista, puedes ajustar tu actitud para sacar lo mejor de una mala situación. A esto a veces se le describe como "reencuadre" porque, aunque no siempre puedes cambiar tus circunstancias, *sí puedes* cambiar la manera en que las percibes.

Al principio vas a tener que hacer esto de manera consciente, pero, después de practicarlo por algún tiempo, se volverá automático. Yo paso mucho tiempo de gira con mis cuidadores y, al principio de mi carrera como orador, cada vez que se cancelaba un vuelo o perdíamos el avión, me costaba mucho trabajo controlar mi enojo y frustración. Pero en algún momento tuve que enfrentar el hecho de que cuando viajas con tanta frecuencia como yo lo hago siempre surgen problemas. Además, ya estaba demasiado grandecito para andar haciendo berrinches y, si no puedes patalear, como que van perdiendo su atractivo.

Yo me vi forzado a ajustar mi actitud respecto a los problemas inherentes a los viajes. Ahora, cada vez que nos vemos forzados a esperar por horas en un aeropuerto o tenemos que cambiar los planes de forma abrupta, trato de evitar el estrés, la frustración y el enojo: me enfoco en buscar una interpretación positiva del suceso. Empiezo a lanzar pensamientos optimistas como: *Se retrasó el vuelo por el mal tiempo, ¡qué bueno! Si evitamos la tormenta tendremos un viaje más seguro.* O bien, pienso: *Cancelaron el vuelo por problemas mecánicos. Bien, porque prefiero esperar, aquí en tierra que reparen el avión, que estar en el aire en una nave averiada.*

Claro que todavía prefiero tener un viaje sin problemas, pero, de no ajustar mi actitud, la alternativa era sumergirme en los aspectos negativos y eso no es saludable. Cuando permites que las circunstancias que están más allá de tu control determinen tu actitud y tus acciones, te arriesgas a caer en una espiral sin fondo de decisiones apresuradas y juicios subjetivos. Te arriesgas a exagerar, a rendirte demasiado pronto y a perder esas maravillosas oportunidades que siempre, la verdad, siempre surgen cuando crees que la vida no podría empeorar.

El pesimismo y la negatividad se van a encargar de que nunca te sobrepongas a las circunstancias. Así que, cuando sientas que los pensamientos negativos hacen que te hierva la sangre, cambia la sintonía y reemplázalos con un diálogo interior más positivo y alentador. Aquí te presento algunos ejemplos de pensamiento negativo contra pensamiento positivo que te ayudarán a identificar tus voces interiores.

NEGATIVO	POSITIVO
Nunca me voy a recuperar de esto.	Esto pasará pronto.
No lo soporto más.	Ya llegué hasta aquí. Me esperan mejores días.
Es lo peor que me ha sucedido.	Algunos días son más difíciles que otros.
Nunca voy a encontrar otro empleo.	Se cerró una puerta, pero pronto se abrirá otra.

UNA ACTITUD SANADORA

Mi amigo Chuck tiene cuarenta años y el año pasado se enteró de que el cáncer contra el que había luchado dos veces cuando tenía veintitantos, había vuelto a aparecer.

En esta ocasión, el tumor estaba tan incrustado en algunos órganos vitales, que los doctores no podrían tratar de extirparlo sino tratarlo con radiación. La prognosis no se veía alentadora, de hecho, mi amigo estaba en serios problemas. Chuck es esposo y padre, y está rodeado de un enorme círculo familiar y de amigos. Es por eso que tenía un propósito. También tenía esperanza, fe y amor por sí mismo y todo eso le ayudó mucho. Chuck decidió adoptar una actitud peculiar: asumió que no iba a morir. De hecho, a pesar de su enfermedad, se comportaba como si no fuera un hombre enfermo. Estaba decidido a permanecer con el ánimo en alto y enfocado en seguir adelante con su vida.

Nadie hubiese descrito a Chuck como un hombre afortunado en ese momento, ¿verdad? Sin embargo, el mero hecho de que la radiación no era viable, terminó siendo algo afortunado. Verás, los doctores de Chuck en St. Louis eran parte de un programa de prueba para una droga experimental contra el cáncer que no requiere radiación. En lugar de eso, la droga identificaba células cancerosas y las eliminaba. Dado que los tratamientos tradicionales no eran apropiados para el tumor de Chuck, era perfectamente elegible para los tratamientos experimentales. Pero lo que en realidad convenció a los doctores de incluirlo en el programa fue su actitud positiva. Ellos sabían que Chuck realmente aprovecharía su oportunidad, y así lo hizo.

Mientras le inyectaban la droga experimental contra el cáncer a través de un sistema intravenoso, Chuck aprovechaba el tiempo. Se subía a correr en la caminadora y levantaba pesas. Su actitud era tan positiva y su energía tan fuerte, que tuvo problemas para convencer a los empleados del hospital que en realidad pertenecía al piso de tratamiento contra el cáncer. "Es que usted no se ve ni actúa como nuestro paciente típico", le dijeron.

Chuck visitó a su doctor después de unas cuantas semanas de estar en tratamiento con la droga experimental. El doctor le dijo que había sucedido algo extraño, "No puedo encontrar ninguna señal del tumor", dijo. "Desapareció".

Los doctores no estaban seguros si lo que venció al tumor fue la droga experimental, la actitud de Chuck, un milagro o la combinación de las tres cosas. Todo lo que te puedo decir es que Chuck salió de ese hospital sin cáncer y fuerte como un toro. A pesar de todas las señales de que enfrentaría a la muerte, él decidió tomar una actitud positiva y no enfocarse en su enfermedad, sino en su propósito, en la esperanza, la fe y la convicción de que podría beneficiar a otros.

Date cuenta de que Chuck y Linda eligieron actitudes que les permitieron elevarse por encima de las dificultades, sin embargo, fueron actitudes ligeramente distintas. Linda escogió estar agradecida en vez de amargada, en tanto que Chuck decidió actuar en lugar de darse por vencido. Hay muchas actitudes de entre las que puedes escoger, pero yo creo que las más poderosas son las siguientes.

- Una actitud de agradecimiento.
- Una actitud de acción.
- Una actitud de empatía.
- Una actitud de perdón.

1. Una actitud de agradecimiento

Ésta es la actitud que Linda utilizó para lidiar con las heridas que le produjo el accidente automovilístico. En lugar de llorar por lo que había perdido, expresó gratitud por lo que recuperó y por la vida que pudo construir. Yo soy un gran creyente del poder de la gratitud.

Cuando hablo ante el público, por lo general menciono mi pie izquierdo, lo hago para que la gente no se sienta incómoda porque está muy a la vista. Yo bromeo al respecto pero, en realidad, he aprendido a estar muy agradecido de tenerlo. Lo uso para controlar la palanca de mi silla de ruedas, para escribir más de cuarenta palabras por minuto en una computadora, para tocar música en mi teclado y en la batería digital, y para usar todas las aplicaciones de mi teléfono celular.

La actitud de gratitud también atrae a la gente que comparte tu entusiasmo y que apoya tus sueños. A veces esa gente tiene el poder de inspirarte y cambiar tu vida de formas inesperadas. Cuando era niño, mi mamá me leía con frecuencia uno de mis libros favoritos que era *The God I Love*. Creo que tenía seis años la primera vez que me leyó. En ese entonces yo no conocía a ninguna otra persona que hubiese nacido sin piernas y sin brazos, no tenía ningún modelo a seguir, nadie que se viera como yo y que tuviera los mismos problemas. Hasta la fecha pienso mucho en aquel libro: me inspiró y me ayudó a construir una base sólida para mi actitud de gratitud. Este libro fue escrito por Joni Eareckson Tada.

Joni (que se pronuncia "yo-ni") era una atlética joven de diecisiete años nacida en Maryland. Era nadadora y practicaba la equitación. Joni estaba a unas semanas de comenzar su primer semestre en la universidad cuando, practicando clavados en un lago, se rompió el cuello. Ese accidente de 1967 la dejó paralizada del cuello hacia abajo; en su libro habla de la desesperación y los pensamientos suicidas que la acogieron al principio de su parálisis. Más adelante, Joni llegó a pensar que "no se trataba tan sólo de que el cosmos hubiese arrojado una moneda al aire o de que alguien hubiera activado la ruleta del destino. Todo era parte del plan que Dios tenía para mí".

Ese libro me encantaba. Mamá también me compró el disco con las canciones de Joni, era la primera vez que escuchaba canciones en que la letra decía cosas como: "todos tenemos ruedas" que hablaban sobre toda la diversión que podías tener con una silla de ruedas y que nos recordaban que "nadie es perfecto". Grabé el disco y escuché las cintas una y otra vez cuando era niño, en Australia. De vez en cuando todavía me sorprendo a mí mismo tarareándolas. Ya te podrás imaginar lo asombroso que fue que me invitaran a conocer a Joni.

En 2003 visité los Estados Unidos para hablar en una iglesia en California. Después de la plática se acercó una joven que trabajaba para Joni. Se presentó y me invitó a visitar las oficinas de su organización de caridad, llamada Joni and Friends. Las oficinas estaban en Agoura Hills.

Quedé anonadado cuando Joni entró en la habitación. Se inclinó para darme un abrazo y tuvimos un maravilloso momento. Joni no tiene mucha fuerza en el cuerpo debido a su cuadriplejia, así que se inclinó hacia mí y tuvo problemas para volver a impulsarse hacia su silla de ruedas. Por instinto, usé mi cuerpo para empujarla ligeramente hacia atrás.

"¡Eres muy fuerte!" me dijo.

Yo, por supuesto, me sentí muy emocionado cuando lo mencionó. Esta maravillosa mujer me había dado fortaleza, fe y esperanza cuando yo era un niño y, ahora, me decía que era fuerte. Joni me comentó que, al igual que yo, ella batalló mucho al principio con su discapacidad. Llegó a considerar lanzarse desde lo alto de un puente con su silla de ruedas, pero le preocupaba no lograrlo. Le preocupaba dañar su cerebro y que su vida fuera todavía más miserable. Finalmente se refugió en la oración: *Dios, si no puedo morir, enséñame a vivir.*

Poco después del accidente, una amiga le dio a Joni una copia de un versículo de la Biblia, que dice: "Agradece todo lo que recibas porque eso es lo que Dios y Jesucristo han designado para ti". Joni no era muy creyente en aquel tiempo, además, todavía se sentía enojada y frustrada por su parálisis. No iba a creer ese mensaje tan fácilmente.

"No es cierto", dijo Joni. "No puedo sentirme agradecida por esto, de ninguna manera".

Su amiga le dijo que no tenía que sentirse agradecida de estar paralizada. Sólo tenía que dar un salto de fe y agradecer las bendiciones que llegarían.

Para Joni fue muy difícil llegar a entender ese concepto porque en ese momento ella sentía que era una víctima. Y justo así era como se describía, "la víctima de un terrible accidente". Al principio culpó de su cuadriplejia a todos, excepto a sí misma. Y quería que todos los culpables pagaran. Entabló una demanda, exigió cosas, incluso llegó a culpar a sus padres por haberla traído al mundo en que quedó paralizada. Joni sentía que el mundo le debía algo por haber perdido el uso de sus brazos y piernas. Se dio cuenta de que era muy sencillo ser la víctima; en algún momento todos podemos clamar que somos víctimas de una u otra desgracia. Algunos se sienten víctimas porque nacieron pobres, otros dicen ser víctimas porque sus padres se divorciaron o porque no tienen buena salud, porque sus trabajos son malos o porque no son tan delgados, altos o bellos como quisieran.

Si nos sentimos merecedores de una buena vida, en cuanto algo terrible sucede, tenemos la sensación de que alguien nos ha robado y ofendido. Tratamos de buscar culpables y exigir una compensación para nuestra desgracia, cualquiera que ésta sea. En ese estado mental de ensimismamiento, es muy fácil convertirse en víctima profesional. Además, las fiestas para celebrar la autocompasión son las más aburridas, improductivas e inútiles que hay. Lo único que se escucha es: "Pobre, pobre de mí" y, tarde o temprano, querrás jalarte los pelos y salir corriendo de ahí.

Al igual que Joni, debes negarte a adoptar el papel de víctima porque no te llevará a ningún lugar. Ella dice que el sufrimiento siempre nos lleva al sitio en donde se bifurcan los senderos. Ahí podemos elegir el camino a la desesperación o podemos adoptar una actitud de gratitud y tomar el camino de la esperanza, el que lleva hacia la cumbre. Te darás cuenta de que al principio es muy difícil sentirse agradecido, pero si decides no ser la víctima y vivir día a día, la fortaleza llegará a ti. Si no puedes encontrar en tu situación algún aspecto que puedas agradecer, entonces enfócate en los buenos días que te esperan y agradécelos por anticipado. Esto te ayudará a construir tu optimismo y, al mismo tiempo, te permitirá dejar de pensar en el pasado para enfocarte en el futuro.

"Comprendí que entre las páginas de la Biblia estaba escrito el camino que me alejaría de la autodestrucción. No pasó mucho tiempo antes de que descubriera aquella vieja verdad: «Vive un día a la vez con la fortaleza de Dios y te convertirás en algo más grande que un conquistador»", me dijo Joni.

Ella descubrió que jugar a la víctima la arrastraría hasta el fondo, mucho más debajo del sitio adonde su parálisis la había llevado. Se dio cuenta de que agradecer las bendiciones que tienes y que vendrán es lo que te levanta. Esa actitud puede cambiar tu vida, así como cambió la de Joni y la mía. En lugar de sentirnos enojados y resentidos por nuestras discapacidades, hemos construido vidas llenas de gozo y plenitud.

La vida de Joni cambió radicalmente gracias a su actitud de gratitud y, a su vez, ella ayudó a cambiar mi vida y las de muchos otros que también aprovecharon la inspiración que transmite en sus libros y DVD. Su organización, Joni and Friends, no tiene fines de lucro y opera el programa Wheels for the World (Ruedas para el mundo), a través del cual se han distribuido más de sesenta mil sillas de ruedas de manera gratuita, sin mencionar los miles de muletas, bastones y andaderas que se han entregado a gente discapacitada de ciento dos países.

Joni es cuadripléjica y yo no tengo brazos ni piernas. Sin embargo, ambos encontramos un propósito y perseveramos en él; privilegiamos la esperanza por encima de la angustia. Depositamos nuestra fe en Dios y en el futuro, aceptamos que éramos seres humanos imperfectos pero con bendiciones que valorar. Elegimos actitudes positivas que impulsamos con gratitud, y las pusimos en acción para cambiar nuestras vidas y las de otros.

Éste no es el lema de una campaña publicitaria, es la verdad. Al elegir una actitud de gratitud en vez de sentirte la víctima, de amargarte o caer en la desesperación, tú también puedes sobreponerte a los desafíos que se te presentan. Pero, si te resulta difícil adoptar esta actitud, hay otras vertientes que podrías explorar.

2. Una actitud de acción

Tabitha tiene discapacidades similares a las mías. Ella me escribió: "Siempre me sentí bendecida y, por eso, sentí la necesidad de retribuirle algo al universo". Su actitud de acción la condujo a iniciar, con su familia, la tarea de producir "bolsas de víveres" para niños con enfermedades importantes y discapacidades, y para gente que vive en refugios.

A veces el mejor método para salir de un bache o para sortear un obstáculo, es tratar de mejorar tu existencia o la de otros. Sócrates dijo: "Aquel que quiera mover el mundo, deberá moverse a sí mismo primero". Cuando parece que la vida no te da tregua, trata de darle tregua a alguien. Cuando algo te golpea y te tira, algo como una pérdida o una tragedia abrumadora, date tiempo para llorar y luego actúa para sacar algo bueno de la tragedia.

Adoptar una actitud de acción te ayuda a crear inercia positiva. Los primeros pasos son los más difíciles, sin duda alguna. Al principio, hasta levantarte de la cama te parecerá imposible, pero en cuanto te hayas levantado, podrás moverte hacia delante y, mientras te mantengas mirando al frente, estarás en el camino que te aleja del pasado y te acerca al futuro. Déjate llevar, muévete paso a paso. Si perdiste a algo o a alguien, ayúdale a alguien más o construye algo que sirva como un tributo.

La pérdida de un ser amado es una de las experiencias más devastadoras. Perder a un miembro de tu familia o a un amigo detona un tipo de dolor que nos puede dejar discapacitados para siempre. En esas situaciones, hay muy poco que agradecer, excepto por el hecho de haberlos conocido y amado durante el tiempo que estuvieron con nosotros. No hay nada que nos pueda preparar para ese dolor tan avasallador y paralizante. Sin embargo, hay gente que logra ponerse en acción para convertir su terrible pérdida en una fuerza benéfica. Candy Lightner es un buen ejemplo. Después de que su hija de trece años fuera asesinada por un conductor ebrio, ella canalizó su enojo y angustia en acciones específicas. Fundó la asociación Mothers Against Drunk Driving (Madres Contra los Conductores Ebrios, o MADD, por sus siglas en inglés), la cual ha salvado, sin duda, muchas vidas gracias a su activismo y a sus programas educativos.

Cuando las tragedias nos apalean a nosotros o a la gente que amamos, es muy grande la tentación de ir a ocultarte a algún sitio para llorar con la esperanza de que algún día menguará ese inmenso dolor en el corazón. Sin embargo, mucha gente como Tabitha, Joni Eareckson, Tada y Candy Lightner, adoptaron actitudes de acción. Ellas piensan que, incluso las peores tragedias de sus vidas, pueden ofrecer la oportunidad de realizar buenas acciones. Carson Leslie de Dallas es un ejemplo más de este tipo de personas. Cuando lo conocí, Carson tenía dieciséis años y ya llevaba dos años enfrentando al cáncer. Esta joven estrella del deporte, con su brillante sonrisa y cuyo sueño había sido convertirse en el parador en corto de los Yankees de Nueva York, tenía apenas catorce años cuando le diagnosticaron un tumor cerebral que se había extendido hasta su columna. Soportó intervenciones quirúrgicas, radiación y quimioterapia. Su cáncer entró en remisión y después, reapareció.

A lo largo de todo ese proceso, Carson se esforzó en ser un chico normal y en llevar una vida ordinaria. Con frecuencia mencionaba su pasaje favorito de la Biblia, uno que alguien le había dado poco tiempo después de que le hubiesen diagnosticado el cáncer. Se trata de Josué 1: 9, que dice: "¿No te mando yo? Esfuérzate, pues, y ten valor; nada te asuste, nada temas, porque Dios, tu Señor, estará contigo adonde quiera que tú vayas".

Carson siempre se apresuraba a aclarar que éste no era su "versículo del cáncer", sino su "versículo de la vida".

"No importa cuánto tiempo viva, deseo que este versículo sea gravado en mi tumba. Y cuando la gente me visite, quiero que lo lea y que piense en la manera que a mí me ayudó a afrontar mis tribulaciones en la vida. Espero que otros verán que puede ofrecerles el mismo tipo de consuelo que me ofrece a mí". Eso fue lo que escribió Carson en su libro, *Carry Me* (*Llévame*).

Este increíblemente valeroso muchacho escribió el libro con su profesora de inglés, para "darle voz a los adolescentes y niños que tienen cáncer pero que no pueden expresar la forma en que esta enfermedad afecta su vida personal, social, física y emocional". Carson murió el 12 de enero de 2010, al mismo tiempo que se publicaba su libro. Las ganancias van directamente a la Fundación Carson Leslie para apoyar la investigación de cáncer pediátrico.

Qué jovencito tan generoso. Estaba enfermo y cansado y, aún así, pasó sus últimos días trabajando en un libro que motivaría y beneficiaría a otros. Las últimas palabras del libro me encantan: "Ninguno de nosotros sabe lo que le depara la vida, pero es fácil tener valor cuando sabes que ese valor proviene de Dios".

Yo conocí a Carson gracias a Bill Noble, un comerciante de joyas de Dallas y un hombre de gran fe que me ha invitado con frecuencia a hablar ante la congregación de su iglesia y otros grupos. Los hijos de Bill fueron compañeros de Carson en la escuela. Bill nos reunió y nos llamó a ambos "Generales del Reino de Dios".

Además de molestarme diciendo que yo estoy "desarmado", Bill con frecuencia señala la importancia de dejar un legado y de hacer que cada segundo que pasa cuente. Así lo hizo Carson a pesar de ser tan joven. Bill le decía a Carson algo que también me dice a mí ahora: "Dios no define a un hombre con su cuerpo terrenal. Es como está escrito en Juan 6: 63: «El espíritu es el que da vida, la carne no aprovecha para nada. Las palabras que yo les he hablado son espíritu y son vida»".

3. Una actitud de empatía

Si la actitud de acción parece estar más allá de lo que puedes hacer, hay otra opción. Esta opción proviene del corazón. Conforme alcancé más madurez y se expandió mi rango de experiencia, comprendí que uno de los factores fundamentales que me hicieron pensar en el suicidio cuando era niño fue el hecho de que era muy egoísta. Yo pensaba que nadie podía sufrir el dolor emocional y la frustración física que yo sentía. Estaba enfocado en mis circunstancias personales por completo.

Mi actitud mejoró mucho cuando crecí un poco y comprendí que había muchas otras personas con problemas similares o mayores al mío. Cuando reconocí esto, comencé a llevar aliento a otros y lo hice con mayor empatía. En una visita a Australia en 2009, una niña, parte de una familia amiga me dio una gran lección de empatía. Yo no conocía a la pequeña de apenas dos años y medio; la trajeron a una fiesta y se mantuvo alejada durante mucho tiempo. Me observaba de la misma forma que lo hacen todos los niños pequeños. Luego, cuando sus padres se preparaban para irse, le pregunté a la hermosa niña si quería darme un abrazo.

Ella sonrió y se acercó con precaución. Cuando estuvo suficientemente cerca, se detuvo, me miró a los ojos y dobló hacia atrás sus brazos con lentitud, como una forma de mostrar solidaridad con mi falta de miembros. Luego se inclinó un poco y colocó su cabeza sobre mi hombro, me abrazó con su cuello de la forma en que ella me había visto abrazar a otros. La extraordinaria muestra de empatía que me brindó esta pequeña conmovió a todos en el lugar. Me han abrazado muchas veces, pero te puedo decir con franqueza que ese abrazo no lo olvidaré nunca porque es muy evidente que esa pequeñita tiene un don prodigioso para conectarse con los sentimientos de otros. La empatía es un gran don. Yo te exhorto a que la practiques y la compartas en cada oportunidad que tengas porque es una manera de sanar a quienes la brindan y a quienes la reciben. Cuando afrontas tribulaciones, tragedias o desafíos, en lugar de mirar hacia adentro, mira a tu alrededor. En lugar de sentirte lastimado y buscar compasión, encuentra a alguien que tenga heridas más grandes y ayúdale a curarlas. Tu dolor y tu pena son legítimos, pero sufrir es parte de ser humano y, tratar de conectarse con otros es una forma de sanar al tiempo que ayudas a que otros sanen.

Mi amigo Gabe Murfitt comprende esto mejor que nadie. Gabe y yo nos conocimos cuando hablé en una cena organizada para recaudar fondos para Gather4Him, en Richland, Washington, en 2009. Gabe nació con malformaciones en piernas y brazos; sus miembros tienen una longitud de sólo ocho centímetros. Sus pulgares no tienen huesos y, además, tiene un problema de audición. De alguna manera, él ha encontrado la forma de ser activo. Juega béisbol, basquetbol y hockey; salta la cuerda y toca la batería, entre otras actividades.

Gabe nació cerca de Seattle y tiene un espíritu indomable además de gran empatía. Comenzó a jugar béisbol en ligas infantiles cuando tenía seis años. Ahora estudia en la Universidad Washington State y, en una ocasión, escaló el monte Rainier con un grupo de amigos y familiares que lo apoyaron. A pesar de que tenía sus propios problemas en la preparatoria, comenzó a contactar a otros estudiantes y a inspirarlos con sus discursos sobre valor, liderazgo, excelencia, actitud y respeto. Estos discursos los denominó "CLA-ROS". Gabe y su familia crearon una organización sin fines de lucro para ayudar a otras personas con discapacidades. La fundación de Gabe, HOPE (www.gabeshope.org) ofrece motivación, becas y ayudas económicas, todo gracias a la maravillosa empatía de su fundador.

¿Logras ver el poder que hay en la actitud de empatía de Gabe? Él dejó de enfocarse en sus tribulaciones y se acercó a otros; transformó el problema de su incapacidad en una misión de empatía y, de esa forma, enriqueció su vida y la de un número incontable de personas.

Cuando viajo a regiones en donde la pobreza es inimaginable y el sufrimiento enorme, me sorprende mucho la forma en que la gente reacciona ante mí. Siempre me he encontrado con hombres, mujeres y niños que muestran gran compasión. Hace poco, en Camboya, me apresuraba a volver al hotel después de una larga reunión en medio de un calor y humedad tan fuertes, que casi me hacen desmayar. Lo único que quería era darme un baño y dormir un día o dos en una habitación con aire acondicionado.

"Nick, antes de que nos vayamos, ¿podrías platicar con este niño?", me preguntó mi anfitrión. "Ha estado esperando todo el día aquí afuera para verte".

El niño era más pequeño que yo y estaba solo, sentado en la suciedad. Había tantas moscas volando alrededor de él que formaban una nube oscura. Tenía un profundo hueco o herida en la cabeza. Parecía que uno de sus ojos se iba a salir y olía muy mal, a suciedad y decadencia. Sin embargo, había una compasión tan grande en su mirada, tanto amor y empatía —por mí— que logró hacerme sentir muy cómodo.

Se levantó y se acercó a mi silla. Con gentileza apoyó su cabeza en mi mejilla como tratando de consolarme. Se veía como si no hubiera comido en días; era un huérfano que sufría demasiado. Sin embargo, lo que él deseaba era mostrarme empatía ante el sufrimiento que él imaginaba que yo tenía. Me sentí tan conmovido que comencé a llorar.

Les pregunté a nuestros anfitriones si había algo que pudiéramos hacer por el niño y me prometieron que lo alimentarían, lo cuidarían y le conseguirían un lugar para dormir. Pero para ser franco, tras agradecerle y despedirme de él, no pude dejar de llorar. No pude pensar con claridad en todo el día y no podía recuperarme del hecho de que este niño, por quien yo había sentido tanta pena, no estaba enfocado en su sufrimiento. En lugar de eso, el niño sentía compasión por mí.

No tengo idea de lo que ese niño tuvo que enfrentar o de lo difícil que era su vida, pero te puedo asegurar que su actitud era realmente asombrosa: a pesar de sus problemas, todavía tenía la capacidad de tocar a otros y consolarlos. ¡Qué enorme regalo es tener tanta empatía y compasión!

4. Una actitud de perdón

La cuarta actitud que debes considerar para elevarte, es la actitud de perdón. Ésta es tal vez la mejor de todas las actitudes pero, también es la más difícil de aprender. Créeme, lo sé por experiencia. Como ya lo mencioné, durante mi niñez hubo un tiempo en que no podía perdonar a Dios por lo que a mí me parecía había sido un tremendo error: mi carencia de extremidades. Estaba enojado y me sentía programado para encontrar culpables. El perdón no aparecía en mi tablero de control.

Así como pasó conmigo, para que puedas perdonar, tendrás que atravesar primero por un periodo de enfado y resentimiento, es natural. Pero, lo que no debes hacer es continuar con esas emociones ya que, después de algún tiempo, lo único que vas a lograr es sentirte lastimado mientras hierven en tu corazón.

Sin embargo, el enojo no es una emoción que haya sido diseñada para durar todo el día y toda la noche. El cuerpo, como sucede con los automóviles, se puede descomponer si lo mantienes acelerado durante mucho tiempo. Las investigaciones médicas han demostrado que guardar resentimientos por largos periodos, puede provocar estrés físico y psicológico. A su vez, el estrés debilita tu sistema inmunológico y afecta tus órganos vitales. Pero también existe otro problema con ese juego de culpar a otros. Mientras yo siguiera culpando a otros por mi falta de brazos y piernas, no tendría necesidad de hacerme responsable de mi futuro. Cuando tomé la decisión consciente de perdonar a Dios y a mis doctores, y continuar con mi vida, me sentí mucho mejor física y emocionalmente. Además, sentí que había llegado el momento de responsabilizarme por el resto de mi vida.

La actitud de perdón es lo que me liberó porque, verás, cuando te aferras a antiguas heridas, lo único que logras es concederle poder y control a quienes te lastimaron. En cambio, cuando los perdonas, cortas los vínculos que tienes con esas personas, así ya no formarán parte de tu cadena. Tampoco insistas en pensar que les estás haciendo un favor al perdonarlas, en todo caso, hazlo por ti mismo.

Yo perdoné a todos los chicos que me molestaban y se burlaban de mí. Pero no los perdoné para absolverlos de la culpa, lo hice para librarme del peso del enojo y el resentimiento. Yo me caigo bien y por eso quería liberarme.

Así que no te preocupes por los efectos que pueda tener tu perdón en tus antagónicos y en las personas hirientes de tu pasado. Tú sólo debes disfrutar de lo que el perdón hace por ti. En cuanto adoptes una actitud de perdón, se aligerará tu carga y podrás ir tras tus sueños sin que pesen sobre ti los lastres del pasado.

El poder del perdón va más allá de sanarte. Cuando Nelson Mandela perdonó a quienes lo mantuvieron encarcelado por veintisiete años, el poder de su actitud modificó a toda una nación y tuvo un efecto que alcanzó a países de todo el mundo.

En la antigua Unión Soviética se desató este poder en una escala menor. Cuando estuve en Ucrania, conocí a un pastor que se había mudado a Rusia con su familia para abrir una iglesia en un área que estaba plagada por la violencia. En cuanto se divulgaron los planes del pastor en el pueblo, los *gángsters* lo amenazaron a él y a sus cinco hijos. El pastor oró.

"Dios me dijo que pagaría un precio muy alto por establecer aquí mi iglesia, pero que también sucedería algo extraordinario", dijo el pastor.

El pastor estableció la iglesia a pesar de las amenazas. Al principio iba muy poca gente a los servicios, pero, luego, tan sólo a una semana después de la apertura, uno de los hijos del pastor fue asesinado en la calle. El pastor, adolorido, rezó de nuevo y solicitó la guía de Dios. Dios le dijo que permaneciera con su iglesia. Tres meses después de la muerte de su hijo, un individuo aterrador detuvo al pastor en la calle. "¿Le gustaría conocer a la persona que mató a su hijo?", preguntó.

"No", dijo el pastor.

"¿Está seguro?", insistió el hombre. "¿Qué tal si ese hombre le pidiera perdón?"

"Yo ya lo he perdonado", dijo el pastor.

"Yo le disparé a su hijo", le dijo el hombre, derrumbándose. "Y quiero unirme a su iglesia".

En las siguientes semanas se unieron tantos otros miembros de la mafia rusa a la iglesia del pastor, que el crimen casi desapareció en el área. Así es el poder del perdón. Cuando tienes una actitud de perdón, echas a andar todo tipo de energías. Y recuerda que esta actitud también te ayuda a perdonarte a ti mismo. Como cristiano sé que Dios perdona a aquellos que se lo piden, pero muy a menudo nosotros nos negamos a perdonarnos a nosotros mismos por los errores del pasado, por las equivocaciones y por haber abandonado nuestros sueños.

Perdonarse a sí mismo es igual de importante que perdonar a otros. Yo he cometido errores y tú también; hemos tratado mal a algunas personas, las hemos juzgado erróneamente. Todos nos equivocamos. Pero la clave es dar un paso atrás, admitir que te equivocaste, ofrecer disculpas a las personas ofendidas, prometer que te comportarás mejor en el futuro, perdonarte a ti mismo y seguir adelante.

¡Yo sí puedo vivir con esa actitud!

La Biblia nos dice que siempre cosechamos lo que sembramos, así que, si sientes amargura, enfado, autocompasión y eres incapaz de perdonar, ¿a dónde crees que te llevarán todas esas actitudes? ¿Qué tipo de alegría puedes obtener viviendo así? Entonces, rechaza todos esos oscuros y pesimistas comportamientos, llénate de optimismo y hazte de una actitud de gratitud, una actitud de acción, una actitud de empatía o una actitud de perdón.

Yo ya he experimentado los beneficios de cambiar de actitud, y te puedo asegurar que eso modificó mi vida y me llevó a alturas que nunca hubiera imaginado. ¡Puede ser igual para ti!

SEIS

SIN BRAZOS PERO PELIGROSO

Mi primera y última pelea en el patio de recreo fue con Chucky, el bravucón más grande de la primaria. Su verdadero nombre no era Chucky, pero, como tenía un furioso cabello anaranjado, pecas y enormes orejas como el Chucky de la película de horror, de aquí en adelante lo llamaré así para proteger su culpable identidad.

Chucky fue la primera persona que me hizo sentir miedo en el corazón. Todos experimentamos miedos en nuestra vida, miedos reales e imaginarios. Nelson Mandela dijo que el hombre valiente no es el que siente temor, sino el que aprende a conquistarlo. Yo ciertamente sentí temor cuando Chucky trató de noquearme, pero conquistar el miedo era otro asunto.

Tus temores y los míos son en realidad regalos. Pero en aquel entonces nadie hubiese podido convencerme de eso. Nuestros temores más básicos como el temor al fuego, a caer y el temor a las enormes bestias que rugen, están arraigados en nuestras mentes y funcionan como herramientas de supervivencia, así que debes estar agradecido de tenerlos y debes apoderarte de ellos. Sólo no permitas que ellos se apoderen de ti.

Tampoco es bueno tener demasiado miedo. Con mucha frecuencia, nuestro temor a caer, a sufrir una desilusión o a ser rechazados, puede paralizarnos. Eso sucede porque, en lugar de enfrentar los temores, nos rendimos ante ellos y nos limitan.

No permitas que el temor te impida alcanzar tus sueños. Debes tratarlo como tratas a tu detector de humo. Préstale atención cuando se activa, mira a tu alrededor para ver si hay un peligro real o si solamente se activó la alarma por accidente. Si no hay una amenaza real, saca el temor de tu mente y busca ser feliz con tu vida.

Chucky, mi verdugo de la primaria, me enseñó a conquistar el miedo y a seguir adelante, pero eso sólo sucedió hasta que terminó la primera y la última pelea de mi infancia. Yo me llevaba bien con casi todos los niños de la escuela, incluso con los rudos. Pero Chucky era un producto salido directo de la fábrica de bravucones. Era un niño inseguro que siempre andaba en busca de alguien a quien molestar. Era más grande que yo, igual que todos los demás.

En realidad yo no representaba una amenaza para mis compañeros, estaba en primer año, pesaba unos diez kilos y estaba en una silla de ruedas. Chucky era un año o dos mayor que yo y, comparado conmigo, era un gigante.

"Te apuesto que no puedes pelear", me dijo un día en el recreo.

Mis amigos estaban ahí, así que puse mi cara de tipo duro, pero recuerdo que pensaba: *Estoy aquí en mi silla de ruedas y él es del doble de mi tamaño. Esto no se ve nada bien.*

"Te apuesto que sí" fue la mejor respuesta que se me ocurrió.

En realidad yo no tenía mucha experiencia peleando, provenía de una familia cristiana y me habían enseñado que la violencia no era la respuesta. Pero tampoco era un pelele. Había luchado bastante con mi hermano y con mis primos. Mi hermano menor todavía recuerda mi mejor movimiento. Antes de que Aarón creciera y se hiciera mucho más corpulento y alto que yo, podía tirarlo al piso y aprisionar su brazo con mi barbilla.

"Creo que hubieras podido romperme el brazo con tu barbilla", dijo. "Pero cuando crecí y fui más grande, bastaba con que empujara tu frente con mi mano para impedir que te acercaras".

Ése era el problema que tenía con Chucky. No tenía miedo de pelear con él, sólo que no sabía cómo llevar a cabo la labor. En todas las peleas que había visto en televisión o en las películas, uno de los participantes golpeaba o pateaba al otro. Y yo carecía de las herramientas fundamentales para hacer esos movimientos.

Eso no parecía importarle a Chucky. "Si puedes pelear, ¡demuéstralo!" dijo.

"Ok, te veo en el Oval a la hora del almuerzo", gruñí.

"Hecho", dijo Chucky. "Más te vale estar ahí".

El Oval era un área de concreto con forma de huevo que estaba en medio de nuestro jardín de hierba y lodo. Pelear ahí era como pelar en la pista central del circo escolar. El Oval era nuestro escenario principal. Todo mundo se enteraba de lo que sucedía ahí. Si me llegaban a dar una paliza ahí, nunca podría sacudirme la vergüenza.

Durante toda la mañana, en las clases de inglés, geografía y matemáticas, estuve inquieto por la cita que tenía a la hora del almuerzo con el bravucón de la escuela. Tampoco ayudó en nada que la noticia de que me enfrentaría con Chucky se regó como pólvora por toda la escuela. Todos querían saber cuál sería mi plan de ataque y yo no tenía ni idea.

Seguía imaginando a Chucky noqueándome. Estuve rezando para que algún maestro se enterara y detuviera la pelea antes de que iniciara. Pero no tuve suerte.

El temido momento llego. Sonó la campana para ir al almuerzo y mi pandilla se colocó alrededor de mi silla de ruedas. Nos dirigimos juntos y en silencio al Oval. Ahí se encontraba la mitad de la escuela, algunos habían traído su lunch y otros estaban haciendo apuestas.

Como te podrás imaginar, yo no era el favorito en las primeras apuestas.

"¿Estás listo para pelear?" dijo Chucky.

Asentí, pero no tenía idea de cómo acabaría esto.

Chucky tampoco estaba tan seguro. "Ey, oye, ¿cómo vamos a hacer esto?", me preguntó.

"No lo sé", contesté.

"Tienes que bajarte de tu silla", exigió. "No sería justo que te quedaras en la silla de ruedas".

Por lo visto, a Chucky le preocupaba que lo golpeara y me escapara. Eso me dio un sitio para comenzar a negociar. A mí no me encantaba pelear, pero ya tenía bastante experiencia como negociador.

"Si yo me bajo de esta silla, tú vas a tener que ponerte de rodillas", le dije.

A Chucky ya lo habían comenzado a molestar por meterse con un niño en silla de ruedas. Accedió a mi contra demanda y cayó de rodillas. Yo salté de la silla completamente preparado para mi gran momento de Cocodrilo Dundee. Si tan sólo supiera cómo luchar sin puños.

Porque, después de todo, no podía empuñar "los hombros" ¿verdad?

La multitud se colocó alrededor de mí y de Chucky mientras nosotros nos seguíamos sacando la vuelta. Yo seguía creyendo que él tendría que detenerse. ¿Quién sería tan bajo como para golpear a un niñito sin brazos ni piernas?

Las niñas de mi salón estaban llorando, "Nicky, no lo hagas, te va a lastimar".

Y ahí estuvo la gota que derramó el vaso. Yo no quería que las niñas me tuvieran lástima, mi orgullo de macho se encendió y caminé hasta Chucky con la seguridad de que podría patear su trasero.

Me dio un golpe doble del brazo al pecho y caí de espaldas sobre mis orejas, golpeando el concreto como un costal de papas.

Chucky me dejó perplejo. Nunca antes me habían tirado de esa manera. ¡Me dolió! Pero la vergüenza era mucho peor. Mis compañeros se colocaron a mi alrededor. Estaban horrorizados, las chicas sollozaban cubriéndose los ojos porque sentían que la escena era demasiado penosa.

Este tipo de verdad está tratando de lastimarme, descubrí. Giré y presioné mi frente contra el suelo, luego equilibré mi hombro contra la silla de ruedas para erguirme. Para ejecutar esta técnica se necesitaba una frente callosa y cuello fuerte, las mismas características que más adelante conjurarían la caída de Chucky.

No quedaba duda: Chucky no tenía ninguna reserva en patearme el trasero. Yo tenía que pelar o salir volando, pero salir volando no era una opción viable.

Arremetí contra Chucky una vez más, pero en esta ocasión tomé un poco más de vuelo. Con tres saltos y ya estaba frente a él, pero, antes de que se me ocurriera qué haría después, Chucky me alcanzó con su brazo. Bastó con que me empujara con su brazo y yo caí directo al suelo. Hasta reboté una vez. Bueno, tal vez fueron dos veces.

Mi cabeza golpeó contra el sólido piso del Oval. Se nubló mi vista y el grito de una niña me trajo de vuelta.

Yo oraba y suplicaba que llegara la caballería de los maestros. ¿Por qué nunca puedes encontrar un maestro en el patio cuando lo necesitas?

Mi vista se aclaró por fin y de nuevo pude ver al malvado Chucky cerniéndose sobre mí. El mafioso cachetón estaba haciendo su baile de la victoria.

Ya fue suficiente, ¡voy a derribar a este tipo!

Giré sobre mi estómago, planté mi frente en el suelo y me levanté para el embate final. La adrenalina corría por mi cuerpo. Esta vez galopé hacia él con toda la velocidad que pude, y fui mucho más rápido de lo que Chucky esperaba.

Comenzó a ir en reversa con sus rodillas. Yo di un salto, usé mi pie izquierdo para lanzarme como un cohete humano. Con la cabeza le di un golpe a Chucky en la nariz. Él cayó y yo aterricé encima de su cuerpo y rodamos.

Cuando miré hacia arriba, Chucky estaba tirado en el piso, cubriendo su nariz y llorando sin consuelo.

En lugar de sentirme victorioso, de pronto se apoderó de mí un sentimiento de culpa. El hijo del pastor pedía perdón: "Discúlpame, ¿te sientes bien?"

"¡Miren, le está saliendo sangre a Chucky!", gritó una niña.

No puede ser, pensé.

Pero así fue, la sangre que salía por la nariz de Chucky le ensuciaba los regordetes dedos. Se retiró la mano del rostro y la sangre en su rostro chorreó hasta su camisa.

La mitad de la multitud me ovacionaba, la otra mitad se veía mortificada por Chucky. Después de todo, acababa de ser vapuleado por un camarón sin brazos ni piernas. Nunca se sacudiría la vergüenza. Los días de bravucón de Chucky habían llegado a su fin. Se apretó la nariz con los dedos y salió disparado hacia el baño.

Para ser honestos, no volví a verlo. La vergüenza debe haberlo forzado a salirse de la escuela. Chucky: si andas por ahí, te ofrezco disculpas, espero que hayas tenido una buena vida en tu nueva etapa post-bravuconerías.

Yo estaba muy orgulloso de haberme defendido de esa forma, pero también sentía que la culpa me abrumaba. Al salir de la escuela fui a casa y, en cuanto atravesé la puerta, les confesé a mis padres lo que había sucedido. Esperaba que me dieran un castigo severo, pero en realidad no tenía por qué preocuparme. Papá y mamá ¡ni siquiera me creyeron! No podían imaginarme dándole una zarandeada a un tipo mayor, más alto y con equipamiento de lujo.

Ya no traté de convencerlos de lo contrario.

A pesar de que a la gente le encanta la historia y de que en ella hay varios aspectos muy graciosos, siempre tengo sentimientos encontrados cuando la relato. Es porque nunca he promovido la violencia. Creo que la sumisión es en realidad fortaleza contenida. Siempre recordaré aquella pelea, mi debut y despedida, porque en ella descubrí que, cuando me veo entre la espada y la pared, siempre puedo sobreponerme a mis temores. A esa edad en particular, me hizo muy bien saber que tenía la fuerza necesaria para defenderme. Podría decirse que de ahí en adelante pude darme el lujo de ser manso y sumiso porque ya había experimentado la fuerza que había en mi interior.

Sin brazos, sin piernas, sin miedo

A pesar de que logres desarrollar un fuerte sentido del propósito, esperanza en las posibilidades de tu vida, fe en tu futuro, estimación por tu valor, incluso, enorme gratitud, habrá momentos en que tus temores te impidan perseguir tus sueños. Existen muchas discapacidades más fuertes que no tener brazos o piernas. El miedo es una de ellas y puede ser muy debilitante. Piensa que no puedes llevar una vida plena en la que brillen tus dones, si permites que el miedo controle cada una de tus decisiones.

El miedo te va a contener y te impedirá llegar a ser la persona que deseas. Pero el miedo es sólo un estado de ánimo, una sensación, ¡no es real! ¿En cuántas ocasiones has tenido temor de algo —de la cita con el dentista, una entrevista de trabajo, una operación, un examen escolar— y luego descubres que la experiencia real no es tan atemorizante como lo habías imaginado?

Yo pensé que iba a salir hecho pomada de mi primera pelea con Chucky, pero ¡mira lo que sucedió! Es muy común que los adultos vuelvan a experimentar los miedos que tenían cuando eran pequeños. Vuelven a actuar como los niños que se atemorizan por la noche, los que creen que la sombra de las ramas del árbol afuera de su ventana, es un monstruo que quiere comérselos.

He visto cómo gente que es normal queda paralizada por completo debido al miedo. Y no me refiero a las películas de horror ni al terror que sienten los niños cuando escuchan ruidos en la noche. Hay mucha gente que queda paralizada por el temor que tienen a fracasar, a cometer errores, a comprometerse, incluso a lograr el éxito. Es imposible evitar que los miedos toquen a tu puerta, pero no es necesario que les abras. Mándalos a volar y tú sigue tu camino. Tú tienes esa opción.

Los psicólogos dicen que la mayoría de los miedos son aprendidos, que sólo nacemos con dos miedos instintivos: el temor a los ruidos fuertes y a que nos suelten. Cuando estaba en la primaria, yo tenía miedo de que Chucky me atacara, pero pude enfrentarlo. Decidí que no iba a esperar hasta sentirme valiente, sólo actué como si lo fuera y, al final, ¡lo fui!

Incluso siendo adultos fabricamos fantasías de temor que en realidad no igualan a la realidad. Es por eso que con frecuencia, la palabra MIEDO, en inglés, se desglosa en el siguiente acrónimo: FEAR (*miedo*): *Falsa Evidencia Aparentemente Real*. A veces nos enfocamos tanto en nuestros temores, que nos convertimos en ellos y, como resultado, llegan a controlarnos.

Es muy difícil imaginar que alguien tan importante y exitoso como Michael Jordan tuviese miedo alguna vez. Sin embargo, cuando lo presentaron en el Salón de la Fama de la NBA, Jordan habló con mucha candidez sobre la forma en que a menudo había utilizado sus temores para convertirse en un mejor atleta. Cuando terminó su discurso, dijo: "Algún día verán en sus pantallas y estaré ahí, jugando básquet a los cincuenta años. No, no se rían. Nunca digan nunca. Porque las limitaciones, al igual que los miedos, casi siempre son una fantasía".

Tal vez Jordan sea mejor basquetbolista que orador motivacional, pero tenía razón en lo que dijo. Sigue las reglas de Jordan, reconoce que los miedos no son reales y salta sobre ellos, o en todo caso, utilízalos a tu favor. La clave para lidiar con tus peores pesadillas, ya sea el temor a volar, a fracasar o a comprometerte en una relación, es entender que el miedo no es real. Es una sensación, y tú puedes controlarla.

Yo tuve que aprender esta lección muy al principio de mi carrera como orador. Me sentía muy nervioso, no sabía cómo iba a responder la gente a lo que deseaba comunicarles. Ni siquiera estaba seguro de que me prestarían atención. Por suerte, mis primeros compromisos como orador fueron ante mis compañeros estudiantes. Ellos me conocían y nos sentíamos cómodos estando juntos. Con el tiempo comencé a hablar con grupos juveniles más grandes, y en iglesias. En esos casos, ya sólo había unos cuantos conocidos repartidos entre el público. Pude sobreponerme a mis temores y a mi nerviosismo de manera gradual.

Todavía ahora, cuando tengo que hablar ante varios miles de personas, a veces cientos de miles, siento temor. Viajo a lugares muy remotos en China, Sudamérica, África y otras partes del mundo, y no tengo ni idea de cómo me va a recibir la gente. A veces me preocupa decir una broma que signifique algo totalmente distinto en su cultura y que los haga sentir ofendidos. Pero siempre uso ese temor para recordarme que siempre debo permitir que mis intérpretes y anfitriones revisen los discursos. De esa forma puedo evitarme momentos muy incómodos.

También he aprendido a manejar mi odio como una fuente de energía y como una herramienta para enfocarme en mis preparativos. Si tengo miedo de que se me olvide el discurso o de confundirme, el miedo me ayuda a concentrarme en la revisión y en los preparativos para la presentación.

De esa forma se pueden utilizar varios temores. Por ejemplo, es bueno sentir ese temor a lastimarte en un accidente automovilístico, es el mismo que te impulsa a abrocharte el cinturón. El temor a enfermarse de gripa o tener un resfriado, te conduce a lavar tus manos y tomar vitaminas. En ese sentido, también es benéfico.

Pero con mucha frecuencia permitimos que nuestros miedos aprendidos se vuelvan locos. En lugar de tomar algunas precauciones para evitar un resfriado, algunas personas llegan al extremo y se encierran en sus casas. Cuando nuestros temores nos impiden hacer todo lo que deberíamos, entonces ya no son razonables ni benéficos.

LOS MIEDOS DEL "¿Y QUÉ TAL SI...?"

Tengo una amiga cuyos padres se divorciaron cuando ella era pequeña. Su papá y su mamá peleaban todo el tiempo, incluso hasta después de su separación. Ahora ella es una mujer adulta pero sigue temiéndole al matrimonio. "No quiero terminar como mis padres", dice.

¿Te puedes imaginar lo que es tener miedo a comprometerse en una relación a largo plazo sólo porque crees que no va a funcionar? ¡Es un miedo enfermizo! No puedes pensar que el matrimonio es el primer paso para el divorcio. ¿Recuerdas el poema de Tennyson: "Es mejor haber amado y perdido, que nunca haber amado en lo absoluto?"

No es posible tener una vida plena y gozosa si te paraliza el miedo a lo que podría suceder algún día, en algún lugar, tal vez y de alguna forma. Si todos nos quedáramos en cama diariamente por el miedo a que nos pegue un rayo o un mosquito nos transmita malaria, sería un mundo muy triste ¿no crees?

Mucha gente se enfoca en el "¿qué tal si...?", en lugar de enfocarse en el "¿por qué no?"

¿Qué tal si repruebo?

¿Qué tal si no soy tan competente?

¿Qué tal si se ríen de mí?

¿Qué tal si me rechazan?

¿Qué tal si no puedo tener éxito?

Puedo entender bien ese tipo de pensamiento porque, al crecer, me enfrenté a miedos grandes: el miedo al rechazo, a ser inadecuado, a ser dependiente. Y en mi caso, no era sólo mi imaginación, mi cuerpo carecía del equipo estándar. Sin embargo, mis padres siempre me dijeron que no debería enfocarme en lo que me hace falta, sino en lo que tenía y lo que podía crear si me atrevía a obedecer a mi imaginación.

"Sueña en grande, Nicky, y nunca permitas que el miedo te impida trabajar para alcanzar tus sueños", me decían. "No puedes permitir que el temor dicte tu futuro. Escoge la vida que deseas y lánzate en su búsqueda".

Me he dirigido a distintos públicos en más de diecinueve países alrededor del mundo. He transmitido mi mensaje de esperanza y fe a varias multitudes en estadios, arenas, escuelas, iglesias y prisiones. Nunca habría podido lograrlo si mis padres no me hubiesen motivado a afrontar mis temores y rebasarlos.

EL MIEDO COMO MOTIVACIÓN

Tú y yo jamás seremos una fuerza tan dominante en el deporte como lo es Michael Jordan, pero podemos hacer lo que él hace, usar el miedo como una herramienta motivacional que nos sirva para perseguir nuestros sueños y lograr la vida que queremos.

Laura Gregory era una amiga de la escuela. Era muy inteligente y yo siempre podía contar con ella porque era muy franca. No se andaba con rodeos. Un día en nuestro primer año, Laura me preguntó: "Así que tienes un asistente escolar para ayudarte. Pero, ¿y quién te cuida en casa?"

"Lo hacen mis padres", le dije, a pesar de que no estaba seguro a dónde se dirigía.

"¿Y eso está bien para ti?"

"¿Que me ayuden mis padres? Seguro, ¿qué más podría hacer?"

"O sea, me refiero a situaciones como vestirte, bañarte e ir al baño", me dijo. "¿Qué pasa con tu dignidad?, ¿no crees que es un poco raro que no puedas hacer todo eso por ti mismo?"

Laura no quería herir mis sentimientos, en realidad era una buscadora de la verdad y genuinamente quería saber cómo me sentía en todos los aspectos de mi vida. Pero ahí tocó un punto delicado. Uno de mis mayores temores al crecer era que sería una carga para la gente que amaba. La noción de que dependía demasiado de mis padres y mis hermanos, siempre rondaba mi cabeza. A veces me despertaba por la noche sudando, aterrorizado al pensar que, si mis padres se iban, dependería de Aarón o Michelle por completo.

Ése era un temor muy real. A veces me abrumaban esas visiones en las que dependía de otros. Las rudas preguntas de Laura sobre mi dignidad sirvieron para que yo dejara de sentirme *atormentado* por mi miedo y comenzara a sentirme *motivado*.

En los bordes de mi conciencia, siempre rondaban esos cuestionamientos sobre mi dependencia, pero después de aquel día, los situé al frente de mi mente y decidí afrontarlos con agresividad. *Si realmente me enfocara en esa situación, ¿qué tan independiente podría llegar a ser?* Motivado por el temor de convertirme en una carga para mis seres amados, me hice una promesa de misión —a pesar de que en ese tiempo no sabía muy bien lo que era una promesa de misión. Mi temor se convirtió en la pasión y fortaleza que me motivaron a seguir adelante. *Necesito hacer más por mí mismo. ¿Pero cómo?*

Mis padres siempre me aseguraron que estaban ahí para ayudarme y que no les molestaba cargarme, levantarme, vestirme o hacer lo que fuera necesario por mí. Pero a mí me molestaba no poder servirme un vaso de agua o que alguien siempre tuviera que sentarme en el inodoro. Por supuesto que al ir creciendo deseé tener más independencia y cuidar más de mí mismo. Mi temor me brindó la determinación para actuar y cumplir esos deseos.

Uno de los pensamientos que de verdad me impulsaron a actuar fue el de ser una carga para mi hermano Aarón cuando mis padres ya no estuvieran ahí. Esto me preocupaba mucho porque si acaso hay alguien que merece una vida normal, es mi pobre hermano menor, Aarón. Yo sentía que Dios debía darle eso porque Aarón había pasado la mayor parte de su vida atorado ayudándome, viviendo conmigo y viendo toda la atención que yo recibía. Aarón tenía brazos y piernas, pero, de alguna forma, le tocó una parte fuerte del paquete porque siempre sintió que tenía que cuidarme.

Al igual que cualquier otra de mis preocupaciones, decidir volverme más autosuficiente era una cuestión de supervivencia. Laura me recordó que yo todavía dependía de la amabilidad y la paciencia de otros, pero yo sabía que no siempre podría contar con eso. Además, también estaba involucrado mi orgullo.

Yo estoy en posibilidad de tener familia algún día, y no me gustaría que mi esposa tuviera que andarme cargando a todos lados. Quiero tener hijos, ser un buen padre y un buen proveedor también. Así que pensé, *necesito salir de esta silla de ruedas.*

El temor puede ser tu enemigo, pero, en este caso, yo logré hacerlo mi aliado. Les anuncié a mis padres que quería encontrar la manera de cuidarme a mí mismo. Al principio se sintieron muy preocupados, por supuesto.

"No tienes que hacer eso. Nosotros nos aseguraremos que siempre haya alguien que cuide de ti", me dijeron.

"Mamá, papá, debo hacer esto por ustedes y por mí, así que, mejor, pensemos juntos la forma de solucionar este asunto", les dije.

Y eso fue lo que hicimos. A veces, nuestros esfuerzos creativos me recordaban la película de la familia Robinson. Atrapados en una isla, los Robinson se unen y comienzan a inventar asombrosos artilugios para bañarse, cocinar y sobrevivir. Yo sé que ningún hombre es una isla, en especial, ningún hombre sin brazos ni piernas. Tal vez yo era un poco más como una península o un istmo.

Mamá, la enfermera, y papá, el hombre habilidoso, fueron los primeros en pensar en un sistema para que me pudiera bañar y darle shampoo a mi cabello. Papá reemplazó las llaves redondas de la ducha con palancas para que yo pudiera accionarlas con mis hombros. Luego, mamá trajo a casa un dispensador de jabón líquido que se podía activar con un pedal, era un dispensador como el que utilizan los médicos cuando se preparan para una cirugía. Lo adaptamos para que yo pudiera usarlo para sacar jabón y shampoo con mi pie.

Luego, papá y yo diseñamos un artefacto de plástico que se podía montar en la pared y sostener un cepillo de dientes eléctrico. Yo sólo tenía que presionar un *switch* y luego moverme hacia atrás y adelante para lavarme los dientes.

Les dije a mis padres que también quería vestirme solo, así que mi mamá confeccionó unos shorts con bandas de velcro. Así, sólo tenía que deslizarme dentro y fuera de ellos. Los botones de las camisas siempre han sido un gran desafío para mí, por lo que encontramos camisas en las que también me podía deslizar. Bastaba recogerlas con la cabeza e irme meneando dentro de ellas.

Mi mayor temor nos había metido en una tarea que era desafiante y divertida, la tarea consistía en encontrar maneras de ayudarme a ser más independiente. Los controles remoto, teclados de computadora y mecanismos eléctricos para abrir puertas, se han convertido en una bendición para mí porque los puedo operar con mi pie.

Claro que algunas de las soluciones que ideamos, no eran precisamente ejemplos de tecnología de punta. Aprendí a desactivar la alarma de mi casa con mi nariz y usaba un palo de golf entre la barbilla y el cuello para encender las luces y para abrir algunas de las ventanas de la casa.

Por razones obvias, no voy a entrar en detalles, pero también diseñamos algunos ingeniosos métodos que me permitieron usar el sanitario por mí mismo. Hay uno de nuestros videos en YouTube. La dirección es www.youtube.com/watch?v=oDxlJWJ_WfA. Ahí podrás ver algunos de los métodos y artefactos que ideamos. Pero no te preocupes, ¡no hay escenas del sanitario!

Me siento agradecido por haber podido hablar con Laura sobre mi persona y mi dignidad, también me siento agradecido por mi temor juvenil a ser dependiente o ser una carga para mi familia. Todo eso me motivó a conseguir más autosuficiencia. Mi autoestima se benefició muchísimo cuando pude dominar las tareas rutinarias que las demás personas hacen en automático. Pero lo más probable es que, de no haber experimentado emociones tan negativas, no me habría visto obligado a transformarlas en energía positiva.

Tú puedes hacer lo mismo. Encuentra la energía que generan tu miedo, fracaso, rechazo o sentimientos similares y utilízala para darle impulso a todas esas acciones positivas que te acercan a tu sueño.

Una visión del miedo

A veces también puedes combatir los miedos que te paralizan con otro tipo de miedo. Piensa en tu mayor temor. Digamos que es el temor a levantarte frente a un enorme público y que se te olvide el discurso. Yo me puedo identificar con eso. Vamos, visualiza lo peor que te podría suceder: olvidas el discurso y la gente te arroja fuera del escenario con sus abucheos. ¿Tienes la imagen? Bien. Ahora, visualízate dando el discurso tan bien, que la audiencia te ovaciona de pie.

Ahora, toma la decisión de quedarte con la segunda versión y encuádralo en tu mente para que, cada vez que te prepares para hablar, quites de en medio tu temor al abucheo y vayas directo a la ovación de pie. A mí me funciona y creo que a ti también te puede servir.

Otro método similar para dejar el miedo atrás es entrar al archivo de los recuerdos que tienes de experiencias reales en las que perseveraste y venciste. Por ejemplo, cuando me siento muy nervioso porque voy a conocer a alguien tan importante como Oprah Winfrey, entro a mi banco de memoria para darme una recarga de valor.

¿Te da miedo conocer a Oprah? ¿Qué te va a hacer? ¿Te va a cortar los brazos y las piernas? Espera, ya llevas más de veinticinco años viajando alrededor del mundo sin brazos ni piernas. Oprah, ¡estoy listo para ti!, ¡dame un abrazo!

ATORADO POR EL MIEDO

Cuando era niño tenía un miedo a los doctores con agujas que me parecía natural, bastante natural. Cada vez que me iban a vacunar en la escuela contra sarampión, rubéola o influenza, me escondía de mamá. En parte, el problema radicaba en que los doctores tenían un número limitado de lugares para picarme. A los otros niños los podían inyectar en el brazo o el trasero, pero mi breve cuerpo sólo ofrecía un blanco y, como mi trasero siempre está en el piso, me era muy doloroso, incluso cuando me inyectaban en la parte superior de la cadera. Cada vez que me inyectaban, dejaba de caminar por un día entero.

Debido a mi discapacidad, pasé buena parte de mi juventud haciéndola de cojín para que los doctores me inyectaran. Es por ello que desarrollé un temor muy profundo. La gente sabía que me podía desmayar con tan sólo ver una jeringa hipodérmica.

En una ocasión, cuando estaba en la primaria, dos enfermeras escolares que al parecer no sabían mucho de mi historia ni de anatomía humana, se pusieron a mis costados, me apretaron entre las dos en la silla de ruedas y me inyectaron en ambos hombros, en donde casi no hay músculo ni grasa. Fue espantoso, el dolor era tan fuerte que le pedí a mi amigo Jerry que caminara junto a mí y dirigiera la silla de ruedas porque me sentía mareado. Jerry tomó el control y por supuesto, yo me desmayé. El pobre Jerry no sabía qué hacer, así que condujo la silla de ruedas hasta el laboratorio de ciencia. Yo iba colgando de un lado. Jerry le pidió ayuda al maestro.

Como mamá sabía cuánto le temía a las agujas, nunca nos avisaba, ni a mí ni a mis hermanos, cuando se iban a realizar las inoculaciones en la escuela. Cuando yo tenía como doce años, tuvimos una visita salvaje que pasó a formar parte de las historias familiares. Mamá nos juró que sólo íbamos a nuestros "chequeos" escolares. Pero el primer indicio de que no era verdad lo noté cuando estábamos en la sala de espera: vimos a una niña que tenía más o menos mi edad. Entró al consultorio y luego la escuchamos gritar cuando la inyectaron.

"¿Escucharon eso?", le pregunté a Aarón y a Michelle. "¡También nos van a inyectar a nosotros!"

Mi miedo tomó el control y entré en pánico. Lloraba y gritaba, le decía a mamá que no quería que me inyectaran porque dolía demasiado, que quería irme a casa. Como yo era el mayor, mis hermanos siguieron mi valeroso y reluciente ejemplo. Comenzaron a aullar y a suplicar que nos sacaran de ahí.

Por supuesto, nuestra madre, la enfermera, no tuvo piedad. Ella era una veterana de las guerras hipodérmicas. Arrastró a su aullante jauría hasta el consultorio como un oficial del ejército arrastra a los soldados borrachos al calabozo.

Al ver que el pánico y las lastimosas súplicas no funcionaban, traté de negociar con el médico de la familia. "¿No tiene algo que me pueda beber en lugar de la inyección?", le dije berreando.

"Me temo que no, hijo".

Era hora del plan B, de *Brother*. Volteé hacia Aarón y le pedí que me ayudara a escapar; tenía un magnífico plan de escape listo. Aarón se iba a caer de la mesa de auscultación para distraer a los doctores para que yo me pudiera escurrir de mi silla y tratar de escapar. Pero mamá me interceptó. Con su espíritu oportunista de siempre, mi hermana salió disparada hacia la puerta. Una enfermera la alcanzó en el pasillo, pero luego, la pequeña Michelle metió sus pequeños brazos y piernas por entre la puerta de salida para que no la pudieran meter al consultorio de nuevo. ¡Michelle era mi héroe!

En toda la clínica se podían escuchar nuestros gritos histéricos. Los empleados llegaron corriendo porque sonaba como si nos estuvieran torturando brutalmente. Por desgracia, los refuerzos muy pronto se unieron al grupo equivocado. Dos de los hombres me sometieron para la inyección. Lloré como nunca.

Seguí retorciéndome cuando metieron la aguja en mi trasero. Me moví tanto que expulsé la aguja, así que el doctor ¡tuvo que inyectarme otra vez! Mis gritos activaron las alarmas de algunos autos en el estacionamiento.

Nunca sabré cómo sobrevivimos aquel día: mis hermanos, mi madre o el personal de la clínica. Yo y mis hermanos lloramos durante todo el camino a casa.

Como estaba tan atemorizado, mis miedos hicieron que el dolor fuera mucho peor de lo que hubiese sido si tan sólo les hubiera dejado administrarme la vacuna. De hecho, creo que mi dolor se duplicó porque no pude manejar mi temor. En lugar de un día, ¡pasé dos días sin caminar!

Así que, conserva en tu memoria esta breve fábula de mi familia: si dejas que los miedos controlen tus acciones, ¡lo único que obtendrás será un serio dolor en el trasero!

SIETE

AL CAER NO ECHES RAÍCES
EN EL SUELO

Como podrás imaginarte, tuve una larga historia de moretones. Me caí y estuve en el suelo muchas veces cuando era niño. Me caí de mesas, sillas altas, camas, escalinatas y rampas. Como no tenía brazos para frenar mi caída, por lo general recibía los golpes en la barbilla, sin mencionar la nariz y la frente. He caído muchas veces.

Lo que nunca he hecho es permanecer tirado. Hay un proverbio japonés que describe mi fórmula del éxito: "Cae siete veces, levántate ocho".

Tú caes, yo caigo, incluso los mejores caen y el resto, también. Pero aquellas personas que no se levantan nunca tras la derrota, ven el fracaso como algo final. Lo que todos debemos recordar es que la vida no es un examen en el que pasas o repruebas, es un proceso de prueba-error. Los que tienen éxito siempre se levantan después de sus errores porque consideran que sus problemas son experiencias temporales y didácticas. Todas las personas exitosas que he conocido también se han confundido en algún momento. Con mucha frecuencia señalan que sus errores fueron indispensables para obtener éxito. Nunca se dieron por vencidos cuando cayeron. En lugar de eso, reconocieron sus problemas, trabajaron con más ahínco y buscaron soluciones creativas. Si fallaban cinco veces, se esforzaban cinco veces más. Winston Churchill capturó la esencia de este método al decir: "El éxito es la habilidad de pasar de un fracaso a otro sin perder el entusiasmo".

Si no puedes sobreponerte a tus derrotas, tal vez es porque las has personalizado. Perder no te convierte en un perdedor, así como anotar *strikes* no hace que un gran beisbolista se convierta en un calienta bancas. Mientras te mantengas en el juego y continúes intentándolo, puedes llegar a ser un bateador que conecte *hitazos*. Si no estás dispuesto a hacer el trabajo que se requiere, entonces tu mayor problema no es perder, tu mayor problema eres tú mismo. Para lograr el éxito tienes que sentirte merecedor de él y responsabilizarte de que suceda.

A menudo en mis discursos muestro mi filosofía sobre el fracaso de la siguiente manera: me tiro al suelo sobre mi abdomen y continúo hablándole al público en esa posición. Como no tengo miembros, tal vez piensas que no puedo volver a levantarme solo. También el público se imagina eso.

Cuando era muy pequeño, mis padres me enseñaron a levantarme de una posición horizontal. Ponían almohadas abajo y me convencían de que me apoyara en ellas. Pero yo tenía que hacerlo a mi modo, la forma difícil, por supuesto. En lugar de usar las almohadas, me arrastraba hasta una pared, silla o sillón, apoyaba mi frente sobre alguno de estos muebles para equilibrarme y luego me iba levantando pulgada por pulgada. No es muy elegante, ¿verdad? Pero, ¿qué se siente mejor?, ¿levantarse o quedarse tirado? Eso sucede porque no fuiste diseñado para arrastrarte por el suelo, fuiste creado para levantarte una y otra y otra vez, hasta liberar todo tu potencial.

Al mostrar en mis pláticas el método para levantarme, de vez en cuando tengo algún problema técnico. Por lo general hablo desde una plataforma elevada, un proscenio, incluso un escritorio o mesa si estamos en un salón de clases. Una vez, en una escuela, me caí de la mesa antes de poder darme cuenta de que alguien, con muy buenas intenciones, había encerado la superficie antes de mi discurso. Estaba más resbalosa que una pista olímpica de hielo. Traté de limpiar una sección de la mesa para poder asirme, pero no tuve suerte. Fue un poco embarazoso cuando tuve que interrumpir la lección y pedir ayuda: "¿Podría alguien echarme una mano?"

En otra ocasión, estaba hablando en un evento de caridad en Houston ante un público muy nutrido y distinguido. Ahí estaban Jeb Bush, ex gobernador de Florida, y su esposa, Columba. Cuando me preparaba para hablar de la importancia de no rendirse nunca, me dejé caer sobre mi panza como de costumbre. La multitud se quedó en silencio, también como de costumbre.

"Todos fracasamos de vez en cuando", dije. "Pero fracasar es como tropezarse: tienes que seguir poniéndote de pie y aferrarte a tus sueños".

El público realmente estaba muy involucrado, pero, antes de que yo pudiera siquiera demostrar que tenía la capacidad de levantarme de nuevo, salió una mujer apresurándose desde el fondo de la sala.

"A ver, déjame ayudarte", dijo.

"Pero no necesito ayuda", susurré entre dientes.

"Esto es parte del discurso".

"No seas tonto. Déjame ayudarte", insistió.

"Señora, por favor. En verdad no necesito su ayuda, estoy tratando de demostrar algo".

"Bueno, entonces, si estás seguro de eso, cariño", me dijo antes de volver a su asiento.

Creo que, cuando la vieron sentarse de nuevo, las personas del público se sintieron casi tan aliviadas como cuando vieron que yo me levantaba otra vez. A veces, la gente se pone muy emotiva cuando se dan cuenta de que me basta con poner la frente en el suelo.

La gente se identifica con mi batalla porque todos batallamos. También te puedes sentir identificado cuando tienes planes y te estrellas con un muro o cuando llegan muy malos tiempos.

Tus problemas y tribulaciones son parte de la vida que compartes con toda la humanidad.

Incluso cuando ya has creado un sentido del propósito en tu vida, cuando sigues confiando en las posibilidades, cuando tienes fe en el futuro y aceptas tu valor, cuando mantienes una actitud positiva y te niegas a que los miedos te detengan, seguirás tropezándote con obstáculos y desilusiones. Pero nunca debes pensar que el fracaso es una etapa final, nunca debes equipararlo con la muerte porque, la realidad es que, en cada batalla, tú estás viviendo la vida. Estás ahí en el juego, los desafíos que enfrentamos nos pueden ayudar a ser más fuertes y a prepararnos mejor para el éxito.

LAS LECCIONES DE PERDER

Debes tratar de considerar que tus fracasos, en realidad, son regalos porque casi siempre te están preparando para el gran momento del éxito. Entonces, ¿cuáles son los beneficios que se derivan de un contratiempo o una derrota? A mí se me ocurren por lo menos cuatro valiosas lecciones que aprendemos a través del fracaso.

Es un gran maestro.
Construye el carácter.
Te motiva.
Te ayuda a valorar el éxito.

Así es, el fracaso es un gran maestro. Todos los ganadores han sido perdedores en algún momento. Todo campeón ha quedado en segundo lugar antes. A Roger Federer se le considera uno de los mejores jugadores de tenis de todos los tiempos, sin embargo, él no gana todos los partidos, *sets* o *matches*. También hace algunos tiros malos que acaban en la red, hace servicios que terminan fuera del área. En cada partido, falla docenas de veces en colocar la pelota donde quiere. Pero, si Roger se diera por vencido cada vez que hace un tiro fallido, se convertiría en un fracasado. En lugar de eso, aprende de sus errores y se mantiene activo en el juego. Por eso es un campeón.

¿Federer siempre trata de *lograr* el tiro perfecto y de ganar cada juego, *set* o *match*? Claro que sí. Y tú también debes hacer eso sin importar a lo que te dediques. Trabaja duro, practica, domina los rudimentos y siempre trata de dar tu mejor esfuerzo. Ya sabes que algunas veces fracasarás porque el fracaso es el camino al dominio total.

A mi hermano menor le gusta molestarme respecto a los primeros años de mi carrera como orador. En aquel entonces me costaba trabajo encontrar un público. Les rogaba a las escuelas y organizaciones que me dieran la oportunidad de hablar ante sus públicos, pero la mayoría se negaba porque sentían que yo era demasiado joven, que no tenía experiencia o, sencillamente, que era demasiado raro. A veces era muy frustrante, pero sabía que todavía estaba aprendiendo a colgarme de las lianas, que apenas estaba descubriendo lo que se necesitaba para ser un orador exitoso.

Cuando Aarón estaba en la preparatoria, me llevaba en auto a dar una vuelta por la ciudad para ver si encontrábamos por lo menos algunas cuantas personas que estuvieran dispuestas a escucharme. Les hablaba sin cobrar, sólo quería tener la experiencia. Pero, incluso entonces, parecía que el precio era demasiado alto. Creo que llamé a todas las escuelas de Brisbane para ofrecerles mis servicios, sin cargo. Al principio, la mayoría me rechazó, pero cada *no*, me hizo esforzarme más para los siguientes *sí*.

"¿Nunca te rindes?", me decía Aarón.

No me rendía porque sentía tanto dolor cada vez que me rechazaban, que sabía que ésa era mi pasión. En verdad quería convertirme en orador. Pero, incluso cuando lograba encontrar un público dispuesto a escucharme, no siempre salían bien las cosas. Una vez, en una escuela de Brisbane, comencé muy mal. Algo me distrajo y no pude volver al camino. Estaba sudando y se notaba en mi camisa. Me repetí demasiado, quería meterme en un agujero y que nunca me volvieran a ver. Me fue tan mal que pensé que se correría la noticia y nadie me pediría hablar en público por el resto de mi vida. Cuando terminé y me fui de la escuela, sentí que iba a ser el hazmerreír: ¡mi reputación estaba acabada!

Nosotros podemos ser nuestros críticos más severos, así sucedió conmigo aquel día. Pero esa presentación tan fallida me hizo enfocarme más en mi sueño. Trabajé para perfeccionar la forma en que me dirigía al público. Cuando aceptas que la perfección es tan sólo un objetivo, ya no cuesta tanto trabajo manejar las metidas de pata. Cada mal paso es, de cualquier forma, un paso, es otra lección aprendida, otra oportunidad de hacer las cosas bien para la próxima vez.

Comprendí que si fracasas y te rindes, nunca te vas a levantar. Pero si aprendes la lección del fracaso y sigues esforzándote, llegarán las recompensas —no sólo recibirás la aprobación de otros, también te sentirás gratificado al saber que estas aprovechando al máximo cada uno de los días que se te han concedido.

Construye el carácter

¿Acaso es posible que equivocarnos nos fortalezca y nos haga más aptos para el éxito? ¡Sí! Lo que no mata te hace más fuerte, más enfocado, creativo, más decidido a perseguir tus sueños. Tal vez tienes mucha prisa por alcanzar el éxito, no hay nada malo en ello, pero la paciencia también es una virtud que el fracaso puede ayudarte a desarrollar. Créeme, yo he aprendido que Dios no está muy interesado en respetar mi itinerario, Él se organiza a su forma y nosotros somos quienes debemos ajustarnos.

Esta lección la aprendí de golpe cuando me asocié con mi tío Sam Radojevic para comenzar un negocio para la manufactura y distribución de su bicicleta reclinada, la Hippo Cycle. Comenzamos en 2006 y nuestra compañía todavía no había tomado vuelo, pero con cada inconveniente y error aprendimos un poco más cómo acercarnos a nuestro objetivo. Al mismo tiempo que estamos construyendo el negocio, también fortalecemos nuestro carácter, no me queda duda de eso. Yo he aprendido que a veces, tu máximo esfuerzo no es suficiente para lograr que un negocio avance. También los tiempos pueden ser cruciales; la economía estaba sufriendo una recesión justo cuando lanzamos el producto. Hemos tenido que ser pacientes, mantenernos trabajando y esperar que los tiempos y las tendencias nos favorezcan.

Habrá ocasiones en que tengas que esperar a que el mundo te alcance a ti. Thomas Edison realizó más de diez mil experimentos fallidos antes de lograr comercializar su bombilla. Esto nos indica que la mayoría de la gente que se ha llegado a considerar fracasada no tenía idea de lo cerca que estaba del éxito cuando se dio por vencida. Esas personas casi habían llegado, habían soportado el fracaso y estaban destinadas al éxito, pero se dieron por vencidas antes de que la marea volviera a subir para beneficiarlas.

Nunca se sabe lo que hay a la vuelta de la esquina, podría ser la respuesta a tus sueños. Así que, ajústate el cinturón, mantente fuerte y continúa luchando. Si fracasas, ¿qué importa? Si te caes, ¿qué importa? Edison también dijo: "Cada intento que fracasa es un paso más hacia adelante".

Si te esfuerzas al máximo, Dios hará el resto y, cualquier situación que esté reservada para ti, llegará a su debido momento. Para triunfar tienes que tener un carácter fuerte y, si estás dispuesto a recibirlas, cada pérdida se puede convertir en una experiencia que construya y fortalezca tu carácter.

En 2009 hablé en la Escuela Cristiana Oaks, en Westlake, California. A esta pequeña escuela se le reconoce por ser un amedrentador gigante en el campo de futbol americano. Hasta hace poco, su *quarterback* era el hijo del afamado *quarterback* de la NFL, Joe Montana. Su respaldo en el campo era el hijo de la leyenda del hockey, Wayne Gretzky, y su receptor estrella era el hijo del maravilloso actor Will Smith.

Este equipo de futbol americano ha ganado seis campeonatos de conferencia consecutivos. Cuando me presenté allí, conocí al fundador, David Price. Ahí descubrí la forma en que los equipos atléticos de la escuela Oaks aprendieron a construir el carácter.

David había sido abogado en un importante bufete de abogados en Hollywood. Sus clientes eran estrellas de cine y los estudios mismos. Luego comenzó a trabajar para un empresario que poseía hoteles y complejos turísticos, además de terrenos y campos de golf en todo California. A David el gustaba administrar negocios y se dio cuenta de que los campos de golf estaban mal manejados porque, en general, los operaban golfistas profesionales que nunca habían aprendido buenas técnicas empresariales.

Un día, David se acercó a su jefe y le dijo que quería comprarle un campo de golf.

"Para empezar, tú trabajas para mí", le dijo el jefe, "así que, ¿por qué tendría que venderte algo? En segundo lugar, no sabes nada sobre golf y, en tercer lugar, ¡no tienes dinero!"

Al principio, David no pudo convencer a su jefe, pero no se rindió. Perseveró. Continuó fastidiándolo hasta que el jefe cedió y le vendió a David el campo de golf que quería comprar. Sería el primero de más de trescientos cincuenta campos que, en algún momento, David llegaría a tener o rentar.

Luego, cuando el negocio de los campos de golf sufrió un revés, David los vendió todos. Ahora compra, renta y opera aeropuertos en todo el país. ¿Qué fue lo que aprendió David del fracaso? Paciencia y perseverancia, te lo puedo asegurar. Nunca abandonó su sueño. Cuando el mercado cayó en el negocio del golf, David también compró acciones y se dio cuenta de que su verdadera habilidad no era manejar campos de golf, sino manejar negocios. Así que lo único que hizo fue transferir esa capacidad a otro ámbito.

Ahora, David es parte del Consejo de mi organización sin fines de lucro, Life Without Limbs. Él me dijo que, entre mayores sean los desafíos que enfrentemos, más fuerte llegará a ser nuestro carácter. "Nick, yo creo que, si hubieras nacido con brazos y piernas, no habrías llegado a ser tan exitoso como algún día lo serás", me dijo David. "¿Cuántos niños te escucharían si no pudieran darse cuenta de inmediato que tú lograste cambiar una situación increíblemente negativa en algo tan positivo?"

Recuerda estas palabras cuando tengas problemas. Por cada sendero bloqueado, hay otro que está abierto. Por cada "discapacidad", hay una capacidad. Fuiste puesto en esta Tierra para cumplir un propósito, así que nunca permitas que una pérdida te convenza de que no hay formas de ganar. Mientras sigas respirando aquí, con el resto de nosotros los mortales, siempre hay algún camino.

Yo me siento agradecido de haber fracasado y haber perseverado. Mis desafíos me hicieron más paciente y tenaz. Esas características se han hecho indispensables en mi trabajo y en las actividades que desarrollo en el tiempo libre. Ir de pesca es una de mis formas preferidas de relajarme. Mis padres me llevaron por primera vez cuando tenía seis años. Clavaban mi caña en la tierra o en otro sitio que la pudiera sujetar hasta que mordiera algún pez. Luego, acomodaba mi barbilla alrededor de la caña y me aferraba al pez hasta que alguien pudiera venir a ayudarme.

Hubo un día en que no estaba teniendo mucha suerte pero ahí me quedé, observando mi sedal durante tres horas seguidas. El sol me quemó hasta dejarme color carmesí tostado, mas yo estaba decidido a pescar un pez ese día. Mis padres se habían ido a caminar, estaban pescando muy cerca de la ribera, por lo que, cuando al fin un pez mordió el anzuelo, yo estaba solo. Pisé fuerte mi línea con los pies y grité: "¡Mamá! ¡Papá!", hasta que volvieron corriendo.

Cuando lo jalaron, descubrí que el pez era del doble de mi tamaño. Pero, claro, nunca lo habría pescado si no me hubiese quedado ahí con el pie firme sobre el sedal.

Por supuesto, el fracaso también le puede dar humildad a tu carácter. Yo tuve una experiencia que me hizo sentir humilde cuando reprobé contabilidad en la preparatoria. Sentía temor de no contar con lo necesario para ser hábil con los números, pero mi maestro me motivó y me dio asesorías extras. Estudié y estudié y, un par de años más tarde, obtuve un título doble en contabilidad y planeación financiera.

Cuando era estudiante me hacía falta aprender esa lección de humildad. Necesitaba reprobar para aprender todo aquello que no sabía. Al final, la humildad me hizo más fuerte. El escritor Thomas Merton dijo: "Un hombre humilde no le teme al fracaso. De hecho, no le teme a nada, ni siquiera a sí mismo, porque la humildad perfecta implica una confianza absoluta en el poder de Dios, ante quien nadie tiene un poder mayor y para quien no existen los obstáculos".

TE MOTIVA

Tenemos la opción de responder a la pérdida o al fracaso con desesperanza, dándonos por vencidos. O también podemos dejar que la pérdida y el fracaso nos sirvan como experiencias de aprendizaje y nos motiven a esforzarnos más. Tengo un amigo que es instructor de un gimnasio y a veces lo he escuchado decirle a sus alumnos de levantamiento de pesas: "Vamos a fracasar". Qué motivador, ¿verdad? Pero la teoría es que tienes que levantar pesas hasta que tus músculos queden exhaustos. De esa forma, la siguiente vez que lo intentes, podrás exceder el límite anterior y acumular más fuerza.

Una de las llaves del éxito para cualquier deporte o empleo es practicar. Creo que la práctica es algo así como fracasar en nuestro camino al éxito. Y te puedo dar un ejemplo perfecto con una historia sobre mi celular. Tal vez tú piensas que el *smart phone* es un gran invento, pero, para mí, es algo más, es un regalo del cielo. A veces creo que los diseñadores deben haber estado pensando en mí cuando inventaron cierto artefacto, ya que, hasta un individuo sin brazos ni piernas lo puede usar para hablar por teléfono, enviar correos, escribir mensajes, tocar música, grabar sermones y memoranda, y mantenerse informado sobre el clima y los sucesos mundiales con tan sólo digitar con los dedos de los pies.

El *smart phone* no está perfectamente diseñado para mí, ya que la única parte de mi cuerpo que puedo usar para tocar la pantalla ¡está muy lejos de la parte de mí que puede hablar! La mayor parte del tiempo puedo usar el altavoz, pero cuando estoy en un restaurante o en un aeropuerto, no me gusta compartir mis conversaciones con todos los demás.

Tuve que encontrar una posición para colocar mi celular más cerca de mi boca después de haber marcado con el pie. El método que diseñé le da un nuevo significado al término "celular plegable" y es toda una peligrosa lección del papel que desempeña el fracaso en la obtención del éxito. Me pasé toda una semana tratando de usar mi pequeño pie para aventar el teléfono hasta mi hombro, y ahí, lo giraba con la barbilla para hablar. (Chicos, ¡no intenten hacer esto en casa!) Te puedo asegurar que fallé en muchas ocasiones durante ese periodo de prueba y error. Me quedaron tantos moretones en la cara por las veces que me golpeó el teléfono durante la maniobra, que parecía como si me hubieran golpeado con una bolsa llena de monedas.

Sólo practicaba cuando estaba a solas porque, si alguien me hubiese visto, habría pensado que era fanático de la autolaceración con celulares. Ni te voy a decir cuántas veces me golpeé en la cabeza o en la nariz con el celular, ni cuántos teléfonos murieron sacrificándose para que yo llegara a dominar la maniobra. Pude darme el lujo de recibir algunos golpes y reemplazar varios celulares, pero lo que no estaba dispuesto a hacer era darme por vencido.

Cada vez que el celular me rompía la cara, me sentía más y más motivado para dominar el truco, hasta que finalmente ¡lo logré! Por supuesto, el destino funciona de una forma peculiar y al poco tiempo de que logré dominar la maniobra, el mundo de la tecnología sacó los audífonos Bluetooth, los que permanecen en tus orejas. En la actualidad, mi famoso salto del celular es una reliquia del pasado tecnológico y sólo lo ejecuto en ocasiones para entretener a mis amigos cuando están aburridos.

Te exhorto a que empieces a considerar tus inconvenientes y desventajas como fuentes de motivación e inspiración. No hay razón para sentirse apenado si te quedas corto, si das un mal batazo, si te tropiezas o si metes la pata. Lo único que es una pena en verdad es no aprovechar la motivación que ofrecen tus errores para esforzarte más y permanecer en el juego.

TE AYUDA A VALORAR EL ÉXITO

El cuarto regalo del fracaso es que puedes usarlo como una clase en donde te enseñarán a valorar el éxito. Puedes creerme, tras una semana de golpearme con mis fallidos saltos de celular, sentí un enorme aprecio por mi logro al atraparlo con el hombro. De hecho, entre más te esfuerces en lograr un objetivo, más lo valorarás. ¿Cuántas veces has mirado hacia atrás, has recordado una gran victoria y acariciado el recuerdo de lo dulce que fue triunfar después de una larga batalla? Admítelo, entre más alto escalas, más hermosa es la vista desde la cima.

Una de mis historias bíblicas favoritas es la de José, el favorecido y orgulloso hijo cuyos hermanos lo venden como esclavo. José pasó un mal rato: lo acusaron falsamente de un crimen, lo llevaron a prisión y la gente en que confió, lo traicionó en varias ocasiones. Pero José no se rindió, no permitió que la amargura o el fracaso lo derrotaran. Perseveró hasta convertirse en el gobernante de Egipto y, luego, salvó a su gente.

De la lucha de José y su ascensión al trono, se pueden aprender muchas lecciones. Una de las que yo aprendí es que el éxito nunca llega sin penurias. Las tribulaciones de José me permitieron entender que, aunque mi vida parece ser mucho más difícil que la de la mayoría, hay otras personas que han sufrido más, que lo han soportado y han alcanzado la grandeza. Me di cuenta de que a pesar de que Dios nos ama, nunca nos promete que la vida será fácil. Y además, pude ver que, cuando José salió de sus tribulaciones, consiguió saborear el triunfo convirtiéndose en un rey poderoso y justo.

Cuando pones todo tu corazón para alcanzar un objetivo y tienes grandes sufrimientos en el camino, cuando al fin alcanzas el éxito, la sensación de logro es tan increíble que sólo deseas construir a partir de ahí, ¿no es así? Pero no creo que sea algo accidental, debe ser una de las razones por las que la humanidad ha llegado tan lejos. Celebramos las duras victorias no porque hayamos sobrevivido al esfuerzo, sino porque nuestra naturaleza dicta que sigamos creciendo y buscando niveles más altos de satisfacción.

En esos momentos en los que Dios me hace trabajar más y más duro para alcanzar mis objetivos, cuando coloca obstáculo tras obstáculo en el camino, en verdad creo que me está preparando para días mucho mejores. Él nos lanza retos porque sabe que crecemos más cuando experimentamos el fracaso.

Cuando pienso en todo lo que he vivido a mi corta edad —el dolor, la inseguridad, el sufrimiento, la soledad— no puedo sentirme triste. Siento humildad y gratitud porque pude sobrellevar esos retos, y eso hizo que mis éxitos fueran aún más dulces. Al final, los retos me hicieron más fuerte y más importante, me equiparon mejor para conectarme con otros. Creo que sin mi dolor jamás hubiera podido ayudar a nadie más a lidiar con su sufrimiento. No podría relacionarme tan bien con otras personas. Cuando me acercaba a la adolescencia, saber a lo que me enfrentaría me hizo sentir más confiado. Y ese nuevo nivel de seguridad atrajo a los otros niños hacia mí, pude formar un círculo grande de amigos y amigas. ¡Me encantaba tener su atención! Podía andar por toda la escuela en mi silla de ruedas sintiendo su calidez.

Por supuesto, ya te imaginarás a dónde me condujo eso: a la política. Reuní el valor para nominarme como capitán escolar, es decir, el presidente de todo el cuerpo estudiantil de la escuela MacGregor State, que incluía unos doce mil niños. MacGregor tenía secundaria y preparatoria, y era una de las escuelas más grandes de Queensland.

Además de ser el primer niño discapacitado que se nominaba para capitán escolar, me enfrentaría a uno de los mejores atletas en la historia de nuestra escuela: Matthew McKay. Hoy en día él es un famoso jugador de soccer en Australia. Cuando mis compañeros me nominaron, la señora Hurley, mi maestra, me animó a participar. Iba a concursar con una interesante plataforma de diversidad y multiculturalismo. Mi promesa de campaña era que organizaría carreras en sillas de ruedas en el día deportivo de la escuela.

Gané con una gran ventaja (lo siento, Matthew). Mamá todavía tiene el recorte del periódico *Courier-Mail*. Ahí presentaron un reportaje con una enorme fotografía y me describían como "Capitán Valor".

En el mismo periódico me citaron diciendo: "Creo que todos los niños en silla de ruedas deberían intentar hacerlo todo".

Tal vez mi frase juvenil no es tan reconocida como el "Just Do It" de Nike, pero me funcionó bastante bien. Seguramente fallarás porque eres humano, caerás porque el camino es accidentado, pero debes saber que tus fracasos son parte del regalo de la vida, así que aprende a aprovecharlos. No te detengas, amigo, ¡inténtalo todo!

OCHO

EL CHICO NUEVO DEL VECINDARIO

Cuando mi familia se mudó de Australia a Estados Unidos, yo tenía doce años. Me daba terror tener que comenzar en un nuevo lugar en donde no tenía amigos. Cuando estábamos en el avión, camino a nuestro nuevo país, mis hermanos y yo practicamos nuestro acento estadounidense para que no nos fueran a molestar cuando les habláramos a los nuevos compañeros de clase.

No podía hacer nada respecto a mi peculiar cuerpo, pero supuse que podía enfocarme en mi acento. Después descubrí que a la mayoría de los estadounidenses les encanta el acento australiano. Tan sólo unos años antes, *Cocodrilo Dundee* había sido un gran éxito. Como trataba de sonar igual que mis compañeros, desperdicié grandes oportunidades de impresionar a las chicas.

Aquel era el primer gran desafío de mi vida y tratar de sonar estadounidense no fue mi único error. Mi nueva escuela se llamaba Secundaria Lindero Canyon y se encuentra al pie de las montañas en Santa Mónica, no muy lejos de donde vivo ahora. Era una escuela excepcional pero tuve problemas al principio. Es ya bastante difícil, para cualquier chico mudarse, cambiar de escuela o hacer nuevos amigos mientras está creciendo. Además de la problemática que implicaba ser el nuevo, pues yo no me veía como un chico "normal". Era el único estudiante que estaba en silla de ruedas y el único que necesitaba un asistente escolar. La mayoría de los chicos se preocupa de que se burlen de ellos por tener un grano. Imagínate mi preocupación.

En mi primera escuela en Melbourne, ya había batallado para ser aceptado en Australia, y sucedió lo mismo cuando me mudé a Brisbane. Invertí mucha energía en convencer a mis compañeros de que era un niño *cool* y que debían juntarse conmigo. Ahora me vería forzado a comenzar de nuevo.

Cambios

A veces cuando sufrimos transiciones, no reconocemos el efecto que tienen en nosotros. Sin importar cuán sencilla sea la transición, el estrés, la duda, incluso la depresión, son algunos de los resultados que pueden surgir cuando nos sacan de nuestra zona de comodidad. Tal vez tengas un alto sentido del propósito, grandes esperanzas, fe, una fuerte noción de lo que vales, una actitud positiva, el valor para enfrentar tus miedos y la habilidad de levantarte después de los fracasos. Pero si te desmoronas cuando llegan los inevitables cambios que la vida siempre trae consigo, nunca podrás seguir adelante.

A menudo nos resistimos al cambio, pero, en serio, ¿quién querría una vida sin movimiento? Algunas de nuestras mayores experiencias, el crecimiento y las recompensas nos llegan como resultado de un cambio de lugar, de empleo, de materia de estudios o de pareja.

Nuestras vidas son una progresión de la infancia a la adolescencia, a la adultez y a nuestros años de vejez. Sería imposible no cambiar, y también extremadamente aburrido. A veces tenemos que ser pacientes porque no podemos controlar o influir en el cambio y porque los cambios que deseamos no suceden cuando lo esperamos.

Hay dos tipos de cambios que, por lo general, logran hacernos perder el balance en la vida. El primero nos ocurre a nosotros, el segundo, pasa en nuestro interior. El primero no lo podemos controlar, pero, el segundo, podríamos y deberíamos controlarlo.

Cuando mis padres decidieron que nos mudaríamos a Estados Unidos, yo no pude dar mi opinión al respecto. Sucedió lo mismo cuando nací sin brazos ni piernas: ambos fueron acontecimientos que estaban más allá de mi poder. Sin embargo, así como pasó con mi discapacidad, lo que sí tenía era el poder de determinar cómo enfrentaría la mudanza a Estados Unidos. Por consiguiente, decidí aceptarlo y dedicarme a sacar lo mejor de la experiencia.

Tú también posees esta habilidad de lidiar con los cambios inesperados en la vida. Cuando algunos cambios que no esperabas afectan tu situación, es común que te ciegues a las posibilidades. Cuando fallece alguien amado, cuando se pierde un buen empleo, cuando te enfermas o sucede un accidente, a veces no logras reconocer que se acerca un suceso que cambiará tu vida dramáticamente.

El primer paso que hay que tomar para dominar las situaciones no deseadas es permanecer alerta y reconocer que estás a punto de entrar a una nueva fase de tu vida. El solo hecho de estar consciente de la situación, te ayuda a disminuir el estrés. Piensa cosas como: *Bien, todo esto es nuevo, va a ser un poco raro pero debo mantenerme en calma. No debo entrar en pánico, debo ser paciente. Yo sé que no hay mal que por bien no venga.*

Cuando nosotros nos mudamos a Estados Unidos, yo tenía mucho tiempo para pensar en la forma que cambiarían nuestras vidas. Sin embargo, en algunos momentos llegué a sentirme abrumado y desorientado. A veces me daban ganas de gritar: "¡Quiero regresar a casa y vivir mi vida real!"

Siento mucho decirte esto, amigo, pero tú también vas a pasar por momentos así. Ahora, cuando miro en retrospectiva, encuentro hasta cierto humor en los hechos, en especial porque ahora adoro vivir en California. Con suerte, tú también llegarás a reírte de ti mismo algún día. Debes entender que el enfado y la frustración son emociones naturales que aparecen cuando atraviesas por una transición importante. Sé un poco indulgente y date tiempo para adaptarte. De vez en cuando también resulta muy útil prepararse para cambios inesperados. Es como mudarse a una nueva ciudad: tienes que darte tiempo para encontrar tu camino, para aclimatarte y descubrir que sí tienes ahí un lugar para ti.

ESPERA LO INESPERADO

Desde el principio y en las primeras semanas que pasé en Estados Unidos, el choque cultural tuvo un efecto en mí. De hecho, el primer día de escuela entré en pánico cuando vi que todo el grupo se ponía de pie para recitar el "Juramento de lealtad". En Australia no hacíamos nada así, sentí como si me hubiese unido a un club en el que no había lugar para mí.

Luego, un día sonaron las alarmas y los maestros nos dijeron ¡que nos resguardáramos bajo los escritorios! Yo pensé que los alienígenas nos estaban atacando, pero era solamente un simulacro de terremoto. ¿*Terremotos?*

Por supuesto que también me miraban con nerviosismo, me hacían preguntas groseras y hacían comentarios raros sobre mi carencia de extremidades. No podía creer la curiosidad que les causaba a los chicos de primaria estadounidenses saber cómo manejaba el asunto de ir al baño. Yo oraba para que hubiese un terremoto, tan sólo para acabar con las interminables preguntas sobre mis prácticas en el sanitario.

También tuve que ajustarme al constante cambio de salones para tomar las distintas materias. En Australia nos daban todas las materias en el mismo salón, no teníamos que andar saltando todo el día como canguros en el Nunca Nunca.[1] En la Secundaria Lindero Canyon parecía que nos la pasábamos saltando de un salón a otro sin parar.

Yo no estaba lidiando muy bien con este trascendente cambio; a pesar de que siempre había sido un buen estudiante, muy pronto mis compañeros me dejaron atrás. En los grupos ordinarios de primer grado no tenían lugar para mí, así que me colocaron en un programa avanzado. Mis calificaciones comenzaron a caer. Ahora que lo pienso, me doy cuenta de que sólo estaba estresado, pero, ¿cómo no iba a estarlo? Acababan de empacar mi vida entera en una maleta y la habían mandado al otro lado del mundo.

Ni siquiera teníamos una casa propia, papá trabajaba con el tío Batta y viviríamos con él y su familia en su enorme casa hasta que pudiéramos encontrar una casa para nosotros. No veía mucho a mis padres porque estaban muy ocupados buscando trabajo, trasladándose de un sitio a otro o buscando un lugar para vivir.

Lo odié, me sentí abrumado emocional, mental y físicamente. Por consiguiente, me convertí en una tortuga y me replegué hacia el interior de mi caparazón. En los recreos y en los descansos, me quedaba solo; a veces me escondía entre los arbustos que estaban cerca del patio. Pero mi lugar favorito para ocultarme era uno de los salones de música que supervisaba el señor McKagan, maestro de música y director de la banda.

El señor McKagan todavía trabaja en Lindero Canyon y es un maestro tremendo. Era superpopular, como si fuera una estrella de rock en la escuela. Tenía ocho o nueve grupos al día. Su hermano,

---

[1] Never-Never: extensa zona semiárida y despoblada en el interior de Australia. N. de la T.

Duff, es un bajista legendario que ha tocado con Guns N'Roses y otras bandas de rock importantes. Ése era otro aspecto peculiar de haberse mudado de Australia a California: sentía que habíamos abandonado una existencia familiar perfectamente normal para aterrizar en un reino con una cultura popular surrealista. Vivíamos justo en las afueras de Los Ángeles y Hollywood, por lo que siempre nos encontrábamos estrellas de cine y televisión en la tienda de abarrotes o en el centro comercial. La mitad de mis compañeros de clase deseaban convertirse en actores. Después de clases podía encender el televisor y ver a un simpático chico de mi grupo de Historia, Jonathan Taylor Thomas, sobreactuando en el popular programa *Home Improvement*.

Mi vida se había visto alterada de tantas formas que yo me sentía agotado. Había perdido toda la confianza que tanto trabajo me había costado reunir. Mis compañeros australianos ya me habían aceptado, pero Estados Unidos era una tierra extraña en donde yo era un extraño con un acento extraño y un cuerpo todavía más extraño. O por lo menos, así es como me sentía entonces. El señor McKagan notó que yo me escondía en los salones de música e intentó animarme a salir y convivir con los otros estudiantes. Pero era imposible motivarme en ese momento.

En lugar de enfocarme en ajustar mi actitud y mis acciones, estaba luchando contra un cambio que no podía controlar. En serio, yo ya sabía cómo eran las cosas. Sólo tenía doce años pero ya había aprendido a enfocarme en mis cualidades en lugar de en mis defectos; había aceptado mi carencia de miembros y había logrado convertirme en un niño bastante feliz y autosuficiente. Pero el cambio me sacó totalmente de la cancha.

¿Alguna vez has notado que cuando entras en uno de esos periodos de transición importantes en la vida, tus sentidos se agudizan? Cuando pasas por un rompimiento muy duro, ¿no te parece que todas las películas y programas de televisión tienen un mensaje oculto para ti? ¿Acaso no parece que todas las canciones de la radio hablan sobre ti y tu corazón herido? Esas emociones y sentidos agudizados pueden ser herramientas de supervivencia que se activan cuando estás bajo estrés o cuando te encuentras en situaciones poco familiares. Te ponen en alerta y pueden ser muy valiosos.

Todavía recuerdo que, a pesar de lo estresado que me sentía de haber dejado Australia, siempre encontré paz y consuelo al mirar las montañas o al contemplar la puesta de sol en la playa de mi nuevo hogar. Sigo creyendo que California es un lugar hermoso, pero, en aquel entonces me lo parecía aún más.

Negativo o positivo, el cambio siempre puede ser una experiencia poderosa y aterradora. Es por ello que nuestra primera reacción siempre es rechazarlo. Cuando tomé clases de prácticas empresariales en la universidad, aprendí que la mayoría de las grandes corporaciones tiene ejecutivos a los que se les denomina "agentes de cambio". Su trabajo es ayudar a los empleados reticentes a integrarse durante transiciones importantes: puede ser una fusión, el surgimiento de una nueva división o la implantación de una nueva forma de hacer negocios.

Como presidente de mi propio negocio, he podido aprender que cada empleado o empleada tiene su propia forma de lidiar con las nuevas iniciativas o con las modificaciones que se hacen a la misión. Siempre habrá algunas personas que se emocionen ante las experiencias nuevas, pero la mayor parte de la gente se resiste porque ya se siente cómoda con el *statu quo* o porque temen que sus vidas sufran un cambio perjudicial.

RESISTENTE AL CAMBIO

Todo mundo sabe que nada se queda como está por siempre, pero, por extraño que parezca, cuando sucesos externos u otras personas nos fuerzan a salir de la zona de comodidad, nos sentimos temerosos e inseguros. A veces nos enojamos y guardamos resentimientos. Incluso la gente que se encuentra en situaciones precarias —como una relación violenta, un empleo sin perspectivas o un ambiente peligroso— se niega a tomar un nuevo camino porque prefiere seguir lidiando con lo que ya conoce a enfrentar lo que pueda venir.

Hace poco conocí a George, un terapeuta y entrenador físico. Le dije que tenía un problema con mi espalda y que necesitaba algunos ejercicios para fortalecerla, pero que no me sentía motivado a ejercitar porque estaba demasiado ocupado viajando y dirigiendo mi compañía. La respuesta de George fue la típica: "Oye, pues si quieres seguir lidiando con ese dolor, que se hará peor y peor cada vez, pues entonces, buena suerte".

¡Se burló de mí! Me dieron ganas de darle un cabezazo, pero entonces me di cuenta de que estaba motivándome, forzándome a enfrentar el hecho de que, si no estaba dispuesto a modificar mi estilo de vida, tendría que pagar las consecuencias.

En realidad me estaba diciendo: *Nick, no tienes que cambiar si no quieres, pero la única persona que te puede ayudar a que tu espalda se sienta mejor, eres tú mismo.*

Ahí fui un buen ejemplo de un mal ejemplo: resistiéndome a hacer un ajuste en mi estilo de vida. Pero hay personas en condiciones mucho peores que se resisten a realizar cambios que mejorarían muchísimo sus vidas. La mayor parte del tiempo tienen miedo incluso de abandonar las situaciones más terribles, sólo porque eso significaría salirse de una experiencia que ya les es familiar. Hay mucha gente que se niega a aceptar la responsabilidad de su propia vida. El presidente Barack Obama remarcó la importancia de la responsabilidad personal, cuando dijo: "Nosotros somos el cambio que hemos estado esperando". Pero hay algunas personas que luchan contra la corriente, incluso cuando ésta amenaza con ahogarlas.

Para algunas personas es mucho más difícil hacerse responsable que abstenerse de actuar: cuando la vida te da una carta que arruina tu mano y modifica tus planes, puedes culpar al universo, a tus padres, al niño que te robó el sándwich en tercer año. Pero, al final, culpar a otros no te sirve de nada. La única forma en que puedes dominar las desviaciones y los cambios que se presenten en tu camino, es haciéndote responsable. Mis experiencias me han enseñado que hay cinco etapas fundamentales en la realización de un cambio positivo.

1. Reconocer la necesidad de un cambio

Es triste, pero a veces nos tardamos en reconocer que es necesario hacer un cambio. A pesar de que no es cómoda, nos instalamos en una rutina y escogemos la inacción en lugar de la acción sólo porque sentimos temor o porque somos holgazanes. A veces, es necesario que algo verdaderamente aterrador se presente para hacernos reconocer que necesitamos un nuevo plan. Un buen ejemplo es mi intento de suicidio. Yo había estado sobrellevando la vida por años, y poniendo cara de valiente la mayor parte del tiempo, pero, dentro de mí, había pensamientos ocultos que me perseguían. Pensaba que, si no podía modificar mi cuerpo, sería mejor acabar con mi existencia. Cuando llegué al punto en que casi me permito ahogarme, reconocí que era el momento de hacerme responsable de mi propia felicidad.

2. Imagen de algo nuevo

Hace poco, Ned, un amigo mío, tuvo que enfrentar la penosa tarea de convencer a sus padres de abandonar la casa en donde habían vivido por cuarenta y siete años para mudarse a un centro para personas mayores, o sea, un asilo. La salud de su padre no estaba muy bien y la carga de cuidar de él también había puesto en peligro la vida de su madre. Sus padres no querían irse, preferían quedarse en su hogar, rodeados de los vecinos a quienes ya conocían. "Aquí nos sentimos felices. ¿Por qué habríamos de irnos?", dijeron.

Ned tuvo pláticas con sus padres durante un año antes de lograr convencerlos de visitar una comunidad muy agradable para gente mayor. La comunidad se encontraba a unas cuadras de su casa. Los padres de Ned ya se habían formado una imagen de las "casas para viejos": lugares horribles y fríos en donde "la gente vieja se va a morir". Pero, en lugar de eso, encontraron un lugar limpio, cálido y agradable para vivir, en donde ya se encontraban varios de sus antiguos vecinos, viviendo y disfrutando de días muy provechosos. La comunidad tenía una clínica bien equipada con médicos, enfermeras y terapeutas que podían hacerse cargo de los problemas del padre de Ned, problemas que tanto habían afectado a su madre.

Cuando los padres tuvieron una imagen del nuevo lugar, accedieron a mudarse. "Nunca nos imaginamos que sería tan agradable", dijeron.

Si tienes dificultad para cambiarte del lugar en que te encuentras, tal vez te ayude hacerte una visión clara del sitio a donde te llevará el cambio. Esto puede implicar el explorar un área, tratar de hacer nuevas relaciones o perseguir a alguien que desempeña una carrera que te gustaría estudiar. Cuando estés más familiarizado con la nueva situación será más fácil abandonar la anterior.

3. Dejar atrás el pasado

Para mucha gente, esta etapa es muy difícil. Imagina que estás escalando un muro de piedra en las montañas. Estás a la mitad del camino, a cientos de metros sobre el valle. Acabas de llegar a una pequeña saliente. Es aterrador y sabes que si el viento levantara o comenzara una tormenta, serías bastante vulnerable. Pero, estando en la saliente, tienes por lo menos una sensación de seguridad.

El problema es que, para seguir subiendo o para bajar de nuevo, tienes que abandonar la seguridad de la saliente y buscar otra pequeña plataforma. Si estás escalando o pensando en tomar un nuevo camino en la vida, el reto es dejar esa tenue sensación de seguridad. Tienes que dejar tu base anterior y aferrarte a la nueva. Muchas personas se paralizan en esta etapa o, tal vez, comienzan a hacer el movimiento pero luego se espantan y salen huyendo como gallinas. Si te encuentras en esa situación, sólo imagina que estás subiendo una escalera: para moverte al siguiente escalón, debes dejar el que estás y subir. Sueltas, alcanzas y te levantas, ¡paso a paso!

4. Establecerse

Esta etapa puede ser muy confusa para algunas personas. Tal vez ya dejaron atrás el pasado pero, hasta que no alcancen un nuevo estado de comodidad, se sentirán tentados a volver a la situación anterior. Es la etapa en la que dices: *Muy bien, aquí estoy, ¿y ahora, qué?*

La clave para establecerse es tener mucho cuidado con los pensamientos que rondan tu cabeza. Tienes que eliminar de tu pantalla los pensamientos de pánico como "O, Dios mío, ¿qué hice?", y enfocarte en frases como "¡Ésta es una gran aventura!"

Durante los primeros meses que pasé en Estados Unidos cuando era niño, batallé terriblemente en la etapa de aceptación. Pasé muchas noches y días retorciéndome en la cama, inquieto por mi nuevo ambiente. Me escondía de los otros estudiantes porque temía el rechazo y la burla. Pero, lenta y gradualmente, pude llegar a disfrutar de ciertos aspectos de mi nuevo hogar. Por lo pronto, aquí también tenía primos, sólo que nunca antes los había tratado. Mis primos en Estados Unidos resultaron ser gente grandiosa. Además, había una playa, montañas y el desierto, todo muy cerca de casa.

Luego, justo cuando comencé a sentir que California no era tan malo, mis padres decidieron volver a Australia. Cuando crecí y terminé la universidad, volví de inmediato a California y ahora ¡se ha vuelto un hogar para mí!

5. Sigue creciendo

Ésta es la mejor etapa de una transición exitosa. Ya diste el salto y ahora es momento de crecer en tu nuevo ambiente. El hecho es que no puedes continuar creciendo si no enfrentas cambios; aunque el proceso puede ser muy estresante y doloroso en el aspecto emocional y físico, por lo general, el crecimiento vale la pena.

He podido constatar eso en mi negocio. Hace algunos años tuve que reestructurar la compañía. Eso implicó despedir a algunas personas y yo soy terrible en ese aspecto. Lo odio. Soy un tipo más bien gentil, no el típico mala leche al que le gusta dar malas noticias a la gente que quiere. Todavía tengo pesadillas en las que despido a personas a las que había llegado a conocer y estimar como amigos. Pero, cuando reflexiono, me doy cuenta de que la compañía jamás habría crecido si no hubiera llevando a cabo aquellos cambios. Ya recogimos los beneficios, pero no podría decir que me dio gusto despedir a aquellos empleados. Todavía los extraño.

El dolor que produce crecer es un signo de que te estás estirando y de que alcanzarás nuevas alturas. No siempre tienes que disfrutar ese dolor, pero sí debes tener claro que invariablemente vendrá a ti antes de ese gran logro que te llevará a días mejores.

En mis viajes he tenido la oportunidad de ver a gente que está en cada una de las etapas de cambio. En particular durante la gira a la India en 2008, la cual describí con anterioridad. Me presenté en Mumbai, la ciudad más grande de India y la segunda más poblada del mundo. Antes conocida como Bombay, Mumbai se encuentra en la costa oeste de la India, en el Mar Arábigo, y es un importante centro cultural y financiero.

En esta ciudad conviven la riqueza y la pobreza extremas, y ha estado en el ojo público porque ahí se filmó la película ganadora del Oscar, *Slumdog Millionaire*. A pesar de su calidad, la película apenas logra ofrecer una visión superficial de los horrores que existen en las ciudades perdidas de Mumbai y del tráfico sexual que florece en una metrópoli en donde los hindúes y musulmanes son una mayoría sobre la pequeña población cristiana.

Se estima que en Mumbai, más de medio millón de personas son forzadas a vender sus cuerpos. La mayor parte de esas personas es secuestrada en pequeños pueblos de Nepal, Bangladesh y otras zonas rurales. Muchas de las mujeres son *devadasi*, adoradoras de una diosa hindú, y fueron forzadas por los "sacerdotes" a practicar la prostitución. Algunos *Hijras* —hombres castrados— también se prostituyen. Los aglutinan en asquerosas vecindades y los obligan a tener relaciones sexuales con por lo menos cuatro hombres cada noche. Debido a lo anterior, han propagado el virus del sida con mucha rapidez, provocando la muerte de millones de personas.

Como parte de la visita, me llevaron al distrito rojo de Mumbai conocido como "La calle de las jaulas". Ahí pude ver a mucha gente que sufre y hablar con víctimas de la esclavitud. El reverendo K. K. Devaraj, fundador del Desafío Adolescente de Bombay, fue quien me invitó. El Desafío trabaja para rescatar a gente de la esclavitud sexual y para ayudarle a encontrar el camino para vidas mejores y más saludables.

El Tío Dev, como llaman al reverendo, también dirige una casa para huérfanos con sida, programas alimentarios, centros médicos, una clínica para la atención del VIH/sida una operación de rescate para "niños de la calle" adictos. Él había visto mis videos y esperaba que yo pudiera servir como agente de cambio en Mumbai. Él quería que yo convenciera a las mujeres que se desempeñaban como prostitutas de escapar de la esclavitud y mudarse a sus refugios. El reverendo Devaraj dice que cada mujer esclavizada es "un alma preciosa y una valiosa perla".

El Desafío Adolescente de Bombay es una fuerza tan poderosa en las ciudades perdidas de Mumbai que los proxenetas y las madamas le permiten al Tío Dev y a su equipo de cristianos, ir y hablar con ellos, a pesar de que son, en su mayoría, hindúes. A pesar de que el Desafío trata constantemente de convencer a las prostitutas de aceptar a Cristo y abandonar los burdeles para buscar nuevas vidas, los proxenetas y las madamas aceptan su tranquilizante influencia.

El ministerio trabaja, paso a pasito, para cambiar los corazones de estas mujeres esclavizadas. La niña promedio es secuestrada entre los diez y los trece años; las consiguen en pequeñas villas rurales y la mayoría de ellas son bastante inocentes. Si la niña muestra reticencia, los reclutadores tratan de convencer a los padres diciéndoles que ganará cincuenta veces más del salario promedio. O, tristemente, a veces sólo se la compran a los padres, una práctica bastante común. Las personas que reclutan y transportan a las niñas son sólo los primeros eslabones de una larga cadena de abusadores. Cuando las niñas están cautivas, los proxenetas toman el control diciéndoles: "Ahora trabajan para nosotros, les guste o no".

Cuando estuvimos en Mumbai entrevistamos a varias chicas que habían sido esclavas sexuales y que fueron liberadas por el Desafío

Adolescente de Bombay. Por desgracia, sus desgarradoras historias son un lugar común. Si se negaban a ser prostitutas, las golpeaban, violaban y las ponían en pequeñas jaulas que, a su vez, guardaban en oscuros barracones subterráneos llenos de suciedad. Las mataban de hambre, abusaban de ellas y les lavaban el cerebro hasta amansarlas. Luego, las enviaban a los burdeles en donde les indicaban que habían sido compradas por setecientos dólares estadounidenses y que tenían tres años para trabajar y pagar su deuda como prostitutas. Las ex esclavas nos contaron que habían sido obligadas a tener sexo cientos de veces ya que, cada vez que lo hacían, se pagaban dos dólares a su deuda.

La mayoría piensa que no tiene otra opción. Los proxenetas les dicen que sus familias jamás las recibirán de vuelta por la vergüenza que les han causado. Muchas de ellas contraen enfermedades de transmisión sexual o quedan embarazadas como resultado de la prostitución, así que, ya no tienen un lugar a dónde ir.

A pesar de lo horrible que llega a ser la vida para estas jóvenes y mujeres, la mayoría tiene miedo de efectuar un cambio. Sin fe, pierden la esperanza y, entonces, pierden su humanidad. La desesperanza se apodera de ellas y creen que jamás podrán salir de la esclavitud y de las ciudades perdidas. Los psicólogos han detectado frecuentemente esta misma resistencia a liberarse en mujeres involucradas en relaciones abusivas. Tal vez tienen pena y dolor pero se niegan a abandonar al abusador porque tienen más miedo de lo desconocido. Han perdido su capacidad de soñar en una vida mejor, así que no pueden siquiera imaginarla.

Ahora bien, para ti puede ser muy claro que estas esclavas sexuales deberían escapar de sus terribles vidas, pero, ¿alguna vez has podido ver tu situación personal con tanta claridad?, ¿alguna vez te has sentido atrapado por las circunstancias para después descubrir que la única trampa era tu falta de visión, de valor o tu incapacidad de ver que tenías mejores opciones?

Para realizar un cambio debes ser capaz de visualizar lo que está del otro lado. Debes tener esperanza y fe en Dios y en tu habilidad para encontrar algo mejor.

El Desafío Adolescente de Bombay reconoce que las mujeres esclavizadas tienen un problema para encontrar la salida porque han sido golpeadas, aisladas y amenazadas. Algunos dicen que no pueden siquiera creer que merecen amor o un trato decente.

Allá pude ver muy de cerca el sufrimiento en los burdeles y los barrios bajos de Mumbai, así como los milagros que el Tío Dev y su dedicado equipo de misioneros logran entre las esclavas sexuales y sus niños, a los que llaman "gorriones" y que por lo general viven en las calles.

Me llevaron de una casa a otra. En la primera me presentaron a una anciana que se levantó lentamente del suelo cuando entramos. Era una madama que, a través de un intérprete, me invito a "predicar a mis prostitutas e inspirarlas a ser mejores".

La madama me presentó a una mujer que parecía tener unos cuarenta y tantos años. Me dijo que la habían secuestrado de su casa en un área rural, a la edad de diez años y que, después, la obligaron a practicar la prostitución.

"Pagué mi deuda y pude liberarme a los trece años", dijo a través del intérprete. "Salí a la calle por primera vez: me golpearon y me violaron. De cualquier forma, logré regresar a mi familia pero ellos ya no querían tener nada que ver conmigo. Regresé aquí y volví a trabajar como prostituta. Luego tuve dos hijos y uno murió. Hace dos días me enteré de que tengo sida, así que mi padrote me despidió. Ahora tengo un niño que cuidar y no puedo ir a ningún lugar".

Desde nuestra perspectiva, tú y yo podemos ver que ella tenía opciones, sin embargo, desde sus cerradas circunstancias, a ella le parecía que no había alternativa. Debes entender que, en ocasiones, no serás capaz de ver que tienes una salida, pero el cambio siempre es plausible. Cuando no puedes encontrar un sendero alternativo, debes pedir ayuda. Busca la guía de personas que cuenten con una perspectiva más amplia. Puede ser un amigo, un miembro de la familia, un consejero profesional o un servidor público: nunca caigas en la trampa de creer que no hay escapatoria. ¡Siempre hay una salida!

Esta mujer en realidad tenía sólo veinte años. Recé con ella, le dijimos que podía abandonar el prostíbulo y vivir en un refugio provisto por el Desafío Adolescente de Bombay, que también recibiría tratamiento médico en la clínica. Cuando abrimos sus ojos y le mostramos el camino hacia un mundo de mayores cuidados, no sólo sintió deseos de cambiar, también encontró la fe.

"Al escucharte hablar, sé que Dios eligió no curarme el VIH/sida porque, de esa forma, puedo atraer más mujeres a Cristo", nos dijo. "No me queda nada pero Dios está conmigo".

La paz y la esperanza que transmitía su mirada me dejó sin aliento. Era tan hermosa en su fe. Me dijo que sabía que Dios no la había olvidado, que Él tenía un propósito para ella incluso al borde de la muerte. Era una nueva mujer que había podido transformar su sufrimiento en una fuerza benéfica. Entre tanta pobreza, desesperación y crueldad, ella era un radiante ejemplo del poder del amor de Dios y de la fortaleza del espíritu humano.

El Tío Dev y su equipo de misioneros han desarrollado varios métodos para convencer a las esclavas sexuales de Mumbai de apartarse de sus peligrosas situaciones. Ofrecen cuidado infantil y escuelas para que los niños puedan aprender sobre Jesús y el amor que Él tiene por ellos. Luego los niños hablan con sus madres y les transmiten esta información: ellas también son amadas y pueden cambiar su vida para bien. Yo te exhorto a recibir los cambios que mejoran tu vida y a funcionar como una fuerza de cambio que ayude a elevar la vida de otros también.

¡Qué rico chocolate!
Gracias, Mamá.

Esta es mi foto favorita (a los 6 meses). Feliz,
confiado y lindo, ¿no? Mi bendita ignorancia
era una bendición a esa edad: no sabía que era
diferente ni que me esperarían tanto retos.

A los 2 años y medio, manejando y
acostumbrándome a mis primeras ruedas.
¡Cuidado con los pies!

La playa siempre fue mi lugar
favorito para jugar con mis carritos.
Me encantaba el sol y la arena de
Queensland, y a los 3 años, disfrutaba
saltar las ondas de las olas en la orilla.

A mi hermano y a mí nos encantaba jugar
Submarino. A veces utilizaba mis brazos
pero, al final, me daba cuenta de que podía
hacer todo yo solo, sin ayuda de las prótesis.

Como dijo Joni Eareckson-Tada: "Todos tenemos ruedas." Me siento liberado cuando utilizo mi silla de ruedas electrónica hecha a la medida. (*Fotografía cortesía de Ally*)

Misión cumplida: en el 2003, con 21 años de edad, me gradué con una doble licenciatura, en Planeación financiera y Contabilidad, en la Universidad de Griffith.

Con mis papás, Dushka y Boris, en el Estadio Anaheim Angel antes de subir al escenario y hablar frente a 55,000 personas, en 2009.

Con mi hermano Aaron y su esposa, Michelle.

Asoleándome y disfrutando la compañía de mi hermana Michelle.

Tomando indicaciones de mi instructor de buceo.
¡Increíble experiencia!

Mi experiencia inolvidable surfeando con Bethany Hamilton en Hawaii. Me llevó en su tabla mientras yo lograba equilibrarme solo. (*Fotografía cortesía de NoahHamiltonPhoto.com*)

¡Lo logré! ¡Y la gente en la playa se volvía loca!

Me sudaban las manos antes de una gran conferencia en Ghana.

No importa en qué parte del mundo esté, siempre trato de motivar a la gente para que supere cualquier adversidad con fe, esperanza, amor y coraje, y así lograr sus sueños. La alegría de estos chicos me levantó y nunca olvidaré aquella vez que estuve en Sudáfrica en 2002.

Aún me emociona mucho estar entre tanta gente, sobre todo si son niños y puedo divertirme con ellos. Estar con jóvenes y niños me ayuda a mantener los pies sobre la tierra. ¡A estos chicos de Colombia les encantaba jugar soccer! (*Fotografía cortesía de Carlos Vergara*)

He tenido el honor de conocer a muchas personas inspiradoras que me han dejado sin aliento. Nunca olvidaré cómo Jeanette motivaba e inspiraba a todos a su alrededor. Algunos dirán que perdió la batalla contra el cáncer pero, para mí, el Señor se llevó su cuerpo cansado a un mejor lugar. Ella no perdió pero nos dejó con el corazón roto y la gran enseñanza de que en la adversidad, la fuerza puede ser perfeccionada. (*Fotografía cortesía de Tony Cruz*)

¡AQUÍ VAMOS!

NUEVE

CONFÍA EN LOS OTROS, MÁS O MENOS

Cuando tenía once años, mis padres me llevaron a la playa en la Costa Dorada de Australia. Mamá y papá caminaron un rato por la costa, mientras yo me refrescaba en la arena que estaba cerca del borde del agua, veía las olas y disfrutaba de la brisa. Me habían cubierto con una camiseta enorme para que no me quemara.

Una joven mujer venía caminando por la playa y, al acercarse, sonrió y dijo: "¡Eso es muy impresionante!"

"¿A qué se refiere?", le pregunté, porque sabía que no hablaba de mis asombrosos bíceps.

"¿Cuánto tiempo te llevó enterrar tus piernas así?", dijo. Comprendí que ella creía que había escondido mis piernas en la arena de alguna manera. Como traía ánimo de hacer travesuras, le seguí el juego.

"Oh, tuve que cavar durante mucho tiempo", le contesté.

Se rió y continuó caminando pero, como yo sabía que no resistiría seguir sin voltear otra vez, esperé. Por supuesto, cuando su cabeza giró para mirar de nuevo, salté y salté hacia el agua.

Ella no dijo nada, aunque tropezó un poco mientras se alejaba caminando.

A veces, como era un niño, sentía resentimiento por momentos como ése, pero poco a poco me hice más paciente y comprensivo con otras personas. Así como esa mujer, aprendí que a veces la gente es más grande de lo que sospechas y, a veces, más pequeña.

Para que alcances el éxito y la felicidad, son cruciales los siguientes aspectos: el arte de ver a través de la gente, de relacionarse con ella, de involucrarse, de ponerse en sus zapatos, de saber en quién confiar y cómo ser confiable. Si las personas no cuentan con la habilidad de construir relaciones basadas en la comprensión mutua y la confianza, es muy raro que lleguen a tener éxito. No sólo necesitamos alguien a quien amar, también necesitamos amigos, mentores, modelos a seguir y gente que nos apoye, que crea en nuestros sueños y que nos ayude a alcanzarlos.

Para construir tu *Dream Team* (o sea, tu "equipo soñado") de seguidores que en verdad se preocupen por tu bienestar, primero tienes que demostrar que eres confiable, que tú también puedes apoyarlos. Si depositas tu energía en su éxito, si los apoyas, los motivas y les ofreces consejos honestos, puedes esperar que hagan lo mismo por ti. Si no lo hacen, entonces deberás alejarte y encontrar a alguien que sí desee pertenecer a tu equipo.

Somos seres sociales por naturaleza, pero si tus relaciones con los demás no son lo que te gustaría, tal vez es porque no has profundizado en la forma en que debes interactuar con ellos, en lo que concedes y en lo que recibes de tus relaciones. Uno de los errores más grandes que puedes cometer es tratar de ganar amigos hablándoles sobre ti exclusivamente: tus miedos, frustraciones y satisfacciones. La verdad es que a los amigos se les gana cuando deseas conocerlos mejor y encontrar intereses comunes con los que puedas construir vínculos benéficos en ambas direcciones.

La construcción de una amistad es como tener una cuenta de ahorros: no puedes esperar sacar algo si no has depositado. De vez en cuando todos debemos afinar nuestras habilidades para relacionarnos. Esto se hace evaluando nuestro enfoque y tratando de definir qué es lo que sí funciona y qué es lo que no.

¿CÓMO TE RELACIONAS CON LOS DEMÁS?

Es muy cierto que podrás recorrer un gran camino si cuentas con un sentido del propósito, grandes esperanzas, una fe abarcadora, amor por ti mismo, actitud positiva, temeridad, resistencia y dominio ante el cambio. Sin embargo, debes saber que nadie lo logra solo. Por supuesto que yo valoro mucho la capacidad que tengo de cuidarme a mí mismo. Trabajé muy duro para ser lo más independiente que fuera posible, pero aún dependo de otras personas que me rodean, y así nos sucede a todos hasta cierto punto.

Con frecuencia me preguntan: "¿No es muy difícil depender tanto de otras personas?" Y mi respuesta es: "Pues tú dime". Aunque te des cuenta o no, dependes de las personas que te rodean tanto como yo. Es verdad que necesito ayuda para realizar algunas tareas, pero lo más relevante es reconocer que nadie logra tener éxito si no se beneficia de la sabiduría, la gentileza o la mano amiga de otras personas.

Todos necesitamos tener amistades que nos sirvan de apoyo, todos debemos involucrarnos con espíritus similares y, para hacerlo con eficacia, es necesario probar nuestra intención y demostrar que somos confiables. También es necesario comprender que la mayoría de la gente actúa por interés. Es tan sólo un instinto. Pero, si tú les muestras a los otros que estás genuinamente interesado en ellos, si te involucras en su éxito, la mayoría también hará lo mismo para ti.

LAS CONEXIONES

Cuando era niño, con frecuencia mamá me llevaba de compras o a otros lugares públicos y, mientras ella realizaba sus diligencias, yo pasaba horas observando los rostros en la multitud desde mi silla de ruedas. Estudiaba a las personas cuando pasaban y trataba de adivinar a qué se dedicaban y cómo eran sus personalidades. Por supuesto, nunca supe si los perfiles instantáneos que imaginaba eran correctos, pero creo que sí me convertí en un serio estudiante del lenguaje corporal, las expresiones faciales y del análisis de las personas en general.

En gran medida era un proceso subconsciente, pero, ahora que lo recuerdo y reflexiono al respecto, me doy cuenta de que, de una forma instintiva, estaba desarrollando aptitudes fundamentales. Como no tengo brazos para defenderme ni piernas para correr, para mí era muy importante evaluar con rapidez si podía confiar en alguien o no. No quiero decir que me preocupara recibir un ataque, pero, era más vulnerable que la mayoría y, por lo tanto, también me hice más "consciente de la gente" que otras personas.

Soy muy sensible a los estados de ánimo, emociones y sonidos que emiten quienes me rodean. Tal vez esto suene un poco extraño, pero mis antenas están tan afinadas que, cuando alguien coloca una mano en el descanso para el brazo de mi silla de ruedas, es casi como si nos hubiésemos tomado de la mano. De repente me llega la extraña sensación de que he hecho una conexión, casi como si estuviera saludando a la gente con un apretón de manos. Cuando mis amigos y familiares colocan sus manos en mi silla, puedo sentir su calidez y aceptación.

El hecho de que carezco de extremidades ha afectado la forma en que me relaciono con las demás personas como orador. Yo no tengo que preocuparme de una de las situaciones que más inquietan a los oradores profesionales: qué hacer con las manos. He trabajado para comunicarme con la expresión facial, y en particular, con mis ojos. No puedo hacer gestos para reforzar ciertos puntos o para transmitir emoción y, por consiguiente, trabajé variando la amplitud de mi mirada y cambiando mis expresiones faciales para hacer llegar los sentimientos a la audiencia y captar su atención.

Hace poco mi hermana me molestaba: "Nick, realmente te gusta hacer contacto con los ojos. Cuando hablas con alguien, lo miras con mucha intensidad, ésa es la única forma en que puedo describir lo que haces".

Michelle me conoce bien, ella sabe que miro a los ojos de las otras personas porque son las ventanas del alma. Me encanta el contacto visual, admiro la belleza de la gente y, con frecuencia, la puedo encontrar en sus ojos. Es posible encontrar algo malo o imperfecto en las otras personas, pero yo siempre elijo mirar lo más valioso que hay dentro de ellas.

"Además, ésa es tu forma de asegurarte que una conversación sea real y sincera", dijo mi hermanita. "Lo veo cuando hablas con mis amigos: llegas a lo más profundo de cada uno y capturas su atención de tal forma que se empapan en cada palabra que les dices".

He aprendido a involucrarme rápidamente con las personas mirándolas a los ojos y haciéndoles preguntas o comentarios para detectar rasgos en común. Antes de que los dolores de espalda limitaran mi abrazabilidad, una de mis frases rompehielo favoritas era: "¡Ven y dame un abrazo!"

Al invitar a la gente a acercarse y conectarse, estaba tratando de hacerla sentirse cómoda conmigo. Todo mundo debería dominar las destrezas básicas de la amistad: acercarse a otros, conectarse con ellos y encontrar rasgos en común. Dichas destrezas pueden determinar la calidad de nuestra interacción con quienes nos rodean.

"Destrezas en el trato personal" es un término muy difundido, sin embargo, rara vez se puede encontrar una definición. A todos nos agrada creer que nos manejamos con destreza en nuestro trato con otras personas, de la misma forma que a muchos nos gusta creer que somos buenos conductores. A mi hermano le agrada molestarme diciendo que soy el peor conductor de asiento trasero del mundo. Y todo, a pesar de que ni siquiera he tenido una licencia en toda mi vida. Según él, mis destrezas en el trato con otras personas también son un trabajo en progreso. De igual manera, tú deberías enfocarte y trabajar en estas habilidades.

Nadie debería dar por hecho que posee estas destrezas, porque son cruciales para la obtención del éxito y la felicidad. Es posible vivir una vida sin límites, pero no se puede vivir una vida que no incluya tener amistades confiables. Es por eso que siempre debes revisar, evaluar y trabajar para refinar la manera en que te relacionas con quienes te rodean. Los psicólogos dicen que nuestra habilidad para establecer vínculos y relaciones de apoyo recíproco, depende tan sólo de unas cuantas destrezas enfocadas en el trato personal. Estas destrezas incluyen la capacidad de:

Leer emociones y estados de ánimo.
Escuchar con atención lo que otros tienen que decir y la forma en que lo hacen.
Evaluar, comprender y reaccionar a las señales no-verbales que otros envían.
Navegar en cualquier situación o reunión social.
Establecer vínculos con otros de forma rápida.
Ser carismáticos en cualquier situación.
Practicar el tacto y el autocontrol.
Mostrar, con acciones, el aprecio que sentimos por otros.

Ahora, analicemos cada una de las destrezas con mayor detalle.

Lectura

Leer el lenguaje corporal, el tono de voz, las expresiones faciales y la mirada de cada persona, es una habilidad que todos poseemos hasta cierto punto. En realidad es inevitable recibir este tipo de señales. Incluso, la mayor parte de la gente puede saber si una persona finge estar enojada y no lo está, o si finge dolor para llamar la atención. Los psicólogos dicen que esta habilidad mejora con la edad y, en particular, las mujeres son más hábiles que los hombres en este sentido. A mí no me sorprendió enterarme que las mujeres que tienen hijos tienen aún más pericia. Mi mamá podía leerme como un libro, a veces podía darse cuenta, antes que yo, de cuando estaba enfermo, lastimado, frustrado o triste.

Escuchar es igual a comprender

Esto es exactamente lo que querían decir tus padres con la frase: "Dios sólo te dio una boca, pero te dio dos oídos para que pudieras escuchar dos veces antes de hablar". Muchas veces no escuchamos y, por consiguiente, no comprendemos. En general sólo escuchamos lo necesario para responder. Pero, para conectarse en verdad, no sólo tienes que tomar en cuenta las palabras, sino el sentimiento que se oculta tras ellas. Yo no soy un experto en relaciones románticas, pero he podido ver cómo batallan los hombres en este aspecto. Se sabe que las mujeres son más intuitivas y, por ello, suelen frustrarse con los hombres, quienes son más literales. Los hombres se enfocan en las palabras, no en las emociones.

Es necesario escuchar y observar con atención, pero es aún más relevante tomar lo que escuchas y observas, evaluarlo con atención y luego actuar. La gente que hace esto bien tiende a tener las mejores relaciones y a obtener mejores resultados en su empleo. En el diario *The New York Times*, se reportó la historia sobre dos soldados estadounidenses que patrullaban en Irak y que vieron un auto con dos chicos en el interior. Las ventanas estaban cerradas a pesar de que la temperatura sobrepasaba los cuarenta grados. Uno de los soldados le preguntó al otro, su sargento, si podía ofrecerles a los muchachos agua y se acercó al auto.

El sargento miró toda la escena que los rodeaba y sintió el peligro. Le ordenó a la patrulla que se retirara, y justo cuando el soldado volteó, estalló una bomba en el auto. Los dos jóvenes murieron; el soldado que quería ayudarlos sobrevivió pero resultó herido por las esquirlas que salieron disparadas.

Más tarde, el sargento recordó cuando vio al soldado moverse hacia el auto, "Mi cuerpo se enfrió, ya sabes, esa sensación de *peligro*". Pero había otras señales que habían agudizado sus antenas desde antes. No les habían disparado esa mañana, lo cual era inusual y, en general, las calles habían estado más tranquilas que en un día típico.

Los estudios realizados a soldados veteranos indican la forma en que confían en su habilidad de leer e interpretar con rapidez el entorno basándose en sensaciones, lenguaje corporal o situaciones que "no están bien". Estas destrezas son cruciales, no sólo para relacionarnos, sino para sobrevivir, tanto para los militares como para los civiles.

Otra destreza fundamental del trato con personas es la de actuar adecuadamente y poder mezclarse, ya sea en una reunión entre miembros de una congregación, un club social de campo, un día de campo de empleados o una simple cena. Tienes que respetar el lugar en que te encuentras. Por ejemplo, al visitar países en el extranjero, siempre le pido a mi anfitrión o intérprete que me ayude a entender las costumbres locales y las tradiciones para no cometer errores que puedan producir una barrera entre el público y yo.

Hay ciertas cosas que normalmente haces cuando cenas en casa, que jamás deberían hacerse en otros países. En la mayoría de los lugares se considera que eructar es algo grosero, pero en algunos sitios, un buen y ruidoso eructo es como un halago para el chef. En un plano más serio, hay temas que debes evitar en ciertas reuniones. Si hablas de antiguos conflictos, política y, en algunos casos, hasta de religión, podrías iniciar serios problemas.

No obstante, siempre puedes encontrar rasgos comunes para relacionarte con otras personas. En mi proceso de maduración he aprendido que la herramienta más valiosa para conectarse con otros es escuchar. En particular, cuando estás "trabajando a la gente" en un grupo numeroso.

Habilidad para vincularse

Las palabras no son suficientes para vincularse con otros, también usamos expresiones y lenguaje corporal, que incluye la forma en que nos situamos respecto a los demás. En ocasiones no estamos conscientes de cuál es nuestra posición hasta que alguien con alguna discapacidad física, invade nuestro espacio. Tal vez la gente que se acerca mucho a ti para hablarte está tratando de establecer un vínculo, pero en general logran alejar a los demás. La línea que separa las acciones es demasiado delgada porque a algunas personas las recibimos mejor en nuestro espacio personal que a otras. Una vez un amigo me lanzó una mirada de pánico desaforado en una fiesta porque cuatro personas que querían captar su atención lo habían acorralado en la esquina del salón. Prácticamente se le habían encimado y el pobre se veía como un zorro rodeado de sabuesos.

CAMPAÑA DE CARISMA

Para mí no es difícil atraer la atención de la gente, pero mantenerla concentrada, es otro asunto. Cuando conozco a otras personas, casi siempre se sienten intrigadas por mi cuerpo, sin embargo, sé que no es fácil mirarlo. Sé que sólo cuento con algunos segundos para cambiar esa situación y engancharlas con mi carisma.

Con los niños y jóvenes en particular, hago bromas como "te echo una mano" o digo que algo me costó "un brazo y una pierna" y, de esa forma ellos se pueden dar cuenta de que ya oí todo lo que la gente me podría decir y ahora estoy listo para reírme con ellos. Creo que el verdadero secreto del carisma es lograr que cada persona que conoces tenga la sensación de que, cuando hablan contigo, captan tu atención por completo.

UNIDAD TÁCTICA

En general creemos ser diplomáticos y considerados con los demás, pero, en mi caso, sé que algunas veces me quedo corto. A mi hermano le encanta recordarme que cuando éramos chicos lo mangoneé demasiado. Aarón tuvo que soportar bastante porque, como siempre estábamos juntos, él me cuidaba incluso cuando mis padres estaban en casa. Él te puede contar que a veces me ponía un poco loco con mis exigencias. Por ejemplo, una mañana nos visitó su amigo Phil. Él y Aarón entraron a la cocina durante el desayuno, así que les pregunté si querían tocino y huevos.

"¡Sí claro, Nick, gracias!" dijo Phil.

Me preparé para cocinar el desayuno, gritando de la siguiente manera: "Okey, Aarón, ¿puedes traerme unos huevos? También necesito que traigas el pan y, ah, coloca la sartén en la estufa. Rompe los huevos en la sartén y, en cuanto estén cocinados, me haré cargo".

Conforme Aarón creció y maduró, encontró la forma de lidiar con mis mangoneos. Cuando creía que yo me estaba pasando de la raya, amenazaba con colocarme en uno de los cajones del gabinete, cerrarlo y dejarme ahí. Así que tuve que desarrollar algunas destrezas más diplomáticas en mi trato con la gente. De otra manera, ¡me hubieran archivado para siempre!

Haz lo que dices

Todos conocemos a gente que "habla y habla pero no hace y hace". Puedes ser un gran escucha, una persona involucrada, carismática, diplomática y con gran facilidad para sentir empatía, pero, si no te pones de pie y vas hacia la gente cuando la situación así lo pide, entonces todas tus otras destrezas salen sobrando. No es suficiente decir: "Te comprendo". Tus acciones deben ser más elocuentes que tus palabras.

En lo que se refiere a tu relación con los demás, esto significa que no sólo debes enfocarte en tu trabajo y tratar de tener éxito, significa que debes ayudar a otros a realizar su trabajo y apoyarlos para que puedan triunfar.

Sintonízate con los demás

Para dominar las destrezas del trato con los demás, debes poner en espera tus intereses personales, preocupaciones y planes, y sintonizarte con quienes te rodean. No se trata de convertirse en el centro de atención o la persona más chistosa del lugar, se trata de involucrarte con las demás personas en sus propios términos y hacerlas sentir lo suficientemente cómodas para que te inviten a entrar en sus vidas.

La profundidad de nuestras relaciones va desde aquellas en las que nos involucramos brevemente (con empleados en tiendas, meseras, el cartero, el tipo que se sienta junto a ti en el avión), pasando por la gente con la que convivimos con regularidad (vecinos, colegas, compradores, clientes), hasta llegar a la gente que es una parte muy importante de nuestras vidas (nuestros mejores amigos, esposos, esposas y miembros de la familia). Cada nivel de profundidad requiere destrezas de cierto tipo y la habilidad para relacionarte e interactuar en armonía con otros.

SOLICITA AYUDA

Con frecuencia desdeñamos o soslayamos otra de las destrezas del trato con la gente, pero yo me siento muy familiarizado con ella: tener la voluntad y la humildad de solicitar ayuda cuando la necesitamos. Jesús, el hijo de Dios, rara vez caminó solo por el mundo, por lo general lo acompañaban uno o más de sus discípulos. Tú nunca debes sentir que es necesario estar solo. El pedir ayuda no es un signo de debilidad, es un signo de fortaleza. La Biblia dice: "Pide y se te será otorgado, busca y encontrarás, toca y la puerta será abierta para ti. Porque todo el que pide, recibe; todo el que busca, encuentra y, para aquel que toca, siempre se abrirá una puerta".

A pesar de que por mucho tiempo traté de ya no contratar cuidadores, hace algunos años tuve un itinerario de viajes tan pesado, que me vi forzado a volver a hacerlo. Cuando era más chico había tratado de probar que podía sobrevivir día a día sin la ayuda de otras personas. Para mí era muy importante ser independiente, tenía que asegurarme que podría vivir solo si llegaba a ser necesario. Así lo exigían mi tranquilidad y mi autoestima.

Pero cuando mi carrera como orador público se disparó y comenzaron a llegarme invitaciones para presentarme en todo el mundo, comprendí que estaba gastando demasiada energía en mi cuidado personal, en particular durante los viajes. Para hablar ante tanta gente en tantos lugares distintos, tienes que comprometerte por completo y mantenerte lleno de energía. Tuve que volver a contratar cuidadores, sin embargo, creo que algún día en el camino, podré tener una esposa y una familia y ser independiente otra vez.

Sencillamente no es posible carecer de destrezas en el trato personal cuando tienes un cuidador, porque, incluso si la paga es buena, no puedes esperar que alguien te alimente, viaje contigo, te rasure, te vista y, a veces, hasta te cargue, si no le caes bien. Por fortuna, yo siempre he tenido una buena relación con mis cuidadores —aunque debo admitir que en algunas ocasiones he llevado su tolerancia al límite. No tuve cuidador de tiempo completo sino hasta 2005, cuando me contactó Craig Blackburn, un joven que se había sentido inspirado por mis pláticas y mi testimonio en la iglesia. Craig se ofreció a trabajar para mí como cuidador, conductor y coordinador durante una gira de tres semanas en la soleada costa de Queensland. Me sentía un poco temeroso de llevar a cabo la gira completa con alguien a quien conocía poco, pero oré, verifiqué sus antecedentes y decidí que podía confiar en él. Craig demostró ser muy útil y eso me ayudó a ahorrar energía y enfocarla en mis presentaciones y otras labores.

Antes de eso, mi orgullo me había impedido solicitar ayuda a pesar de que era obvio que la necesitaba. Había realizado un tremendo esfuerzo por probar mi independencia, pero, al mismo tiempo, tenía sobre mí la responsabilidad que conlleva el fortalecimiento de una carrera que implicaba viajar con mucha frecuencia. No cometas el mismo error, trata de conocer cuáles son tus limitaciones, protege tu salud y tu paz mental, sólo lleva a cabo aquello que es humanamente posible y pide ayuda cuando sea necesario. Pero recuerda, si tú no has mostrado interés y consideraciones por tus amigos o por la gente que trabaja contigo, será grosero que les pidas algo. Nadie te debe nada que no le hayas brindado tú primero.

En estos años algunos amigos, familiares y voluntarios han fungido como cuidadores. Sin embargo, a todos se les ha pagado porque mis caóticos horarios hacen que el empleo sea muy exigente. En 2006 tuve que viajar por todo Estados Unidos y, por lo tanto, comencé a usar cuidadores con más regularidad. Un hombre llamado George se ofreció a trabajar como conductor y cuidador, pero cuando se presentó, venía en un auto que era un completo desastre, era ruidoso, olía mal y, para colmo, ¡tenía un agujero en el piso! Fue toda una conmoción. Todo el tiempo imaginaba que me iba a caer por el agujero y que un tráiler me dejaría como estampilla. Nunca me sentí del todo cómodo en ese auto pero George resultó ser una persona muy leal además de un cuidador muy competente.

Bryan, uno de mis cuidadores en la actualidad, tuvo su prueba de fe en la gira europea del verano de 2008. Habíamos viajado sin parar por una semana cuando por fin llegamos a un hotel en Timisoara, Rumania, en donde nos quedaríamos por una noche. Timisoara es una hermosa ciudad a la que llaman "La pequeña Viena" y se encuentra en los Alpes de Transilvania. Yo siempre había escuchado que ese sitio era un maravilloso rinconcito del planeta. Al llegar ahí, comprobé que era cierto.

Casi muerto por no haber dormido, me sentía demasiado cansado para preocuparme por algo. Ésa era la primera noche de la gira que estaba programada para que yo pudiera descansar en verdad. Como había tenido problemas para dormir, Bryan me ofreció una cápsula de melatonina que, supuestamente, le ayuda al cuerpo a acomodarse a los cambios de horario.

Al principio le dije que tal vez sería mejor no tomarla porque, debido a mi bajo peso, a veces presento reacciones extrañas con los suplementos. Bryan me convenció de que todo estaría bien y que sólo tendríamos que ser cuidadosos, así que sólo tomé la mitad de la dosis. Por suerte no tragué toda la cápsula. Me quedé dormido de inmediato.

Algunas giras han sido tan extenuantes que, a pesar del gran esfuerzo que significa para mí sentarme, a veces, estando dormido, he llegado a erguirme y a hablar como si estuviera frente al público. Aquella noche desperté a Bryan, quien se encontraba en la habitación contigua, porque ¡comencé a dar mi discurso! ¡En Serbio!

Bryan me despertó antes de que toda Rumania se levantara de la cama por culpa de mi oratoria nocturna. Nos dimos cuenta de que estaba sudando horrores porque el aire acondicionado de la habitación se había apagado y habíamos pasado toda la noche cocinándonos con el calor veraniego. Por supuesto, abrimos las ventanas de inmediato para que entrara aire fresco. Después de eso, cansados hasta la médula, volvimos a acostarnos.

Una hora más tarde nos volvimos a despertar. En esta ocasión unos mosquitos transilvanos gigantes nos estaban chupando la sangre sin piedad (¡bueno, esperábamos que realmente fueran mosquitos!). Para ese momento ya me sentía agotado por completo, acalorado y, además, tenía comezón en todo el cuerpo. Para colmo, ni siquiera contaba con las herramientas básicas para rascarme. ¡Fue una tortura!

Bryan sugirió que tomara un baño para disminuir la comezón. Así lo hice. Después, me puso un remedio en spray que sirve para aliviar los piquetes de insectos. Regresé a la cama y, diez minutos después, estaba gritando como loco, pidiendo a Bryan que fuera a verme. ¡Mi pobre cuerpo estaba ardiendo! La medicina me había provocado una reacción alérgica.

Se apresuró a cargarme para llevarme de nuevo a la ducha. En el camino, se tropezó, se cayó y se golpeó la cabeza con el inodoro. ¡Casi se desmaya! Estábamos exhaustos, sólo queríamos dormir, pero la noche de terror no había terminado. Como el aire acondicionado no servía, la habitación se había calentado demasiado. Yo ya no podía ni pensar bien: le dije a Bryan que me prestara una almohada.

"En el pasillo sí funciona el aire acondicionado, me voy a dormir ahí", le dije a mi confundido cuidador.

Bryan no tenía la fuerza necesaria para increparme, se quedó tirado en la cama y yo me acomodé justo afuera del cuarto. Dejé la puerta abierta para que pudiera escucharme si necesitaba ayuda. Nos quedamos dormidos como por una o dos horas hasta que un extraño pasó por encima de mí, se metió a la habitación y comenzó a reprender a Bryan en un inglés muy malo.

Siguió discutiendo durante varios minutos antes de que descubriéramos que, nuestro intruso, estaba furioso porque ¡creía que Bryan me había arrojado al pasillo para que durmiera en el piso! Nos fue un poco difícil convencer a este buen samaritano de que yo había elegido dormir en el corredor.

Cuando se fue el desconocido, me arrastré de vuelta a mi cama. Bryan volvió a la suya. Pero cuando por fin nos habíamos quedado dormidos, sonó el celular de Bryan. Cuando contestó, lo atacó a todo volumen el coordinador de nuestra gira. Quedó claro que el buen samaritano no se había ido convencido de lo que le dijimos. Reportó a seguridad del hotel que me habían dejado en el corredor toda la noche, y los de seguridad le armaron una bronca a nuestro coordinador, quien ahora amenazaba con desplumar y cocinar al pobre Bryan.

Ahora comprenderás por qué, por lo general, recluto a tres cuidadores que se van rotando turnos los siete días de la semana. Si bien Bryan y yo nos reímos de aquella noche de pesadilla en Transilvania, nos tomó varias noches dormir en habitaciones frescas y sin bichos, para reponernos.

Una de las primeras lecciones que tuve que aprender en la vida es que está bien pedir ayuda. Si tienes todas las partes de tu cuerpo o no, habrá momentos en que no vas a poder seguir adelante solo. Sí, la humildad es una destreza para tratar con otros y también es un regalo de Dios.

Tienes que ser humilde para solicitar la ayuda de otros, ya sea un cuidador, maestro, un modelo a seguir o un miembro de la familia. Cuando alguien tiene la suficiente humildad para pedir ayuda, la mayoría de la gente responde brindándose a sí misma y compartiendo su tiempo. Si actúas como si tuvieras todas las respuestas y no necesitaras a nadie, es más difícil que te ofrezcan apoyo.

Sin pantalones y sin discurso

Cuando era niño me enseñaron que todo el honor va para Dios. Ahora que soy un hombre, comprendo que todo lo bueno que he llegado a lograr, no lo he hecho yo, sino que ha sido hecho a través de mí. Al parecer, Dios cree que necesito una lección de humildad de vez en cuando para no perder mi habilidad de vinculación y compromiso con otros. Las lecciones son difíciles a veces, en otras ocasiones, son completamente hilarantes.

Todavía vivía en Australia en 2002, cuando mi primo Nathan Pojak me acompañó a Estados Unidos a hablar en un campamento religioso. La noche anterior a la plática, llegamos con un serio problema de cambio de horario debido a lo prolongado del vuelo. Habíamos dormido demasiado.

Se suponía que iba a levantarme temprano para dar una clase sobre la Biblia, pero nadie se atrevió a despertarme. Me levanté del coma tan sólo unos quince minutos antes de que comenzara la clase. Como nos habíamos quedado muy cerca, pensé que todavía nos daría tiempo de llegar, así que nos apresuramos para ir al campamento. Cuando llegué, me di cuenta de que tenía que ir al baño. Ahora bien, lo creas o no, eso es algo que sí puedo hacer yo solo. Nunca voy a revelar mis técnicas secretas, pero te puedo decir que sustituir los cierres con tiras de velcro es de gran ayuda. Nathan se ofreció a ayudarme porque teníamos mucha prisa, así que me cargó hasta el baño público y me preparó para hacer lo que tenía que hacer.

Cuando terminé, Nathan regresó para ayudarme a salir y, en el proceso, ¡terminó tirando mis shorts en el inodoro! Estábamos horrorizados, nos quedamos boquiabiertos viendo cómo desaparecían los shorts en un torbellino en cámara lenta. Ahí estaba yo, si pantalones y tarde para mi clase de la Biblia. Me quedé aterrado mirando a mi primo. Él lucía igual de espantado. Y en ese momento, los dos nos reímos como locos, ahí en el sanitario. Ni siquiera pudimos alcanzar a pescar los shorts porque la risa no nos lo permitió. Nuestra ineptitud nos hizo reír aún más. Nathan tiene una risa contagiosa y, cuando comienza, yo no puedo evitar seguirlo. Estoy seguro de que la gente que estaba afuera se preguntaba qué era aquello tan gracioso que sucedía en la cabina tres.

Mis primos y mis hermanos me ayudaron a aprender a reír cuando estoy en situaciones embarazosas o ridículas. Ciertamente, ésta era una ocasión que lo ameritaba. También me enseñaron a confiar en aquellas personas que están dispuestas a ayudarme y a solicitar apoyo cuando me siento abrumado. Yo te invito a que hagas lo mismo.

A través de los años he tenido excelentes cuidadores y me siento afortunado de seguir contando con su amistad a pesar de que ya se mudaron a Nueva York. Casi todos ellos comenzaron siendo mis amigos o gente que conocía en mis pláticas. Luego venían a trabajar para mí. Siempre hay un periodo inicial y por lo general es muy gracioso.

Las personas que han pasado algún tiempo conmigo dicen que muy pronto olvidan el hecho de que no tengo extremidades y, por consiguiente, mi discapacidad se vuelve irrelevante.

Eso me parece genial, excepto cuando se trata de mi cuidador. No podría enumerar la cantidad de veces que le he pedido a algún cuidador novato que me dé un vaso de agua y han tratado de entregarme un vaso. Siempre surge ese momento de pausa en que él tiene su brazo extendido, sosteniendo el vaso en el aire, en espera de que yo lo tome. Y de pronto, veo cómo se sonroja cuando se da cuenta: *¡Oh, Dios mío! ¡Acabo de tratar de entregarle un vaso de agua a un individuo que no tiene brazos! ¿En qué estaba pensando?*

"Descuida", les digo. "Ya estoy acostumbrado".

Lo más seguro es que tú no necesites a una persona entrenada que pase contigo las veinticuatro horas del día a tu lado, siete días a la semana. Pero todos necesitamos cuidados de algún tipo. Alguien que comparta sus ideas con nosotros, que siempre nos pueda brindar un consejo franco o que pueda motivarnos, enseñarnos o inspirarnos.

Se necesita mucha humildad y valor para admitir que no lo sabes todo o que podrías necesitar algo de ayuda. Anteriormente mencioné que cuando tienes un sentido del propósito y estás comprometido a alcanzar tus sueños, siempre te vas a topar con algunos detractores. Por fortuna, también aparecerán otras personas —y a veces saldrán de donde menos lo esperes— que te van a ayudar a recargar tu energía o te servirán de guía. Debes mantenerte siempre listo para recibirlos porque, vincularte con esas personas, podría cambiar tu existencia.

Hay tres tipos de guías que han tenido un efecto importante en mi vida: mentores, modelos a seguir y compañeros de viaje.

Los mentores son personas que han estado en los sitios a donde tú quieres llegar. Pero también te pueden apoyar y motivar, compartir tus sueños y desear genuinamente que alcances el éxito. Tus padres son mentores por naturaleza, pero, si corres con suerte, también encontrarás a otras personas dispuestas a adoptar ese papel en tu vida. Uno de mis primeros mentores fue el hermano de mi mamá, mi tío Sam Radojevic. Él todavía vive en Australia con su esposa e hijos maravillosos. Mi tío tiene corazón de empresario, inocencia de inventor y visión de explorador. Siempre está abierto a experiencias nuevas y cuando yo era pequeño, me motivó a emprender el vuelo. Me dijo que los únicos obstáculos reales eran los que nos fabricábamos. Su guía y su apoyo me dieron el valor de expandir mi visión.

He conocido a personas que durante toda su vida cargan con el peso del arrepentimiento, pero el tío Sam siempre ha sido distinto, él mira hacia delante. Con el espíritu de un niño enamorado de la vida, el tío Sam siempre se ha empeñado en alcanzar la siguiente oportunidad.

Él adora diseñar y construir motocicletas y bicicletas. Pero no lo hace para sí mismo. Ayudó al gobierno de Victoria a iniciar un programa en el que los presos reparan y restauran bicicletas viejas para niños con discapacidades y para adultos que no pueden pagar por una nueva. Gracias a este programa, miles de personas han obtenido bicicletas.

Asimismo, el tío Sam siempre me exhorta a seguir viendo hacia adelante; siempre ha creído en mí, incluso cuando ni siquiera yo podía hacerlo. Cuando tenía trece años, me decía: "Nick, algún día estrecharás la mano de presidentes, reyes y reinas". Hasta él creía que Dios tenía un plan para mí. ¡Fue un gran mentor!

Yo te invito a que busques tus propios mentores. Pero, recuerda, los verdaderos mentores no son como animadoras deportivas: cuando te salgas del camino, te lo dirán con franqueza. Debes estar dispuesto a escuchar tanto los halagos como las críticas, porque ellos tienen las mejores intenciones.

Mi primo Duncan Jurisic fue otro de mis mentores. Cuando era niño tenía mucho temor de molestar alguien para que me llevara al baño, pero él me ayudó con la siguiente frase: "Cuando tengas que ir, a alguien le tienes que decir". Duncan y mis otros primos por parte de los Vujicic siempre me brindaron su amor y su apoyo, pero, además de eso, Duncan y su madre, mi tía Danilka, me ayudaron a enfrentar mis temores cuando inicié mi carrera como orador. La familia de ellos dirigía el Grupo Hospitalidad Australiana en Melbourne y siempre me ofrecieron su valiosa y sabia asesoría.

Los modelos a seguir son aquellas personas que también han estado en los lugares a donde quieres llegar. Pero, por lo general no son tan cercanos como tus mentores. Los puedes observar de lejos, estudiar sus movimientos, leer sus libros y seguir sus carreras como un modelo a seguir para la tuya. Pueden ser personas que cuentan con mucho prestigio dentro del ámbito en el que te quieres desarrollar y cuyo éxito les ha valido el respeto y admiración de muchos. Uno de mis modelos a seguir, y a quien siempre he deseado conocer en persona, es el reverendo Billy Graham. El Reverendo Graham ha vivido bajo las palabras de Marcos 16: 15 (las cuales también me han servido de inspiración): "Ve al mundo y predica la palabra de Dios a todas las criaturas".

Entre los mentores y los modelos a seguir, debe haber un lugar para gente como Vic y Elsie Schlatter. He visitado a Vic y a Elsie por lo menos una vez al año durante toda mi vida. Siempre me inspiran a ser mejor cristiano, mejor persona. Viven en Australia pero han sembrado más de sesenta y cinco iglesias y misiones en remotos rincones del Pacífico Sur. Ellos son mi modelo a seguir en el trabajo de misiones; trabajan con discreción, sin publicidad y nunca pierden el piso. Sin embargo, han hecho una gran diferencia en la vida de mucha, mucha gente.

Cuando Elsie era adolescente tuvo una visión. Pudo ver a Jesús frente a ella, diciéndole, "ve". Elsie interpretó su visión y pensó que Dios quería que ella fuera a hacer trabajo misionero algún día. Después se casó con Vic; él trabajaba para General Electric en una planta nuclear pero ambos deseaban fundar una iglesia y comenzaron a planear su primera misión. Sería en Papúa, Nueva Guinea, un pequeño país tribal en el Pacífico Sur con muy poco acercamiento al cristianismo. A pesar de que este estado independiente era pequeño, la diversidad de su población de tres millones de personas era abrumadora. Ahí se hablan más de setecientos dialectos.

Vic y Elsie se enamoraron de esa parte del mundo y establecieron ahí su base para realizar trabajo de misiones en toda el área del Pacífico Sur. Además de escribir varios libros sobre su religión, Vic tradujo las escrituras a inglés *pidgin* y a otros dialectos para difundirlas entre las tribus indígenas a las que él y Elsie predicaban.

Por otra parte, identificar a un compañero de viaje me ha resultado un poco difícil. Eso se debe a que he seguido mi vida por un sendero poco convencional. Por lo general, los compañeros de viaje son personas como tú, colegas u otros individuos que tienen metas similares a las tuyas y que caminan por un sendero paralelo. Incluso podrían ser tus competidores, pero tendrían que ser competidores amistosos. Con ellos puedes intercambiar apoyo, sin embargo, para eso se requiere de una mentalidad de abundancia, no de carencia.

Cuando crees en la abundancia, sientes que Dios ha enviado suficientes bendiciones —suficiente plenitud, oportunidades, felicidad y amor— para todos. Te invito a que adoptes este punto de vista porque te abrirá las puertas hacia personas nuevas. Si sueles creer que el mundo es un lugar en donde los recursos se encarecen y las oportunidades son limitadas, entonces sentirás que esos compañeros de viaje son en realidad una amenaza, que tomarán lo que hay y no te dejarán nada. Competir puede ser una experiencia sana porque te motiva, además, siempre vas a encontrarte con gente que desea lo mismo que tú. Si tienes una mentalidad de abundancia, creerás que hay suficientes recompensas para todos, así que la competencia tendrá más que ver con esforzarse en dar lo mejor de ti y motivar a otros a hacer lo mismo.

Una mentalidad de abundancia te permite caminar en un sendero paralelo al de tus compañeros de viaje. Podrán compartir sentimientos de camaradería y apoyarse mutuamente. Eso lo pude aprender con mi amiga Joni Eareckson Tada. Ella ha viajado por un sendero muy similar al mío. Así como ya lo narré antes, Joni fue mi modelo a seguir durante mucho tiempo antes de conocerla en persona. Luego se convirtió en mi mentora y me ayudó a establecerme en Estados Unidos. Ahora es una compañera de viaje: siempre me ofrece sabios consejos y me escucha con atención.

Otra de las personas que también ha estado siempre dispuesta a ayudarme es Jackie Davison. Ella vivía muy cerca de mi casa cuando yo era un adolescente. Estaba casada y tenía hijos pequeños, sin embargo, siempre encontró el tiempo para escucharme cuando me desahogaba y platicaba con ella sobre lo malo y lo bueno que pasaba por mi mente. Ella era tan joven que yo la consideraba más como una amiga que como un adulto que me iba a juzgar. Le tengo un inmenso cariño a ella y a su familia, así que me convertí en un hermano mayor putativo, les ayudaba con la tarea o pasaba tiempo con ellos.

En 2002 atravesé algunos momentos difíciles en mi vida personal y mis estudios universitarios. Me sentía distraído y desorientado. Había terminado mi relación con una novia con la que ya llevaba mucho tiempo y me sentía muy susceptible. Busqué a Jackie y le pedí que me ayudara a entender lo que había sucedido. Vacié mi corazón mientras ella escuchaba con paciencia y sin interrumpir. De pronto me di cuenta de que estaba desahogando toda mi carga emocional y ella no me daba respuestas. Finalmente me detuve y le dije: "¿Qué debo hacer? ¡Dime!". Ella sólo sonrió, sus ojos brillaron y me dijo: "Alaba al Señor".

Confundido y frustrado, le dije: "Alabar al Señor, ¿por qué?"

"Sólo alaba al Señor, Nick".

Me quedé mirando al suelo mientras pensaba. ¿Eso es todo lo que me va a decir? ¡Esta mujer está mal!

De pronto comprendí que Jackie me estaba aconsejando que confiara en Dios y reiterándome que él no se había olvidado de mí. Me decía que debía depositar mi fe en la sabiduría de Dios, no en la del hombre. Me decía que debía rendirme ante Él y agradecerle a pesar de que sentía que no se lo merecía. Me decía que debía agradecer a Dios por anticipado las bendiciones que resultarían de este dolor. Jackie tiene una fe poderosa y cuando me siento confundido o lastimado, siempre me recuerda que debo rendirme ante Dios porque Él tiene un plan para todos.

GUÍAS EN LA VIDA

Estas relaciones que sirven como "guías en la vida" no siempre son sutiles. Tus "guías" te harán enfrentar la realidad y hasta podrían llegar a darte un jalón de orejas. Pero, descuida, les preocupas lo suficiente para hacerte reflexionar sobre lo que haces, a dónde vas, por qué estás en el juego y qué es lo que sigue. Necesitas que en tu vida haya gente así.

Cuando decidí convertirme en orador y motivar a otros a tener fe, compartí mi decisión con mi familia y mis amigos más cercanos. Algunos se preocuparon, empezando por mis padres. A lo largo de los años, la Iglesia Cristiana Apostólica a la que pertenezco ha enviado muchos misioneros al mundo. Esos misioneros han construido orfanatos y ayudado a mucha gente necesitada. Cuando les dije a mis padres que quería hablar sobre mi fe a gente de otras denominaciones en iglesias de todo el mundo, sintieron recelo, se preocuparon por mi salud y se preguntaron si eso era lo que Dios quería para mí.

Los escuché porque sabía que ellos deseaban que yo alcanzara el éxito: tú debes hacer lo mismo cuando tu *Dream Team* te ofrezca opiniones sobre los planes que tienes, en particular si deseas que la gente del equipo siga involucrada en tu éxito. Dales su lugar y analiza con cuidado sus consejos. No estás forzado a aceptarlos, pero debes respetar el hecho de que les importas lo suficiente como para decirte hasta las cosas que no te gustará escuchar.

Yo tuve que respetar las preocupaciones de mis padres, pero también sentía que Dios me había llamado para convertirme en un evangelista. Mi misión era ser obediente, paciente, y rezar para que, en algún momento, mis padres llegaran a comprender mis sentimientos. Por la gracia de Dios, mis padres y la iglesia aceptaron mi llamado. Los líderes eclesiásticos me apoyaron y me ordenaron como primer Ministro de Evangelismo de la iglesia.

No existe ninguna seguridad de que toda la gente que conozcas querrá ayudarte, incluso, algunos querrán desanimarte. Tal vez tengan las mejores intenciones y varias razones para preocuparse. En el caso de mis padres, sus miedos eran completamente razonables, sin embargo, yo continué orando para que su fe los ayudara a superar sus temores.

Los padres con hijos mayores se ven obligados a estar de acuerdo o en desacuerdo y continuar con su vida. Sucede lo mismo con los miembros de tu *Dream Team*. Al seguir tu propio camino, tal vez descubras que estabas en lo correcto, tal vez descubras que te equivocaste, pero nada de eso es relevante.

Me siento muy agradecido de que mis padres y yo podamos respetar nuestras opiniones y decisiones. Gracias a Dios, nuestra relación ha soportado las pruebas, las hemos superado para unirnos más que antes. Todo se debe al profundo amor y respeto que sentimos entre nosotros. Si no hubiésemos hablado con franqueza de nuestros sentimientos, tal vez el resultado habría sido negativo.

Yo asisto a mi iglesia con regularidad, la considero mi base. Ahí traté de convertirme en el mentor de los jóvenes, pero también comencé a expandirme. Hablé en otras iglesias y me conecté con gente más allá del área de costumbre. Me alegra decirte que muchos de los jóvenes han mejorado sus relaciones con Dios; yo me siento agradecido con Él por eso.

Mamá y papá rezaron por mí y también estuvieron a mi lado aquel día de 2008 en que me ordenaron oficialmente. Esa experiencia nos acercó mucho y nos llevó a otro nivel de amor y respeto mutuo. Mis padres sabían que yo estaba comprometido y dedicado a predicar la palabra de Dios. Nunca olvidaré lo que sentí al verlos rezar por mí frente a toda la congregación de la iglesia. Tengo que mencionar que mis padres son las personas que más me apoyan y que, respecto a las decisiones importantes que tomé en la vida, fueron muchas más las veces que estuvieron en lo correcto que las veces que se equivocaron.

Siempre debes proteger la amistad que tienes con otras personas, en particular si se trata de tus familiares más cercanos. Las recompensas son enormes.

Ahora, toma algún tiempo para evaluar tus destrezas en el trato con otros, la cualidad de tus relaciones y lo que inviertes en ellas. ¿Eres confiable?, ¿confías en quienes te rodean?, ¿puedes atraer hacia ti a gente que esté dispuesta a participar de tu éxito?, ¿les das su lugar?, ¿brindas tanto como tomas de la relación?

Cada vez que río y disfruto con mi familia, me doy cuenta de que, en realidad, es para esos momentos que vivimos. Tengo la esperanza de que, algún día, podré convencerlos de que las playas de San Diego son mejores que las australianas, aunque sea tan sólo para tenerlos siempre cerca. Trata de mantener a la gente que amas lo más cerca de ti que sea posible, por la mayor cantidad de tiempo que puedas.

La cualidad de tus relaciones tiene una repercusión inmensa en tu vida, por consiguiente, debes valorarlas muchísimo. No des por hecho que contarás con ellas para siempre. La Biblia dice: "Dos son mejor que uno porque recibirán una recompensa mayor por su trabajo: si uno de ellos cae, su amigo le puede ayudar a levantarse. Pero, ¡pobre del hombre que cae y no tiene a nadie que lo ayude a ponerse de pie!"

DIEZ

BUSCADOR DE OPORTUNIDADES IGUALES

Joshua y Rebekah Weigel son dos cineastas premiados que viven en Los Ángeles y se dedican a hacer películas que motivan y entretienen. No los conocía en persona, pero después de ver uno de mis videos, se sintieron inspirados a escribir un guión ficticio pensando en mí como protagonista. Mientras escribían el guión, los Weigel trataron de contactarme a través de varios medios, pero como andaba por ahí en una gira de presentaciones, no pudieron localizarme. Luego, un domingo, en una visita que hicieron a una iglesia en Westlake Village, se encontraron a un viejo amigo suyo. Su nombre era Kyle.

"¿A qué te dedicas ahora, Kyle?"

"Trabajo como cuidador de un joven llamado Nick Vujicic", les dijo.

Por supuesto, Joshua y Rebekah quedaron anonadados.

¿No es sorprendente? ¿Cada cuándo sucede que dos dedicados cineastas escriben un guión para alguien que no conocen, luego lo buscan y le ofrecen hacer una película? Es fantástico, ¿no crees? ¡Es un sueño hecho realidad!

¿Alguna vez has perdido alguna oportunidad porque no estabas preparado para mostrar tu trabajo? ¿Alguna vez has visto con desesperación que alguien más entra por la puerta que no notaste que estaba abierta? ¡Aprende de esas experiencias y ajústate el cinturón, amigo! Alguna vez Walter Chrysler, el fundador de la compañía de automóviles que lleva su nombre, dijo que mucha gente nunca llega a ningún lugar en la vida porque, cuando la oportunidad toca a su puerta, ellos están en el jardín buscando un trébol de cuatro hojas. A veces veo a la gente que compra boletos de la lotería en lugar de invertir en su futuro. La forma en que tú puedes invertir en tu futuro es trabajando mucho, enfocándote en tus objetivos y buscando el momento idóneo para dar el gran salto.

Si piensas que nunca tendrás una oportunidad, tal vez es porque no has cargado tu escopeta y no estás listo para disparar. Eres el único responsable de preparar todo para tu bienestar. Cuando llegas al lugar correcto, las oportunidades comenzarán a surgir, pero, si eres un resentido o ya organizaste una de esas fiestas para que todos sientan compasión por ti, olvídalo, nadie te va a sacar a bailar. Debes creer en ti mismo (¿acaso ya lo mencioné?). Debes creer en las posibilidades que habrá para tu vida, en el valor que tienes sobre este planeta. Si sientes que no deberías tener alas, entonces nunca podrás despegar.

Sal a sudar, ensúciate las manos, ponte a estudiar. Thomas Edison dijo que a veces uno pierde las oportunidades porque las ve vestidas con un overol y se da cuenta que costará trabajo aprovecharlas. ¿Tú estás listo para hacer todo lo que sea necesario?

Tengo que confesar que cuando los Weigel me contactaron la primera vez, yo no estaba poniendo mucha atención. El pobre Kyle estaba muy emocionado por lo que pasaría, trató de decirme sobre sus amigos, los cineastas, y sobre el proyecto que habían preparado para mí. "Tengo unos amigos que tienen la idea de hacer una película sobre ti..." y eso fue todo lo que me pudo decir cuando lo interrumpí.

"Kyle, en este momento estoy muy ocupado para hablar con tus amigos", le dije con un poco de mal humor.

Había viajado mucho y me sentía bastante cansado e irritado. Fue una coincidencia, pero algún tiempo atrás, otra persona con una propuesta para hacer una película había logrado exasperarme. Después de que me describieron la historia brevemente (¡era un largometraje!), me quedé emocionado durante meses. Luego me enviaron el guión y resultó que los productores querían que yo personificara a un tipo que masticaba tabaco y decía groserías y que pasaba la mayor parte de la película metido en un costal de patatas que alguien más arrastra o carga por ahí.

Ése no era el papel con el que quería comenzar mi carrera de cine, o terminarla. Les dije que no porque no todas las oportunidades deben tomarse. Tienes que mantenerte fiel a tus valores e incorporarlos a tus objetivos a largo plazo. ¿Cuál será tu legado?, ¿cómo quieres que te recuerden? Yo no quería que mis nietos descubrieran algún día un DVD de una película en la que el abuelo Nick dice majaderías, babea jugo de tabaco por la barbilla y vive como un degenerado. Por consiguiente, tuve que decir gracias y rechazar esa primera oferta.

Me encantaba la idea de hacer una película pero no estaba dispuesto a olvidar mis valores a cambio. Tal vez tú te tengas que enfrentar algo similar, así que debes mantenerte fuerte y apegarte a tus principios. Sólo ten cuidado de no cometer el mismo error que yo, porque, cuando cerré aquella primera puerta, también cerré mi mente.

Es por eso que, cuando el pobre Kyle me platicó entusiasmado el proyecto de los Weigel, me cerré sin siquiera pensarlo. No pude ver el futuro porque estaba mirando a través del retrovisor: error monumental.

Por suerte, los Weigel eran muy perseverantes, le pidieron a otro amigo que los pusiera en contacto con mi director de medios. Él leyó el guión y le encantó; me lo mostró. Al leerlo comprendí que Kyle merecía una disculpa porque el guión de los Weigel era sobre esperanza y redención, dos temas muy cercanos a mi corazón.

¿Y quién mejor para actuar en un corto que yo? En particular porque el personaje que habían creado para mí era "Will, el hombre sin extremidades". Al inicio de la película es un "fenómeno" deprimido y enfadado que hace un acto en un circo de tercera. Luego, gracias a la bondad de otras personas, Will se puede unir al grupo de un circo mucho más benevolente. Ahí se convierte en la estrella de un acto de clavados de altura.

Comprendí que lo mejor sería empezar a mover mi "trasero" y ponerme en acción. Le agradecí a Kyle y le pedí que organizara una reunión con los Weigel. De inmediato comenzaron a suceder cosas importantes. Nos conocimos, nos vinculamos y firmé sobre la línea punteada. Mi entusiasmo aumentó cuando me enteré de que varios actores con bastante más experiencia se habían unido al proyecto.

Era una película de bajo presupuesto que se haría con bastante rapidez, así que sólo tuve que tomar una semana de mi calendario para realizar mis escenas. Tendrás que revisar las reseñas para decidir si tengo futuro en el mundo de los espectáculos, pero te puedo decir que *The Butterfly Circus* ganó el gran premio de 100 000 dólares del Doopost Film Project, un proyecto que apoya a realizadores que producen películas prometedoras. A nuestra pequeña película la seleccionaron de entre otros cien cortos con temáticas similares (la puedes encontrar en www.thedoorpost.com. El premio de Doorpost atrajo bastante la atención y, ahora, los Weigel están considerando convertirla en un largometraje.

Tal vez podría colarme a ese proyecto también porque, después de todo, no hay muchos actores que puedan hacer el papel de un hombre sin miembros que practica clavados, nada y puede lograr un ¡acento australiano perfecto!

Para alcanzar tus sueños debes ponerte en acción, moverte o morir, actuar o ser manipulado. Si no tienes lo que deseas, tienes que comenzar a considerar crearlo tú mismo. Dios te mostrará el sendero. La gran oportunidad de tu vida, la puerta de tus sueños, está abierta. El camino que lleva a tu propósito se presentará en cualquier momento, debes estar preparado. Haz todo lo que sea necesario, aprende todo lo que haga falta. Si nadie toca a tu puerta, entonces tú deberás patear algunas. Algún día darás el primer paso hacia la vida que deseas.

Tienes que estar dispuesto a salir, a recibir al momento. Al principio de mi carrera, antes de que comenzaran los dolores de espalda, después de cada discurso me ofrecía a abrazar a cualquier persona que así lo deseara. Me sentía agradecido y lleno de sorpresa cada vez que muchas personas se formaban para intercambiar algunas palabras y un apretón. Descubrí que todas las personas que conocí en aquellas sesiones tenían algo único, un regalo que me brindaban y yo podía tomar. Tú tienes que sentirte de esa forma respecto a las oportunidades, incluso aquellas que al principio no parecen de oro pero que comienzan a brillar en cuanto las tomas.

Genera tus propios logros

Incluso después de que hayas logrado forjar un propósito poderoso y desarrollado reservas enormes de esperanza, fe, autoestima, actitudes positivas, valor, resistencia, adaptabilidad y buenas relaciones, tendrás que moverte. No puedes quedarte sentado y esperar a que lleguen las oportunidades. Tienes que asirte a cada hilo y tejer una soga con la que puedas escalar. A veces descubrirás que la piedra que cayó y bloqueó tu camino ha dejado una vía que te llevará a lugares más altos. Pero debes tener el valor y la determinación para subir hasta allá.

Una de las frases que usamos en Life Without Limbs es: "Otro día, otra oportunidad". Pero no sólo la usamos en un letrero en la pared, tratamos de vivirla todos los días. La doctora Cara Barker, psicóloga y entrenadora de liderazgo, partió de la frase cuando, en el *blog* llamado Huffington Post, escribió: "Nick Vujicic demuestra que es posible despertar al corazón y brindar inspiración a otros por medio de una situación que prácticamente todos los demás considerarían extenuante. Vujicic es un héroe que ha encontrado oportunidad ahí en donde la mayoría se sentiría acorralado".

Me siento halagado por sus palabras. Cuando era chico era bastante difícil para mí imaginar que alguien llegara a llamarme héroe o inspiración. Comprendí que enojarme por lo que no tenía o frustrarme por no ser capaz de hacer algo, sólo alejaba a la gente de mí. Luego descubrí las oportunidades que existen para ayudar a otros y así logré que se acercaran a mí. He aprendido que no debo esperar sino presionar y generar mis propios logros porque, casi siempre, parece que cada uno de ellos te conduce al siguiente. Cada vez que doy una plática, voy a un evento o visito un nuevo lugar del mundo, puedo conocer gente, familiarizarme con nuevas organizaciones y reunir información que puede abrirme oportunidades más adelante en el camino.

BENDICIONES DISFRAZADAS

La doctora Barker ha observado con precisión que en cuanto cambié mi visión y dejé de pensar en mis problemas físicos para enfocarme en las bendiciones que venían con ellos, mi vida mejoró dramáticamente. Tú puedes hacer lo mismo porque si yo he logrado reconocer que el cuerpo que Dios me dio es un regalo, en varias y maravillosas formas, entonces tú también puedes reconocer que tal vez tus bendiciones fueron disfrazadas. También podrías pensar que dentro de ti vive un aspecto tuyo al que consideras una de tus grandes debilidades.

Todo depende de la perspectiva. Te tocarán algunos golpes porque no hay forma de esconderse de la vida. Pero, a menos de que el daño sea tan fuerte que te deje en coma, siempre tendrás oportunidad de sentirte frustrado, enfadado y triste: *Yo ya pasé por ahí.* Sin embargo, te exhorto a que rechaces la desesperación y la amargura. Si una enorme ola te embate, tienes dos opciones: puedes quedarte sepultado bajo su peso o usarla para surfear hasta la playa. De la misma forma, los sucesos que te desafían pueden empujarte hacia arriba o hacia abajo. Si aún puedes respirar, entonces debes estar agradecido. Utiliza esa gratitud para elevarte por encima de la depresión y la amargura. Da un paso, luego otro, produce inercia y crea una vida que te enamore.

Mi discapacidad física me forzó a ser temerario y a hablar con adultos y niños para interactuar. Tuve que enfocarme en habilidades como las matemáticas para siempre tener una profesión de emergencia en caso de que mi carrera de orador no funcionara. A veces también he llegado a pensar que algunas de las desgarradoras situaciones que he tenido que soportar por mi discapacidad, también me han beneficiado porque me han convertido en una persona más compasiva con los demás. Asimismo, las derrotas que he sufrido me han hecho valorar los éxitos mucho más y compenetrarme con otras personas que también han luchado y fallado.

TOMAR MEDIDAS

No todas las oportunidades son iguales. Al principio de este capítulo escribí sobre la oportunidad en cine que tuve que rechazar y la siguiente, que recibí con gozo.

Ahora, si ves *The Butterfly Circus*, podrás notar que al principio de la película, el personaje de Will, que yo interpreto, no es precisamente un individuo inspirador. De hecho, es un poco repulsivo debido a la amargura y la desesperación que alberga en su corazón. No obstante, acepté el papel de Will porque, más adelante, sufre una transformación y se sobrepone a la miseria y al resentimiento. Como una de esas orugas peludas que se transforman y se convierten en mariposas, Will va dejando caer lentamente sus sospechas y desconfianza, y se transforma en una persona amorosa, redimida e inspiradora.

Así es como quiero que me recuerden en este planeta, ¿tú cómo quieres que te recuerden? En los capítulos anteriores analizamos la importancia de tener un propósito. Cuando las ofertas y las oportunidades llegan a ti, o cuando tú mismo las generas, siempre debes preguntarte: *¿Esto complementa mi propósito y mis valores?*

¿Qué es lo que hace que una oportunidad sea grande? Pues cualquier elemento que te acerque más a tu sueño. Claro que hay otros tipos. Tal vez tus amigos te invitaron a salir y te emborrachaste anoche, o tal vez te quedaste jugando videojuegos en lugar de prepararte para una reunión de trabajo o de leer para afinar tus habilidades. Las elecciones que haces son lo que determina la calidad de tu vida.

Sé sensible, desarrolla estándares altos y criterios estrictos para evaluar la forma en que inviertes tu tiempo y energía. No bases tus elecciones en lo que se siente bien en ese momento, sino en lo que te sirve para alcanzar tus propósitos. Mídelas de acuerdo con tus valores y principios. Yo siempre uso la regla del abuelo Nick: *¿Van a estar mis nietos orgullosos de esta decisión o pensarán que su abuelito se hizo senil estando aún muy joven?*

Si necesitas desarrollar un proceso formal y disciplinado para evaluar las oportunidades, entonces siéntate a la computadora o toma papel y lápiz y crea la "hoja de evaluación". Por cada oportunidad que se te presente, debes escribir las ventajas y desventajas, y decidir cómo es que cada una complementa tus valores, principios y objetivos de tu vida. Después, trata de visualizar lo que sucederá si atraviesas esa puerta y lo que sucederá si decides cerrarla.

Si aún así tienes problemas para tomar una decisión, entonces toma tu "hoja de evaluación" y preséntasela a un mentor en quien confíes o a un amigo que crea en ti. Platica con él/ella sobre los pros y los contras y escucha lo que tiene que decirte. Mantén la mente abierta pero también recuerda que tienes toda la responsabilidad. Es tu vida, así que cosecharás los frutos de tus propias decisiones: escoge con sabiduría.

¿Estás listo?

Otro aspecto que debes considerar cuando hagas estas evaluaciones es el del tiempo. A veces, en especial cuando eres joven, se te presentan ofertas muy tentadoras. Pero lo más probable es que no sea el momento adecuado. Por supuesto que no puedes aceptar un empleo para el que no estás calificado o que no podrás dominar. De la misma forma que no debes abalanzarte sobre unas vacaciones de lujo que no puedes pagar. El costo es demasiado alto y el proceso de recuperación puede llegar a ser muy largo.

Uno de los errores más grandes que cometí cuando comenzaba mi carrera como orador fue aceptar una invitación para hablar ante un público muy numeroso. Yo en realidad todavía no estaba preparado para eso. No es que no tuviese anécdotas que contar, sino que mi material no estaba organizado y tampoco había perfeccionado la presentación. El resultado fue que no pude reunir suficiente confianza en mí para sacar adelante la plática.

En esa presentación balbuceé y tartamudeé; la gente fue muy gentil conmigo pero yo sabía que no lo había hecho bien. No obstante, pude aprender de esa experiencia, me recuperé y comprendí que sólo debía participar en tareas para las que estuviese bien preparado. Claro, eso no quiere decir que no debas dar el salto si alguien te ofrece una actividad que te ayudará a estirarte y crecer. En ocasiones estamos mejor preparados de lo que creemos y Dios nos da un codazo para invitarnos a ponernos de pie y dar un enorme paso hacia nuestros sueños. El popular programa de televisión, *American Idol*, está diseñado bajo ese concepto. Es común que en cada episodio, muchos de los jóvenes participantes se derrumben por la presión o descubran que de plano no están listos para el estrellato. Pero de vez en cuando, surge un talento en bruto que florece gracias a la intensidad de la presión. Sólo algunos cuantos, entre ellos Carrie Underwood, Jennifer Hudson, Chris Daugherty y Kelly Clarkson, han logrado hacer despegar carreras maravillosas. Todos ellos se esforzaron un poco más, crecieron y siguieron elevándose.

Es necesario que ponderes tus opciones y consideres con mucho cuidado cuáles son las piedras en las que puedes apoyarte para saltar y acercarte más a tus objetivos. Seguramente se te presentarán oportunidades que te servirán para cumplir objetivos a corto plazo —como en el caso de la primera oferta que recibí para trabajar en cine—, pero que no complementan tus objetivos a largo plazo. Las decisiones que tomes hoy te perseguirán hasta el futuro.

Es muy común que la gente joven inicie relaciones amorosas sin tomar en cuenta si la persona que han seleccionado es idónea para un proyecto a largo plazo. Asimismo, con frecuencia nos recuerdan que debemos ser muy cautelosos en el uso de internet y proteger aspectos como el financiero, nuestra reputación o vida privada. También debes asumir que todo lo que hagas —cada fotografía o video en que aparezcas, cada correo electrónico que envíes, cada *blog*, cada comentario que aparezca en tu página Web— aparecerá en los sistemas de búsqueda en algún momento y que tal vez permanecerán en la Tierra mucho más tiempo que tú.

Tienes que pensar con mucho cuidado que las cosas que escribes en línea podrían regresar en algún momento para fastidiarte. Sucede lo mismo en la vida, es necesario que tengamos esto en mente cuando se presenten las oportunidades. Cada una tendrá consecuencias a largo plazo, y esas consecuencias te pueden beneficiar o importunar más adelante. Tal vez los beneficios a corto plazo suenan fabulosos, pero, ¿cuáles serán las repercusiones en el futuro?

Da un paso hacia atrás e intenta ver el panorama completo. Recuerda que, a pesar de que con mucha frecuencia eres puesto a prueba, la vida en sí misma no es un examen. Es la vida real y las decisiones que tomas cada día tendrán un efecto importante en toda tu vida. Evalúa con cuidado, luego consulta a tu instinto y a tu corazón. Si tu instinto te dice que es una mala idea, hazle caso. Y si tu corazón te invita a no dejar pasar una oportunidad —y si la sensación está alineada con tus valores y tus objetivos a largo plazo—, ¡entonces da el gran salto! Hasta este día todavía se me presentan ofertas que me ponen la piel chinita y sobre las cuales me dan ganas de saltar de inmediato. Pero sé que debo respirar profundamente y orar para recibir la sabiduría que me permitirá tomar la decisión indicada.

El lugar correcto

Si sientes que te has preparado lo mejor posible pero ninguna puerta se ha abierto, entonces tal vez sea necesario que cambies el lugar en donde están tú y tus talentos. Si tu objetivo es convertirte en un campeón de surfismo a escala internacional, lo más probable es que Alaska no te ofrezca las olas necesarias, ¿verdad? A veces es necesario hacer un movimiento para alcanzar una oportunidad. Hace varios años comprendí que, si deseaba presentarme ante públicos de todo el mundo en mi carrera como orador, tenía que abandonar Australia e ir a Estados Unidos. Yo amo Australia y la mayor parte de mi familia continúa viviendo ahí. Pero el lugar era demasiado remoto y no me serviría como trampolín. Además, no me ofrecía las opciones ni la proyección que sí he podido encontrar en Estados Unidos.

Pero, incluso ya estando en Estados Unidos tuve que continuar esforzándome para generar oportunidades. Uno de los mejores movimientos que realicé fue establecer una relación de trabajo con otras personas interesadas en ser oradores e inspirar a otros. Los estudios han demostrado que la mayor parte de la gente se entera sobre oportunidades de empleo a través de sus redes profesionales, de amigos o colegas. Así como sucede con casi todos los otros tipos de oportunidades, te enteras de ellas mucho antes de que la noticia se difunda más allá de tu ámbito. Si buscas amor, un empleo, una inversión, un sitio en dónde participar como voluntario o un escenario para compartir tus talentos, tú mismo puedes generar las oportunidades si te unes a grupos profesionales, clubes locales, la cámara de comercio, una iglesia o a organizaciones de caridad y servicios.

Internet está hecho a la medida para ayudarte a establecer conexiones. Las nuevas redes sociales como Twitter, Facebook, LinkedIn y Plaxo son ideales para ese propósito. Entre más amplio sea tu círculo, mayores serán las oportunidades de encontrar una puerta abierta hacia tu sueño.

Y no sólo te limites a individuos, organizaciones o sitios en la red que estén vinculados al ámbito de tu interés. Todo mundo conoce a alguien que conoce a alguien más. Así que busca a personas que estén tan comprometidas y apasionadas con un sueño como tú lo estás. No importa si el sueño de esas personas es completamente distinto al tuyo. A mí me agrada la gente con pasión porque atraen a las oportunidades como si fueran un imán.

Por otro lado, si pasas el tiempo con una bola de gente que no comparte tus sueños, tus compromisos o no está interesada en mejorar tu vida, entonces te recomiendo que te busques un nuevo grupo de amigos. Es muy raro que la gente que anda en bares, clubes nocturnos o en ferias de videojuegos prospere en la vida.

Si no te es fácil atraer el tipo de opciones a las que aspiras, tal vez también necesitas dar un paso más arriba a través de la educación continua. Si no te admiten en la universidad, trata de salir adelante asistiendo a alguna institución comunitaria o a una escuela técnica. Hay más becas y programas de ayuda financiera de los que te puedas imaginar, no permitas que los precios te limiten. Si ya cuentas con una licenciatura, tal vez puedas estudiar un programa de maestría o doctorado, o unirte a alguna organización de profesionistas, comunidades en línea o foros de internet y *chat rooms* para gente que se desempeña en el mismo campo que tú. Si las oportunidades siguen sin aparecer, entonces necesitas ir hasta el lugar en donde te puedan encontrar a ti o tú a ellas.

TIEMPO DE OPORTUNIDADES

Albert Einstein dijo que en medio de cada dificultad hay oculta una oportunidad. La recesión que acaba de pasar dejó a millones de personas sin trabajo, muchas otras también perdieron sus casas y ahorros. ¿Qué es lo bueno que se puede sacar de estas situaciones tan difíciles?

Hay varias corporaciones de gran importancia que comenzaron operaciones en medio de recesiones y depresiones. Entre ellas se encuentran Hewlett Packard, Wrigley, UPS, Microsoft, Symantec, Toys "R" Us, Zippo y Domino's Pizza. Los fundadores de estas compañías estaban buscando nuevas maneras de servir mejor a los clientes porque los modelos anteriores habían fracasado cuando se presentaron los reveses. Estos empresarios aprovecharon el momento para generar su propia visión de hacer negocios.

La recesión de 2006-2009 tuvo, sin lugar a dudas, una consecuencia que lastimó a muchas, muchas familias y negocios, y que aún prevalece. La respuesta de mucha de la gente que fue despedida de las empresas y de los empleados que llevaban largo tiempo trabajando por nómina, fue abrir negocios propios. Esta gente volvió a la escuela para estudiar y obtener nuevos títulos o se dedicó a lo que verdaderamente deseaba en la vida: abrir una panadería, un servicio de jardinería, formar una banda musical o escribir un libro.

Entre esas personas que fueron despedidas en la recesión, había miles y miles de periodistas. La situación económica golpeó a la industria de los medios con mucha fuerza porque la recesión llegó justo cuando los periódicos de todo el mundo estaban a punto de perder su lucrativo negocio de publicidad debido a los servicios que ya se habían comenzado a ofrecer por internet. Resulta muy interesante ver cómo han reaccionado los periodistas, conocidos por su creatividad y capacidad para obtener recursos. Algunos de los que conozco iniciaron nuevas carreras en relaciones públicas, organizaciones sin fines de lucro, *blogs* y medios a través de internet. Uno de mis favoritos es un editor que dejó un periodiquito de California que estaba a punto de desaparecer para convertirse en el vicepresidente de una compañía de manejo de crisis económicas que se encuentra en pleno auge y ofrece "productos de comunicación de bancarrota" para otros negocios que se encuentran en problemas. Ésa es la filosofía de tomar limones y preparar limonada, se trata de que cambies tu enfoque y, en lugar de quejarte del problema, te empeñes en buscar soluciones. Tienes que ser flexible, decidido y estar listo para darle el giro a cualquier situación negativa que se pueda presentar, y convertirla en algo positivo. Una de las grandes cadenas de minoristas de Estados Unidos le enseña a sus empleados a considerar que las quejas de los clientes son invitaciones a construir mejores relaciones con ellos.

Se trata de replantear la situación. Cada vez que mi planeación sufre un revés, trato de replantear todo, decirme que: "Dios no desperdicia su tiempo y, por consiguiente, tampoco va a desperdiciar el mío". En otras palabras, todo sucede por alguna razón. Yo estoy convencido de esto y creo que tú también deberías estarlo. Cuando aceptas esa filosofía, prepárate, porque he visto los resultados una y otra vez.

Programado por Dios

Hace algunos años viajé por todo el país con mi cuidador. Nuestro vuelo se retrasó en un aeropuerto (lo cual no es sorprendente) y cuando por fin subimos al avión y nos alejamos de la puerta de abordaje, miré por la ventana y vi que salía humo del motor.

Un carro de bomberos llegó enseguida; los bomberos saltaron y comenzaron a rociar el motor con espuma para apagar el fuego. A los pasajeros nos dijeron: *Debido a un pequeño fuego en el motor, vamos a realizar una evacuación de emergencia en el avión.*

Muy bien, pensé. Un fuego en el motor no suena bien, pero haber estado en tierra cuando el "pequeño fuego" comenzó, sí es una ventaja.

Cuando se anunció que nuestro vuelo estaría demorado por dos horas más, muchos de los otros viajeros comenzaron a quejarse con amargura y a toda voz. Yo me sentí algo irritado pero también estaba agradecido de que nos habíamos evitado la emergencia justo en pleno vuelo.

Traté de mantenerme ecuánime a pesar de que nuestro calendario ya estaba demasiado apretado. *Recuerda, Dios no desperdicia su tiempo*, me dije. Luego hicieron otro anuncio: acababan de preparar otro avión en otra plataforma para que nos transportara de inmediato. *¡Buenas noticias!*

Nos apresuramos a llegar a la nueva plataforma, abordamos el nuevo avión y nos preparamos para el vuelo. Me sentí aliviado hasta que noté que la mujer que estaba sentada a mi lado sollozaba en silencio.

"¿Le puedo ayudar en algo?", le pregunté.

Me contó que estaba viajando para ir a visitar a su hija de quince años, quien estaba en peligro de muerte porque había sido intervenida quirúrgicamente y algo había salido mal. Hice todo lo que pude para consolarla, hablamos durante casi todo el vuelo, incluso logré sacarle una ligera sonrisa cuando me dijo que sentía nervios de viajar en avión.

"Puede apretar mi mano si lo desea", le dije jugando.

Cuando llegamos a nuestro destino, la madre me agradeció por haberla consolado. Le dije que me sentía agradecido de haberme sentado junto a ella después de tantos retrasos y cambios de plataforma.

Ese día, Dios no desperdició mi tiempo, sabía muy bien lo que estaba haciendo. Dios me colocó junto a esa mujer para ayudarla con sus temores y su dolor. Cuanto más pienso en lo que sucedió ese día, más agradecido me siento de haber tenido la oportunidad de ofrecerle atención a aquella mujer.

Visión creativa

Una situación negativa —la muerte de un ser querido, el rompimiento de una relación, un revés económico o una enfermedad— te puede tirar si permites que el dolor y la desesperación se apoderen de ti. Para enfrentarte a esos desafíos debes mantenerte alerta para detectar aquello que te pueda animar justo cuando parece que la vida va en picada.

En el *set* de *The Butterfly Circus* conocí a la fotógrafa Glennis Siverson. Glennis vive en Orlando pero había ido a California para trabajar como fotógrafa porque varios directores, entre ellos los Weigel, la habían invitado. Glennis es una fotógrafa multipremiada y recibe encargos de revistas, corporaciones, periódicos y sitios Web. También hace retratos y fotografía de la naturaleza. Ella ama la fotografía, es su pasión.

Glennis trabajó durante más de veinte años para compañías grandes en el área de recursos humanos; perdió su "empleo seguro" en la recesión. Glennis aprovechó ese jalón de orejas y utilizó la inercia del momento para dedicarse a su sueño: se convirtió en fotógrafa de tiempo completo.

"¡Decidí que era ahora o nunca!", dijo.

¿Es una gran historia, verdad? Glennis es un ejemplo de la vida real de alguien que tomó una situación negativa en potencia y la utilizó como la oportunidad para crear una vida mejor.

¡Increíble! ¡Maravilloso!

Pero aún hay más. Verás, Glennis, la fotógrafa multipremiada, apenas si puede ver. Está legalmente ciega.

"Tuve mala vista desde que era pequeña", cuenta. "Me pusieron lentes a los cinco años pero mi visión siguió empeorando. Luego, como en 1995, me diagnosticaron una enfermedad de la córnea. Mi córnea nunca estuvo bien y comenzó a degenerarse. Llegó un momento en que no podía ver con el ojo izquierdo. Como mi visión era excesivamente mala, yo no era apta para la cirugía láser. Mi única opción era un transplante de córnea".

A Glennis la operaron en 2004. Su doctor le había dicho que la cirugía corregiría la visión de su ojo izquierdo a 20/40 sin tener que usar anteojos ni lentes de contacto. "Pero, todo lo que podía salir mal, salió mal, estuve a punto de perder el ojo", dijo. "La operación empeoró mi visión, y de paso, quedé con glaucoma. La visión de mi ojo izquierdo se deterioró aún más y después, como un problema ajeno a la intervención, tuve una hemorragia en la retina del ojo derecho. Terminé con un punto ciego en él".

Despedida del empleo que había tenido durante veinte años y con la ceguera provocada por una cirugía fallida y la hemorragia de la retina, Glennis tenía muchas razones para sentirse desesperada. Era de esperarse que se sintiera frustrada y llena de amargura.

Pero, en lugar de eso, Glennis se sintió agradecida de poder volar más alto y lejos. "No me considero una *discapacitada*. Creo que estoy perfectamente *capacitada* porque, el ser casi ciega me convirtió en una mejor fotógrafa", dice.

Glennis ya no puede distinguir detalles finos, pero, en lugar de sentirse limitada, agradece el hecho de que ya no tiene que obsesionarse con nimiedades.

"Antes de que perdiera la vista, si hacía un retrato, me enfocaba en cada mechón de cabello y cada ángulo del cuerpo de la persona. Mi trabajo era bastante acartonado porque le otorgaba la mayor importancia a la composición. Ahora, mi enfoque proviene más de la intuición. Lo siento, lo veo y disparo. Mi trabajo es más intuitivo y puedo interactuar mejor con la gente y mi entorno".

Glennis menciona que, a pesar de que ahora sus fotografías son más imperfectas, también son más artísticas y conmovedoras. "De hecho, una chica lloró cuando vio las imágenes que había tomado de ella porque sintió que la había capturado muy bien", cuenta Glennis. "Nunca había conmovido a nadie antes".

Desde que perdió casi toda la vista, Glennis ha ganado diez premios internacionales por sus retratos y su fotografía de paisajes. A una de sus fotografías la seleccionaron de entre dieciséis mil para formar parte de una exhibición que incluiría solamente ciento once obras. También han elegido sus fotografías para cuatro exhibiciones en el Centro de Fotografía Artística en Fort Collins, Colorado.

La ceguera de Glennis jamás le hubiera permitido continuar con el empleo que tenía en recursos humanos. Muchos grandes artistas como Monet y Beethoven se esforzaron a pesar de sus discapacidades y, de hecho, las usaron como oportunidades para explorar su arte desde perspectivas novedosas y frescas. Glennis se siente agradecida y, cuando la conocí, me dijo que ahora su versículo favorito de la Biblia es: "Vivimos por la fe, no por la vista".

"Literalmente, así es mi vida ahora. He tenido que realizar algunos ajustes, no hay duda. Y también me preocupa ser completamente ciega, ha sido muy, muy atemorizante porque no tengo un manual que me indique qué hacer".

Ahora ella se encuentra en un nuevo camino, pero en lugar de verlo como una interrupción en su vida, lo considera un regalo. "Antes de esto había sido una persona muy controladora. Ahora trato de vivir la vida día a día y disfrutar de cada momento", dice. "También trato de agradecer que tengo un techo, de que estoy viva y de que el sol brilla. Ya no me preocupo por el mañana porque nunca sé lo que pueda traer consigo".

Glennis es una dama estupenda que le da la bienvenida a la oportunidad. ¿No lo crees? Ella me inspira y espero hacer lo mismo por ti, ayudarte a encontrar la forma de acercarte a tus sueños, escogerlos con sabiduría y actuar cuando tu corazón te diga "ahora".

LAS REGLAS RIDÍCULAS

En una ocasión nos encontrábamos en medio de una gira de cinco ciudades de Indonesia, ahí hablaría treinta y cinco veces en nueve días y me sentía muerto de cansancio. A veces, durante esos monumentales esfuerzos de trabajo, entro en hiperactividad y no me puedo detener. Íbamos hacia Java y, justo cuando abordábamos el avión de Jakarta a Semarang, se apoderó de mí una corriente de energía.

Conmigo viajaban cinco personas, incluyendo a mi cuidador, Vaughan. Vaughan es un sujeto grande, fuerte y divertido. Las asistentes de vuelo se impresionaron bastante al verlo cuando abordamos el avión jugando y bromeando. Nos permitieron subir primero porque yo me tengo que bajar de la silla de ruedas y caminar por el corredor hasta mi asiento. Casi al llegar al fondo del pasillo en el avión, sentí la enorme necesidad de hacer una travesura en la que había pensado durante algún tiempo. Vaughan iba tras de mí, así que le dije: "¡Vaughan, rápido, antes de que suban los demás, levántame para ver si quepo en el compartimiento superior!"

Ya habíamos bromeado antes sobre hacer esto. De hecho, unos días antes le había pedido a Vaughan que me colocara dentro de la estructura de metal que hay en los aeropuertos para que puedas medir si tu equipaje cabe en los compartimientos superiores. Como cupe muy bien, comenzaron a llamarme "El chico equipaje de mano".

El compartimiento estaba bastante arriba y yo no estaba seguro de que alguien pudiera levantar mis treinta y tres kilos hasta ahí, pero para Vaughn no fue ningún problema. Me levantó y me colocó con gentileza sobre mi costado en el compartimiento: como si en lugar de ser un Vujicic, fuera un Vuitton.

"Bien, ahora cierra la puerta", le dije, "y vamos a esperar a que lleguen los otros pasajeros".

Vaughan colocó una almohada bajo mi cabeza y cerró la puerta, dejándome ahí colgado sobre los asientos. Las asistentes se dieron cuenta de que nos traíamos algo y se carcajearon. Todos nos reíamos como niños de primaria, por lo que no estaba yo seguro de que nos saldría bien la broma. Los demás pasajeros subieron por la rampa sin saber lo que estaba almacenado en el compartimiento.

Mis acompañantes y las asistentes de vuelo casi no pudieron contenerse cuando un anciano caminó por el pasillo y trató de meter su bolsa en mi compartimiento. Abrió la puerta y casi sale disparado por el techo del avión.

Asomé la cabeza. "¡Señor, creo que ni siquiera tocó usted!" Por suerte, era un individuo de naturaleza gentil y comenzó a reírse con nosotros. Luego, mientras todavía seguía allá arriba, tuve que posar para varios cientos de fotografías con él, con otros pasajeros y con las asistentes de vuelo. Por supuesto, Vaughan continuó amenazándome con que me dejaría ahí, y me advirtió que "algunos objetos pueden salir disparados en el vuelo".

En los primeros diez capítulos del libro te he ofrecido motivación y guía para encontrar tu propósito, para tener esperanza, creer en ti mismo, mantener una buena actitud, actuar con valentía, practicar la resistencia, dominar el cambio, formar relaciones que te otorguen poder y actuar cuando se presenten oportunidades que te acerquen más a tus sueños.

Pero ahora quiero que te pongas un poco loco, igual que yo.

Sé que es ridículo, claro. De hecho, eso es exactamente lo que quiero que practiques, ser ridículo. Yo soy el creador de la reglas ridículas, las que estipulan que toda persona que viva y respire en este planeta debe comprometerse a hacer algo ridículo por lo menos una vez al día. No importa si se trata de correr el riesgo de verse ridículo por tratar de alcanzar un sueño o sólo porque quiera tener un poco de diversión ridícula.

Mis reglas ridículas surgieron de una de mis citas predilectas: "La imperfección es belleza, la locura es genialidad, y es mejor ser absolutamente ridículo que absolutamente aburrido".

Esta intrigante frase se le atribuye a una persona que no es un modelo a seguir en particular, pero creo que la fallecida Marilyn Monroe se traía algo entre manos cuando la dijo. Por supuesto, estoy de acuerdo en que la imperfección es belleza, ¿cómo no habría de estarlo? Y tampoco se puede negar que la locura es genialidad —en el sentido de que, a cualquiera que se atreva a correr riesgos, algunos lo consideran demente y otros un genio. Y sí, es mejor ser absolutamente ridículo, gracioso, que absolutamente aburrido.

Tú puedes llegar a dominar varias de las lecciones que se ofrecen en este libro, pero, si no estás dispuesto a correr riesgos y si no te atreves a dejar que te llamen demente aquellos que dudan de tu genialidad, entonces tal vez nunca alcances tu sueño. Y, por favor, por tu bien y el del planeta, atrévete a ser travieso. No olvides reírte de ti mismo y de chocar los talones de vez en cuando para disfrutar del viaje.

Yo, al igual que mucha gente, me confieso culpable de tener un estilo de vida que implica horarios apretadísimos, demasiado trabajo y casi nada de diversión. Estaba decidido a convertirme en un evangelista exitoso y en un orador motivacional. Para afilar mis destrezas como orador, me fui de viaje y comencé a aceptar todas las invitaciones que me hacían para hablar. Después de ocho agotadores años de viajar y hablar sin parar, me hice más selectivo. Es porque necesito más balance.

Es muy fácil caer en la mentalidad de "algún día".

Algún día tendré todo el dinero que necesito para disfrutar de la vida.

Algún día podré pasar más tiempo con mi familia.

Algún día tendré tiempo para relajarme y hacer lo que amo.

Yo te invito a que, con las reglas ridículas, te aferres a tu libertad y ataques por dos frentes.

El número uno es el *riesgo ridículo*: debes estar dispuesto a soslayar a los que dudan y te dicen siempre que no, para alcanzar tus sueños. Algunos tal vez te han dicho que eres ridículo. Tu respuesta debe ser: *¡Pero claro que lo soy!* A algunas personas les podrá parecer que es ridículo que hagas lo que te apasiona, pero es gente que no comparte tu visión. No puedes dejar que su condescendencia te arrebate tu sueño, al contrario, ¡debes usarla para avanzar todo el camino hasta la cima!

El número dos es la *diversión ridícula*: tómate un tiempo para disfrutar de la vida y de la gente que amas. Ríe, ama y diviértete ridículamente para que otros puedan compartir el gozo. Si tú crees que la vida es un asunto serio, ¡imagínate la muerte! En esta vida llena de bendiciones puedes ser tan serio como desees, pero también date la oportunidad de jugar tanto como sea posible.

Hellen Keller perdió la vista y la audición en su niñez, pero se convirtió en una reconocida activista y escritora. Ella dijo que no existe una vida segura: "No existe en la naturaleza... La vida es una gran aventura o no es nada". Entonces, arriesgarse no es sólo parte de la vida, *es* la vida misma. Tu vida toma lugar entre el lugar donde está tu zona de comodidad y el lugar en donde está tu sueño. Es la zona de mayor ansiedad, pero también es en donde puedes descubrir quién eres. Karl Wallenda, el patriarca de la legendaria familia que se dedicaba a caminar por la cuerda floja a grandes alturas, pulió el término cuando dijo que "estar en la cuerda floja es vivir, todo lo demás es pura espera".

Todo practicante de salto libre, piloto de planeador y todo pájaro Kookaburra bebé sabe que la primera caminata hacia el borde es aterradora, pero que debe ir ahí si desea volar. Admítelo: cada día de tu vida podría ser el último, así que cada vez que sales de la cama es como si arrojaras los dados. No puedes ganar si no estás dispuesto a afrontar la derrota. Ni siquiera puedes ponerte de pie sin correr el riesgo de caer.

Desde que nací, mi vida ha sido como arrojar los dados. Tenían dudas sobre si sería capaz de cuidar de mí mismo. Mis padres tuvieron un problema doble porque su hijo sin extremidades también resultó ser un aventurero. Siempre me ponía en peligro porque no podía soportar quedarme sentado y ser el niño del rincón. Anduve en patineta, jugué soccer, nadé, surfeé. Arrojé mi pobre cuerpo por todos lados como si fuera un misil sin dirección. ¡Fue intenso y divertido!

En el verano de 2009 intenté algo que alguna vez me dijeron que era demasiado peligroso para mí: fui a bucear en el océano. Como te podrás imaginar, fue increíble. Fue como volar pero con aterrizajes más suaves. Ya había tratado de bucear tres años antes, pero el instructor sólo me había dejado patalear en la alberca con traje de buzo. Creo que le preocupaba más su seguro que mi seguridad: le atemorizaba tener que explicar que a este extraño tipo, Nick, se lo había llevado un tiburón que lo confundió con una tabla para aprender a nadar.

Pero en esta ocasión, mi instructor, Felipe, era un tipo más abierto. Es instructor en una isla cerca de Colombia, en Sudamérica. Los propietarios del precioso complejo turístico Punta Faro me habían invitado a hablar ahí. El complejo se encuentra en la pequeña isla Mucura, un parque nacional que se encuentra en las afueras de Cartagena. La única pregunta que hizo Felipe cuando me presenté a la lección de buceo fue: "¿Puedes nadar?"

Cuando demostré que era digno del mar, Felipe me dio un curso rápido de buceo turístico. Trabajamos en el lenguaje que tendría que usar si quería comunicarme con él debajo del agua: movería mis hombros o la cabeza en caso de necesitar su ayuda. Después me llevó a la playa para hacer una prueba. Ahí practicamos un poco y probamos el equipo y nuestras señales submarinas.

"Bien, creo que estás listo para el arrecife", me dijo.

Felipe me sujetó de la cintura y, utilizando sus aletas, nadó conmigo hasta el arrecife: lo rodeaba un maravilloso arcoíris de vida marina. Después me dejó ir y flotó sobre mí mientras yo exploraba el arrecife. Sólo tuvo que rescatarme en una ocasión, cuando una anguila de Moray de metro y medio salió de una ranura en el coral. Yo había leído que estas anguilas carnívoras tenían horribles dientes cubiertos de bacterias, así que hice la señal para que Felipe me llevara a una sección más amigable del arrecife. No quería convertirme en sushi de Nick.

Aquella experiencia me abrió los ojos a un fascinante mundo nuevo. Tal vez te estás preguntando si el ridículo riesgo habrá valido la pena. ¡Por supuesto que sí! Salir de tu área de comodidad te abre la posibilidad de crecer. Seguramente hay algunos movimientos temerarios que te gustaría experimentar, ¿no es así? Te invito a que lo hagas: prueba las aguas y lleva tu vida a otro nivel, incluso si eso significa sumergirse en el agua. ¡Nada con los delfines, planea con las águilas, escala una montaña, explora una cueva! ¡Sé tan ridículo, gracioso y tenaz como Nick!

Ahora bien, existe una diferencia entre un riesgo ridículo y un riesgo sencillamente estúpido. Los riesgos estúpidos son justo eso, son demasiado locos para considerarlos. Nunca debes tomar un riesgo en el que puedas perder más de lo que podrías ganar. *El riesgo ridículo se trata de arriesgarse a hacer algo que parece o suena mucho más loco de lo que en realidad es porque:*

- *Ya te has preparado para él.*
- *Ya redujiste el riesgo al mínimo.*
- *Tienes un plan alternativo si las cosas salen mal.*

TIPOS DE RIESGO

Cuando estudié planeación financiera y economía en la universidad, me enseñaron lo que es la disminución de riesgos. En el mundo de los negocios, al igual que en la vida, se asume que es imposible evitar el riesgo por completo, pero que tal vez puedes manejarlo o minimizarlo si mides la profundidad del charco de estiércol antes de hundirte en él (aquí no importa en qué tipo de estiércol te hundas).

Existen dos tipos de riesgos en la vida: el riesgo de actuar y el riesgo de no actuar. Esto significa que no importa cómo trates de evitarlo o de protegerte: siempre existe un riesgo. Digamos que estás interesado en salir con alguien. El mero hecho de llamar y pedirle que salga contigo, ya es una apuesta. Tal vez te rechacen, pero, ¿qué pasa si no lo intentas? Después de todo, es posible que esa maravillosa persona te diga que sí, que terminen amarrando el nudo y viviendo felices para siempre. Recuerda que, prácticamente, no tienes probabilidades de vivir "por siempre feliz" a menos de que te coloques en el lugar preciso. Vale la pena hacerlo, ¿no lo crees, amigo?

De vez en cuando saldrás perdiendo, te derrotarán. Pero la gloria yace en levantarse una y otra vez ¡hasta que triunfes!

Si quieres vivir tienes que tratar de estirarte y alcanzar tu sueño. Para vivir bien tienes que aprender a controlar las probabilidades. Esto se logra conociendo lo que hay arriba y lo que hay abajo antes de dar un paso. Es verdad que no puedes controlar todo lo que te sucede a ti o lo que pasa a tu alrededor, y por eso, debes enfocarte en lo que sí puedes controlar: evalúa todas las posibilidades y después toma una decisión.

A veces tu corazón y tu instinto te dirán que debes tomar una oportunidad cuando las probabilidades de tener éxito no se ven muy bien en el papel. Tal vez fracases, tal vez ganes. Pero si lo intentas, dudo mucho que te arrepientas. Yo me considero empresario, orador y evangelista. A través de los años he tenido varias aventuras empresariales y de bienes raíces. He leído muchos libros sobre la actividad empresarial y en ellos siempre aparece una sección que habla de riesgos. A pesar de que los empresarios tienen la fama de "correr riesgos", los más exitosos por lo general no lo hacen. En realidad se enfocan en controlar y minimizar los riesgos para después seguir adelante. Estos empresarios se involucran a pesar de que saben que, en algunos casos, el camino no es totalmente seguro.

Para ayudarte a lidiar con los riesgos que enfrentarás en la vida, he reunido una lista con las reglas ridículas de Nick para manejo de riesgos. Léelas bajo tu propio... bueno, ya sabes a lo que me refiero.

1. Prueba las aguas

Existe un antiguo proverbio africano que dice que nadie prueba cuán profunda es el agua del río con ambos pies. Si estás pensando en tener una nueva relación, mudarte a una nueva ciudad, aceptar un empleo nuevo o incluso cambiar el color de la sala, realiza una prueba antes de llevar a cambio el gran cambio. No te apresures a involucrarte si no tienes una buena sensación de en qué te estás metiendo.

2. Involúcrate en lo que conoces

Esto no significa que nunca debas probar nuevas experiencias o gente, sólo quiere decir que, si haces la tarea, es posible disminuir las probabilidades de fallar. La confianza de que debes hacer el movimiento llegará una vez que conozcas el asunto desde todos los ángulos. Incluso si no conoces el negocio para nada, es bueno empezar sabiendo qué es lo que desconoces, a veces, con eso es suficiente para empezar.

3. Estudia el momento

En ocasiones, la mejor forma de aumentar tus probabilidades de éxito es esperar el momento idóneo para actuar. No es muy buena idea comenzar un negocio de helados justo en la temporada más baja del invierno, ¿verdad? La primera oferta que me hicieron para trabajar en cine, no estaba hecha para mí. Pero el papel perfecto llegó unos meses después, justamente en el momento correcto. A veces la paciencia te dará recompensas. No tengas miedo de pensar un poco las cosas. Antes de ir a dormir escribe la propuesta, y luego, vuélvela a leer en la mañana cuando despiertes. Te sorprenderás de la diferencia que hace pensar en las disyuntivas durante la noche. Lo he hecho en varias ocasiones. Siempre considera el momento en que te encuentras y pregúntate si es el mejor para realizar un cambio, justo antes de saltar a la nueva oportunidad.

4. Obtén una segunda opinión

A veces tomamos oportunidades más grandes de lo que podemos manejar. Eso lo hacemos porque nos embarga la creencia de que es algo que debemos hacer en ese momento. Si de pronto te descubres adentrándote en un territorio difícil, da un par de pasos hacia atrás, llama a un amigo o a un mentor en quien confíes y pídele que te ayude a evaluar la situación. Tal vez tus emociones estén interfiriendo con tu buen juicio. Yo siempre consulto a mi tío Batta aquí en Estados Unidos y a mi padre en Australia. Cuando recibes el consejo de muchos, encontrarás mayor sabiduría. Si sientes que estás arriesgando mucho, tampoco tienes que sentirte el Llanero Solitario.

5. Prepárate para las consecuencias imprevistas

Tus acciones siempre tendrán, y repito, *siempre* tendrán consecuencias imprevistas, en particular aquellas con las que sabes que te estás pasando del límite. Como no es posible prever todas las repercusiones de nuestros actos, lo mejor es esforzarnos en considerar todos los ángulos de la situación y prepararse para lo inesperado. Siempre que trabajo en un plan de negocios, sobreestimo los costos y subestimo mi ganancia, de esa forma puedo contar con un colchón, una cantidad de respaldo por si acaso el negocio no sale como yo lo esperaba. Por otra parte, si todo sale bien, a nadie le hace daño tener un poco de dinero extra.

DIVERSIÓN RIDÍCULA

No podrás negar que alguna de esas ocasiones en las que te has encontrado esperando el equipaje en algún aeropuerto, te han dado ganas de saltar a la banda que transporta las maletas y dejarte llevar a donde quiera que sea en la Tierra del equipaje. Por supuesto, ridículo como soy, yo ya lo hice.

Estábamos en una gira en África y cuando llegamos al aeropuerto me aburrí de esperar el equipaje, así que le dije a Kyle, mi cuidador, que quería subirme al carrusel.

Me miró como diciendo "Amigo, ¿te has vuelto loco de remate?"

Pero Kyle dio su brazo a torcer, me levantó y me colocó junto a una bonita maleta Samsonite de tamaño grande. Y así me fui con las demás maletas y neceseres. Di una vuelta por la terminal en aquel salvaje carrusel y, mientras paseaba, me quedaba inmóvil como estatua. Me había puesto mis lentes de sol; la gente se me quedaba viendo conmocionada, apuntaba con el dedo y se reía nerviosa. Muchos no estaban seguros si se trataba de a) una persona real, o b) la bolsa marinera más linda del mundo.

Finalmente llegué hasta la puertita que lleva a la zona de carga en el exterior. Ahí me recibieron los maleteros africanos, riéndose del loco australiano y de su divertido viaje.

"¡Dios te bendiga!", me dijeron mientras vitoreaban.

Los trabajadores del aeropuerto comprendieron que, a veces, hasta la gente grande tiene que darse la oportunidad de subirse al carrusel. Los niños aprovechan cada minuto de su juventud; tú y yo también tenemos que hacer lo necesario para mantenernos jóvenes de espíritu y mente. Si tu vida es demasiado predecible, detente, da un paseo ridículo igual a los de tu infancia. Salta del trampolín, monta un pony. Deja descansar un rato al adulto en ti.

Te invito a que utilices cada segundo. De vez en cuando, yo me vuelvo loco y hago algo por pura diversión. Vive de la misma forma, vive con vigor y ve detrás de todas esas maravillas que Dios nos ha brindado aquí en la Tierra.

Vivir una vida ridículamente buena significa ponerse justo en el punto en que convergen la esperanza y la posibilidad, en abrirle los brazos al propósito de Dios, a su plan. Luego, la segunda parte de las reglas ridículas implica divertirse ridículamente, desafiar las expectativas y exceder las limitaciones. Se trata de disfrutar el viaje, recibir las bendiciones y siempre esforzarse en no sólo ver pasar la vida, sino aprovecharla al máximo.

En mis presentaciones siempre me quedo justamente en la orilla del lado derecho de la plataforma, ahí me tambaleo como si me fuera a caer. Le digo al público que vivir al límite no es tan malo siempre y cuando tengas fe en ti y en tu Creador. Y no sólo lo digo porque sí, yo me he presionado en todos los aspectos de mi vida, tanto en los que tienen que ver con el trabajo, como los que tienen que ver con la diversión. Y te puedo decir que los sentimientos más ridículamente buenos que he tenido han sido producto de la conjunción del trabajo y la diversión. Te invito a que lo intentes y experimentes esa misma sensación.

Cuando acepté mi primer papel cinematográfico en *The Butterfly Circus*, nunca imaginé que tendría que ser mi propio doble. Pero es que, ¿quién sería el más indicado para hacerlo sino yo? Siendo honestos, no creo que por ahí haya muchos dobles profesionales sin piernas ni brazos en busca de empleo.

Fue como un juego. Si mi estimado compatriota Russel Crowe puede hacer sus escenas de peligro, ¿yo por qué no? Además, a Russell nunca lo han aventado por todos lados como si fuera una pelota de playa. En *The Butterfly Circus*, Matt Allen, un actor y doble profesional, hizo el papel de George, el Hombre Fuerte. En una escena fundamental de la película, Matt, en su papel de George, me levanta y me avienta a un pequeño estanque. Matt estaba muy nervioso cuando hicimos la escena, pero quien realmente merecía tener nervios era yo.

Filmamos en un estanque natural en las montañas San Gabriel, en el desierto de California. El agua estaba fría, pero eso no fue lo peor. En la escena que filmamos se suponía que yo caía en el estanque y todos se preocupaban porque creían que me iba a ahogar. Pero, por supuesto, yo salía y les presumía mi técnica de natación.

George, el Hombre Fuerte, se emociona tanto de que estoy vivo, que me levanta y me vuelve a arrojar, y en esa ocasión, casi me ahoga.

Matt tenía miedo de que me pudiera lastimar si me aventaba demasiado lejos o con demasiada fuerza. En las primeras tomas fue un poco tímido porque el nivel del agua era sólo de metro y medio. Joshua Weigel, el director, le dijo que me aventara con un poco más de fuerza, y salí volando de entre sus brazos ¡como torpedo! Sentí temor de golpearme con el fondo, así que arqueé la espalda y eso me salvó. Cuando salí del agua, ya no estaba actuando. Todos estaban contentos de verdad al verme salir a tomar aire, en especial Matt.

Pero las escenas de clavados fueron todavía más riesgosas. En ellas tenían que levantarme con un arnés a la altura de un edificio de tres pisos; eso lo hicieron frente a una "pantalla verde". Estar colgado con unas cuantas cintas sí me hizo sentir más atemorizado por momentos, pero, por supuesto, los coordinadores y los dobles del *set* redujeron al máximo los riesgos del trabajo. Ellos se hicieron cargo de las redes de seguridad y de todo el equipo, así que, incluso las partes más peligrosas se convirtieron en pura diversión.

La verdad es que arriesgarse físicamente de vez en cuando te puede hacer sentir más vivo. Es el caso de actividades como escalar muro, surfear o practicar el patinaje sobre nieve y *snowboarding*. Es común que los niños y los adultos le añadan un poco de riesgo a sus juegos favoritos; a veces basta añadir el riesgo de verse un poco ridículo cuando sacas a pasear al niño de ocho años que hay en ti.

Juega para vivir

El doctor Stuart Brown, psiquiatra y fundador del Instituto Nacional del Juego, dice que en nuestro cerebro está arraigado el instinto de jugar y que negar los impulsos naturales del juego, puede resultar tan peligroso como dejar de dormir. El doctor Brown estudió a varios presos que estaban condenados a muerte y a varios asesinos seriales, y descubrió que la niñez de casi todos ellos, había carecido de los patrones normales del juego. El doctor también menciona que lo contrario del juego no es el trabajo, sino la depresión. Es por eso que podría considerarse que el juego también es una herramienta necesaria para la supervivencia.

Según el doctor Brown, el juego rudo y riesgoso le ayuda a los niños y adultos a desarrollar sus habilidades sociales, cognitivas, emocionales y físicas. Él cree que, además de disponer cierto tiempo para la recreación, también debemos combinar el juego con el trabajo.

Conozco hombres que pasaron toda su juventud tratando de obtener reconocimiento y riqueza, y luego, unos años más tarde, descubrieron que habían llegado al final de un camino que no disfrutaron. No permitas que eso te suceda a ti, haz lo que sea necesario para sobrevivir, ¡pero también apresúrate a hacer lo que amas!

La forma en que nos envuelven las rutinas cotidianas y la batalla para conseguir dinero provoca que descuidemos la calidad de nuestra vida diaria, y eso es bastante aterrador. El balance no es algo que lograrás "algún día", así que no olvides divertirte ridículamente y disfrutar de cualquier actividad que te permita jugar y te absorba tanto que pierdas la noción del lugar y el tiempo.

Los estudios han demostrado que "perderse" o involucrarse por completo en tu actividad favorita, ya sea jugar Monopolio, pintar un paisaje o correr una maratón, puede ser lo más cercano a ser felices que podemos lograr en esta vida. Cuando pesco, es común que entre en ese estado de "fluidez". Y es que la pesca es mi forma favorita de jugar y relajarme.

La primera vez que mis padres me llevaron a pescar tenía seis años. Mamá me dio un sedal de mano y le puso granitos de elote como sebo. Arrojó el señuelo al agua y yo sujeté el sedal con los dedos de mis pies; era un tipo bastante decidido. Decidí que podía esperar a los peces el tiempo que fuera necesario porque, tarde o temprano, morderían el anzuelo y porque no me iba a ir de ese lugar sin haber pescado una ballena.

Mi estrategia funcionó: un pez de poco más de medio metro cayó en la trampa. Tal vez se había cansado de ver mi pequeña sombra en el agua. Cuando el monstruo mordió el anzuelo y corrió, jaló el sedal entre mis dedos y me dolió muchísimo. Pero en lugar de dejarlo ir, apliqué una ingeniosa estrategia: salté sobre el sedal. Claro que como el pez seguía jalándolo, logró quemarme hasta el trasero.

"¡Atrapé un pez! ¡Ay, me arde el trasero pero, atrapé un pez!", grité.

Mamá, papá y mis primos, vinieron corriendo a ayudarme a jalar a la ballena. Era casi de mi tamaño. El mío fue el pez más grande que cazamos en todo el día, y te puedo decir que todo el dolor valió la pena. Después de esa aventura, quedé enamorado de la pesca de por vida.

Ya no uso sedal manual porque logré dominar la caña con polea (ya no quería sufrir más quemaduras). Si un pez muerde el anzuelo, ya tengo fuerza suficiente para sostener la caña entre el hombro y la barbilla. Para arrojar el sedal sólo lo sostengo entre mis dientes y lo dejo caer justo en el momento preciso. Sí, es verdad, ¡puedo pescar y pasarme el hilo dental al mismo tiempo!

Inclinación musical

Si crees que la pesca es uno de mis pasatiempos favoritos, ahora imagínate cómo reacciona la gente cuando le digo que en la escuela, ¡no sólo fui baterista, sino director de la banda también! Es verdad, tengo buen ritmo, amigo. Siendo muy chico llegué a dominar el peculiar arte musical de los himnos con percusión. Todas las noches en la iglesia, colocaba himnarios de distintos grosores en una fila y, mientras el coro cantaba, yo tocaba un ritmo sobre los himnarios. Provengo de una familia con un gran linaje de bateristas. Eso incluye a mi primo Ian Pasula, quien fue el primer baterista de la banda de la escuela. Tenía un talento tan natural para llevar el ritmo, que dos de mis primos y sus amigos de la iglesia se organizaron para comprarme una caja de ritmos Roland. Al amplificar esta maravilla me transformaba en una orquesta de percusiones de un solo hombre sin miembros. Primero comencé a tocar la tarola y el bombo solos, después, conforme progresé, incorporé los platillos abiertos y cerrados.

En la iglesia, el pianista, el organista y otros bateristas se unieron a mí y lograron hacerme sentir parte de la banda. En la actualidad todavía toco, es una versión más moderna de la caja de ritmos. Logré mejorarla con un programa llamado Mac Keys, de esa forma puedo usarla como sintetizador y hasta tocar la guitarra electrónica. La música es como un bálsamo para mi alma, cuando la escucho o la toco me puedo perder por horas entre las ondas del sonido.

Tuve la oportunidad de nutrir mi amor por la música con ensambles y bandas de jazz en la preparatoria. Tal vez el momento musical más destacado de mi vida fue cuando, casi literalmente, puse sobre mis hombros a toda la orquesta de la preparatoria. Claro, esa es una tarea que nunca esperarías que llevara a cabo alguien como yo, sería *riiiiiidículo*, ¿verdad?

Bien, pues nuestra maestra de música tenía algunos problemas de salud y no podía asistir a los ensayos, así que me presenté como voluntario para dirigir nuestra orquesta de sesenta y cuatro músicos. Conocía todas las canciones que se iban a tocar, así que me senté frente al enorme grupo de estudiantes y los conduje con el movimiento de mis hombros. Voy a excederme un poco aquí y te voy a decir que, ese día, sonaron ridículamente bien.

UNA CONCLUSIÓN RIDÍCULA

La mayoría de nosotros tiene idea de lo que Dios ha planeado para cada día, mes o año de nuestras vidas, pero, por otra parte, también tenemos la capacidad de añadir nuestros propios logros, de alcanzar nuestros propósitos, pasión y placeres con un travieso desenfado, con entusiasmo ridículo. Tan sólo en este capítulo te conté de mi viaje en el carrusel del aeropuerto, de mis aventuras como equipaje de mano, buzo, doble cinematográfico, pescador, baterista y director de orquesta. Ahora, mi pregunta es: si con toda mi imperfección puedo tener toda esa ridícula diversión, si puedo romper los límites y disfrutar de la vida con tal plenitud ¿por qué tú no?

Vive para glorificar a Dios y no desperdicies ni un gramo de energía, ni una pizca de tu capacidad de ser único. Atrévete a ser ocurrente y gracioso, y serás ridículamente feliz.

DOCE

QUE LA GENEROSIDAD SE CONVIERTA EN TU MISIÓN

En una ocasión, cuando tenía veinte años, decidí realizar una gira de dos semanas a Sudáfrica. La gira la había organizado una persona a quien yo no conocía. Mamá y papá no se sentían muy entusiasmados porque les preocupaba mi salud y mi seguridad, además, los gastos eran muy fuertes. ¿Te lo puedes imaginar? John Pingo había visto uno de mis primeros videos y se propuso convencerme de hablar ante las personas más necesitadas en las regiones más pobres de su país. A través de su red de iglesias Doxa Deo, él mismo organizó una serie de presentaciones en escuelas, congregaciones, y orfanatos.

John escribió, llamó y envió correos electrónicos pidiéndome que viajara a su país. Su persistencia y entusiasmo desencadenaron algo en mí. A veces, cuando era chico y me torturaba pensando en mi situación y mi futuro, la única otra actividad además de la oración, que me hacía sentir aliviado, era hacer algo por otra persona. Mientras más me regodeaba en mis problemas, peor me sentía, pero, cuando cambié mi actitud y me enfoqué en servir a otros, me sentí más animado y pude entender que nadie sufre solo.

Si tienes mucho o poco que ofrecer, sólo recuerda que los pequeños actos de gentileza son tan valiosos como las grandes donaciones. Si logras hacer la diferencia para una sola persona, ya con eso habrás logrado algo importante. Porque la bondad por sí misma puede detonar una reacción en cadena de buenas acciones. De esa forma, tu esfuerzo inicial se multiplicará varias veces. ¿Cuántas veces alguien ha hecho bueno por ti y luego, al sentirte agradecido, has hecho algo bueno por alguien más? Creo que esa respuesta es parte de la naturaleza que Dios nos concedió.

Anteriormente mencioné que el breve comentario de una niña en mi escuela me llenó de confianza y significó un cambio fundamental en mi vida, justo en el momento en que me sentía inútil y marginado. Esa niña me motivó a creer que tal vez yo tenía algo que ofrecer. Es por eso que ahora quiero ser una inspiración para la gente que necesita ayuda en todo el mundo y, al mismo tiempo, difundir la palabra del amor de Dios. La sutil gentileza de esa niña hacia mí ha crecido exponencialmente.

Así que, si eres de los que dicen que harían más si tuvieran más, yo te invito a que hagas lo que puedas hoy y todos los días. El dinero no es la única forma en que puedes contribuir. Todo lo que Dios te ha brindado lo puedes compartir para beneficiar a otros. Si eres diestro en la carpintería u otras actividades, ofrece tu talento a la iglesia, a organizaciones como Habitat for Humanity o a las víctimas de desastres como el de Haití y otros lugares. Puede ser tejer o cantar, administrar o reparar autos: existen muchas formas en que se pueden multiplicar tus aptitudes.

Hace poco, un estudiante de Hong Kong envió un correo electrónico a mi sitio Web y me demostró que todos podemos hacer la diferencia, no importa la edad ni el nivel económico.

Tengo una vida muy afortunada, pero, aún así, hay algunos momentos en que me siento inútil y asustado. Tenía mucho miedo de entrar a la preparatoria porque había escuchado que los estudiantes mayores trataban mal a los novatos. El primer día que fui a la escuela, me uní a otros estudiantes de mi clase de Humanidad en Acción y conocí a un maestro que nos enseñó a pensar que éramos una familia, no un grupo escolar.

Con el tiempo aprendí muchas otras cosas, nos hablaron de sucesos de importancia que habían tenido lugar en otras partes del mundo. Entre ellos, el genocidio de 1994 en Ruanda y el genocidio actual en Darfur, Sudán. Los otros chicos del grupo y yo llegamos a sentir algo que no habíamos experimentado nunca antes: pasión. Nos apasionamos por comprender lo que le estaba sucediendo a la gente en Darfur. A pesar de que la gente no espera mucho de adolescentes de catorce años, encontramos la forma de mostrarle al mundo que podíamos hacer la diferencia.

Montamos una obra de teatro en la que le mostramos al público lo que estaba sucediendo en aquel lugar sudafricano. Encontramos una pasión que encendió nuestras almas y corazones. Gracias a eso logramos hacer lo que nadie esperaba: reunir suficiente dinero para enviar víveres a la gente en Darfur.

Sabias palabras de un joven, ¿no es así? La pasión de servir a otros es tal vez el más grande don que Dios nos puede otorgar. Estoy seguro de que la gente de Darfur beneficiada al recibir los víveres, se sintió agradecida por cada artículo, pequeño o grande. El maravilloso poder de Dios se refleja en el hecho de que, si deseamos hacer algo por otros, nuestra disponibilidad es tan importante como nuestra capacidad. Dios trabajó a través de nosotros, lo hace cada vez que intentamos ayudar. Adivina quién te va a ayudar cuando estés dispuesto a realizar buenas obras: ¡Dios! La Biblia dice: "Puedo lograrlo todo a través de Cristo, quien me da fuerza".

Todo aquello que deseas para ti, hazlo por otros. Si los pequeños actos de compasión los conviertes en parte de todos los días, te sentirás más poderoso y te liberarás de tus heridas y desilusiones. Nunca debes esperar beneficios por ser generoso o por apoyar a otros, sin embargo, te aseguro que las buenas obras conducen a recompensas sorprendentes.

Soy el abogado de la generosidad incondicional porque es una manera de honrar a Dios y de multiplicar sus bendiciones. También creo que cuando haces algo por los demás, las bendiciones vuelven a ti, así que si no tienes un amigo, conviértete en uno. Si tienes un mal día, ayuda a que el día de otra persona sea bueno, si te sientes lastimado, ayuda a otros a sentir alivio.

Nunca se sabe la diferencia que puede significar un pequeño acto de gentileza en este mundo. Las pequeñas ondas se pueden transformar en enormes olas. Aquella compañera que me vio acongojado porque me molestaban los otros, me dijo que me veía bien y, con eso, no sólo logró aliviar mis heridas, también encendió una pequeña llama que catapultó mi carrera y mi misión de alcanzar a otros en todo el mundo.

Pasión por conectarse

No te preocupes por el tipo de beneficio que puedas ofrecer a otros, sólo conéctate con ellos y entiende que los pequeños actos de bondad se multiplican y cobran una fuerza mayor a la que jamás hubieras imaginado. Así como el estudiante de Hong Kong, poco a poco me apasioné por viajar a Sudáfrica y, entre más me emocionaba por el proyecto, más me involucraba con John Pingo.

Pasé tres semanas orando, pidiendo sabiduría para saber si debía aceptar la gira. Después de eso, sentí que en verdad había sido convocado para ir, quería ofrecer inspiración sin límites y éste parecía un buen primer paso hacia un ministerio global. Conocía muy poco sobre Sudáfrica y nunca había viajado tan lejos sin mis padres. Papá tenía amigos allá, así que habló con ellos, pero después de las charlas, no pudo sentirse más tranquilo. Le comentaron que los crímenes violentos se habían convertido en un serio problema y que, con frecuencia había ataques, robos y asesinatos de turistas.

"No es un lugar seguro, Nick", me dijo mi padre. "Ni siquiera conoces al tal John Pingo, ¿por qué habrías de confiar en él y dejar que te lleve a ese sitio?"

Mamá y papá tenían muy pocas canas —lo cual era bastante sorprendente si tomas en cuenta algunas de las aventuras que viví en mi temeraria juventud—, pero, al igual que todos los demás padres, eran muy protectores. Sentían que, debido a mis discapacidades, tenían más razones para estar preocupados por mi seguridad. No obstante, deseaba con pasión ir a ese viaje, responder a mi llamado y hacer crecer mi carrera de evangelista y orador inspiracional.

Cuando les hablé por primera vez de la posibilidad de hacer un viaje a Sudáfrica, sus principales preocupaciones fueron mi seguridad y la estabilidad financiera. Acababa de comprometerme con la compra de mi primera casa con las ganancias de mi trabajo, y ellos sentían que debía pagar mis deudas antes de irme a viajar por las calles del mundo. Sus preocupaciones se dispararon cuando les confesé que: 1) estaba planeando donar veinte mil dólares de mis ahorros a orfanatos en Sudáfrica, y 2) que quería que me acompañara mi hermano menor.

Ahora, al ponerme en los zapatos de mis padres, puedo darme cuenta de lo terrible que debió haber sido para ellos. Pero yo estaba completamente decidido a hacerlo. La Biblia dice: "Si alguien tiene posesiones materiales y no siente compasión al ver a su hermano necesitado, ¿cómo puede tener el amor de Dios de su lado?" Yo quería honrar a mi fe y servir a otros; a pesar de mi discapacidad, sentía fortaleza y pensé que era el momento de cumplir mi propósito.

Todavía tenía que convencer a mis padres de que estaría a salvo, además, mi hermano tampoco estaba muy emocionado de ir conmigo al principio porque le preocupaban las noticias que se habían difundido sobre la violencia. "No quiero que me coma un león", me dijo. Seguí insistiendo y molestándolo, traté de explicarle la situación de los leones. Ya había reclutado a dos primos para ir pero uno de ellos cambió de opinión, por lo que Aarón sintió que era su obligación ir conmigo y ayudarme en el viaje. Mis padres oraron y, finalmente, nos dieron su bendición. Todavía se sentían preocupados pero confiaban en que Dios nos cuidaría.

SERVICIO AL MUNDO

Cuando llegamos a Sudáfrica después de un largo viaje, nuestro anfitrión esperaba en el aeropuerto como nos había dicho que lo haría. Por alguna razón yo había imaginado que John Pingo era un hombre mucho mayor. No creía que tuviera la edad de mis padres, pero sí que anduviera en los treinta y tantos.

¡Tenía diecinueve años! Era sólo un año más joven que yo entonces.

Cuando nos conocimos en el aeropuerto, pensé: *Tal vez no fue tan buena idea.* Peor, por fortuna, John demostró ser un sujeto muy maduro y capaz. Me abrió los ojos a una cantidad de pobreza y necesidad nunca antes vistas. Me dijo que cuando vio el video se había sentido inspirado por mi vida. Pero, más adelante, descubrí que su historia también era muy peculiar; su dedicación y fe me tomaron por sorpresa.

John nació en una granja ganadera en la República del Estado Libre Naranja, al sur de Sudáfrica. Cuando era adolescente se juntó con gente que no lo benefició en lo absoluto, pero después, se convirtió en cristiano y ahora era dueño de una pequeña compañía de transporte. Se sentía muy agradecido porque Dios le había ayudado a encaminar su vida y lo había bendecido.

John estaba tan decidido a que yo difundiera fe e inspiración en su país, que había vendido su propio auto con el objetivo de reunir dinero para nuestra gira en iglesias, escuelas, orfanatos y prisiones. También le pidió prestada a una tía una camioneta azul para transportarme a los compromisos en Cape Town, Pretoria, Johannesburgo y todos los puntos intermedios.

La agenda era una locura, hubo días en que sólo dormíamos cuatro o cinco horas, sin embargo, ese viaje me ayudó a conocer gente, lugares y situaciones que cambiaron mi vida para siempre. Me ayudó mucho para descubrir a qué me quería dedicar el resto de mi existencia: compartir mi mensaje de motivación y fe por todo el mundo.

Por el hecho de nacer en Australia y vivir en California, Aarón y yo creíamos haber vivido bastante, pero cuando realizamos este viaje, nos sentíamos como niños perdidos en el bosque. Esta condición se hizo evidente a un nivel mucho más profundo cuando dejamos el aeropuerto y pasamos por Johannesburgo. En una intersección, Aarón miró por la ventana y vio un letrero que lo aterró: "Área de pedradas y despojamiento".

Mi hermano miró al conductor y le preguntó: "John, ¿qué significa lo que dice ese letrero?"

"Ah, quiere decir que en esta zona te arrojan pedradas a las ventanas, sacan tus cosas del auto—te despojan de ellas— y se van corriendo", dijo John.

Cerramos las puertas con seguro y miramos a nuestro alrededor. Notamos que mucha gente vivía en casas rodeadas por altos muros de concreto con alambre de púas en la parte superior. Mucha de la gente que conocimos en los primeros días nos habló de que la habían asaltado o robado. A pesar de lo anterior, descubrimos que Sudáfrica no era más peligrosa que muchas otras regiones en donde la pobreza y el crimen son problemas de importancia.

De hecho, Aarón y yo nos enamoramos de Sudáfrica y su gente, a pesar de todos los problemas del país y de las circunstancias de la población, descubrimos que los sudafricanos son gente maravillosa, llena de esperanza y alegría. Nunca habíamos contemplado tales grados de pobreza y desesperación ni habíamos experimentado tal alegría e implacable fe.

Los orfanatos eran desgarradores e inspiradores al mismo tiempo; visitamos un orfanato dedicado al rescate de niños que habían sido dejados en botes de basura o bancas en parques. La mayoría de ellos estaban enfermos y sufrían de malnutrición; nos afectaron tanto que al día siguiente volvimos con pizza, refresco, juguetes, balones de soccer y otros regalos sencillos. Los niños estaban en éxtasis.

También vimos niños que tenían heridas abiertas debido a bacterias que se comen la piel, adultos muriendo de sida y familias que todos los días tenían que buscar comida y agua limpia para beber. Vivir esa situación tan de cerca, percibir el aroma de la enfermedad y la muerte bailando sobre seres humanos en agonía, y saber que lo único que podía hacer era rezar para consolarlos, fue una experiencia que me abrió los ojos. Nunca había visto tanta pobreza y sufrimiento, era mucho peor que cualquier situación que yo hubiese enfrentado, me hizo sentir que, en comparación, toda mi vida la había pasado muy consentido. Me abrumó el conflicto de sentimientos: la compasión me hacía querer saltar y salvar a quien pudiera, y además, sentía enojo por la existencia de tanto sufrimiento y la aparente inamovilidad de éste.

Nuestro padre nos había hablado sobre su infancia en Serbia, con sólo un trozo de pan y un poco de agua y azúcar para cenar. Su padre, mi abuelo, había sido peluquero de oficio, había trabajado en una estética del gobierno pero lo corrieron cuando se negó a unirse al Partido Comunista. Para él era muy difícil manejar su propia peluquería porque los comunistas lo presionaban demasiado. La familia se tuvo que mudar una o dos veces al año para que mi abuelo, cuya religión le prohibía usar armas, pudiera evitar que lo reclutaran en el ejército. Cuando contrajo tuberculosis y ya no pudo trabajar en su oficio, mi abuela tuvo que mantener a sus seis hijos trabajando como costurera.

Después de presenciar tan de cerca la pobreza y el hambre de Sudáfrica, las historias de mi padre sobre las dificultades que había tenido que enfrentar su familia, cobraron un nuevo significado. Yo ya había visto la angustia en los ojos de las madres moribundas y escuchado a sus niños aullar del dolor de tener el estómago vacío. Visitamos ciudades perdidas en las que las familias vivían en diminutas chozas de lámina, no más grandes que un cuarto de servicio, calentándose con papel periódico y sin agua. También hablé en una prisión en la que los presos llenaban la capilla y el patio de afuera. Nos enteramos de que muchos de los prisioneros todavía estaban en espera de ser juzgados y que el único crimen que la mayoría había cometido era deberle dinero a alguien que tenía el poder de enviarlos a la cárcel. Conocimos a un prisionero que había sido sentenciado a diez años de prisión porque debía doscientos dólares. Ese día los prisioneros cantaron para nosotros y sus voces se elevaron sobre el desolado lugar con un gozo inigualable.

PARA HACER LA DIFERENCIA

Había llegado a Sudáfrica como un joven lleno de sí mismo, seguro de que podría hacer una diferencia en esa vasta tierra. Pero en realidad fue Sudáfrica la que operó un cambio en mí.

Cuando des un paso hacia fuera de ti mismo y de tus preocupaciones y te enfoques en llegar a otros, sufrirás un cambio, te sentirás avasallado, inspirado. Sentirás, más que nada y que nunca, que te sobrecoge el sentimiento de que eres parte de algo mucho más grande que tú mismo. Y no sólo eso, también comprenderás que puedes hacer una contribución. Todo lo que hagas para enriquecer la vida de otros hará que la tuya cobre más sentido.

Después de nuestros primeros días en Sudáfrica, pude comprender por qué John Pingo estaba tan empeñado en ayudarme a difundir el mensaje de esperanza y fe en su país. Él había visto mucho más de lo que yo. Comprendí que yo había vivido con demasiado egoísmo y ensimismamiento, aquel exigente muchacho sin brazos ni piernas no podía imaginar que alguien pudiera sufrir tanto como él.

Después de ese viaje, jamás me he podido volver a sentir igual al entrar en un supermercado. La abundancia de alimentos que hay en la tienda de mi vecindario sobrepasa la imaginación de los huérfanos y la gente que llegué a conocer en las ciudades perdidas de Sudáfrica. Hasta la fecha, cada vez que me siento demasiado consentido en alguna oficina con aire acondicionado o cuando alguien me ofrece una bebida fresca, reflexiono sobre aquel viaje. Comodidades tan simples son una rareza absoluta en esa parte del mundo.

Mi hermano Aarón se desempeña ahora como maestro de matemáticas y ciencias en una preparatoria en Australia. Él todavía sigue hablando sobre la forma en que el viaje a Sudáfrica nos hizo reflexionar más sobre nuestra realidad. Nos sentimos acongojados al vivir algunas situaciones, pero también nos sorprendieron muchas otras. Aarón y yo estábamos de acuerdo en que ése había sido el mejor viaje de nuestras vidas. Ambos regresamos a casa preguntándonos: *¿Qué podemos hacer para que otros dejen de sufrir?, ¿cuál es la mejor forma de contribuir?, ¿cómo podría seguir viviendo como antes, después de haber conocido a gente que sufre tanto?*

Pero no es necesario que viajes tan lejos para encontrar a alguien que necesita ayuda; de hecho, nuestro viaje a Sudáfrica logró que hiciéramos conciencia de la gente necesitada que vive en nuestra comunidad y nuestro país. Es muy fácil encontrar lugares a los que puedes donar tu tiempo, talentos o dinero: iglesias locales, asilos, la Cruz Roja, el Ejército de Salvación, refugios para indigentes, bancos de alimentos y cocinas en donde se sirven alimentos para gente pobre. A donde quiera que vayas puedes lograr hacer una diferencia, no importa si ayudas con dinero, tiempo, recursos o con tu red de amigos y colaboradores.

Aquel primer viaje a Sudáfrica logró que me emocionara tanto por iniciar mi misión, que doné una buena cantidad de mis ahorros: veinte mil dólares. Mientras estuvimos ahí logramos reunir otros veinte mil ¡y también los donamos! Pasamos días enteros comprando regalos para los huérfanos, alimentándolos y abasteciéndolos de libros, cobijas y camas. Les dimos televisiones y reproductores de DVD a los huérfanos, a través de donaciones que hicimos a media docena de organizaciones de caridad.

Veinte mil dólares menos en mi cuenta es una cantidad bastante considerable, pero, cuando pienso en eso, quisiera tener más para dar. Haber tenido un impacto en las vidas de tan sólo algunas personas me otorgó un sentido de plenitud que nunca había experimentado. Mamá tampoco estaba muy feliz cuando volví de Sudáfrica con mi cuenta de ahorros "vacía", pero pudo comprender que mi vida se había enriquecido en mayor medida.

Milagros en proceso

Una de las escenas más crudas e inolvidables de nuestro viaje a Sudáfrica surgió cuando hablé en una iglesia. Cientos de personas que se encontraban enfermas, discapacitadas y moribundas, se habían formado en busca de un milagro que los consolara. Por lo general siempre hago algunas bromas sobre mi carencia de miembros para relajar al público, pero en aquella iglesia ¡nadie se rió! No buscaban humor, querían sanar, buscaban milagros.

Llegaron cada noche a la iglesia con collarines, muletas y sillas de ruedas esperando ser sanados. Dos personas que tenían sida llegaron sobre un colchón arrastrado por otros, algunas personas habían tenido que caminar durante cuatro o cinco horas para llegar ahí. La parte trasera de la iglesia estaba llena de muletas y sillas de ruedas que, según me dijeron, habían sido dejadas ahí por personas que habían logrado sanar. Mi hermano y yo hablamos con un hombre que tenía la pierna y el pie inflamados hasta casi el doble de su tamaño normal, estaba en agonía pero había caminado hasta la iglesia para obtener alivio.

Todo mundo desea tener el poder de curar a quienes sufren, yo mismo le he pedido a Dios que me conceda el milagro de tener brazos y piernas, pero no lo ha hecho. Tampoco hubo milagros para la gente que llegó a aquella iglesia en Sudáfrica. Eso no significa que los milagros no ocurran, mi vida muy bien se podría calificar como uno, dado que he podido alcanzar a públicos muy diversos y transmitirles palabras de fe e inspiración. El hecho de que este cristiano australiano de origen serbio que no tiene miembros haya recibido invitaciones de líderes gubernamentales de Costa Rica, Colombia, Egipto y China no es un milagro menor. También me he reunido con el papa Shenouda III de la Iglesia Cópta y con el gran imán Sheik Mohammed Sayed Tantawi, sin mencionar a los líderes de la Iglesia de los Santos del Último Día. Mi vida es un testimonio de que ¡los únicos límites que existen son los que nosotros mismos nos imponemos!

Vivir sin límites significa saber que siempre tendrás algo para dar, algo que pueda aligerar la carga de otros. Incluso los pequeños actos de gentileza y unos cuantos dólares pueden tener una transcendencia importante. Después de aquel terrible terremoto de 2010 en Haití, la Cruz Roja de Estados Unidos instaló un programa para que la gente pudiera donar de inmediato. Era un sistema en el que se podían donar diez dólares con un mensaje de texto al 90999 que dijera "HAITÍ".

Está bien, diez dólares no parece ser mucho dinero y enviar un mensaje de texto no conlleva un gran esfuerzo. Era un acto de caridad pequeño, pero, si tú fuiste uno de los que participó, hiciste una gran diferencia. La última vez que revisé los datos de la Cruz Roja, más de tres millones de personas habían hecho donaciones de diez dólares a través de sus celulares. La Cruz Roja había recibido ¡más de treinta y dos millones de dólares para financiar sus esfuerzos para ayudar a la gente de Haití!

Haz lo que amas en beneficio de otros

Actualmente, mi organización sin fines de lucro, Life Without Limbs, apoya a más de diez caridades distintas, incluyendo a la Fundación de la Iglesia Apostólica Cristiana, la cual envía misioneros a todo el mundo, opera en orfanatos e iglesias, y en el Desafío Adolescente de Bombay, sobre el que escribí previamente en este libro. También nos hemos asociado con Joni and Friends para regalar sillas de ruedas restauradas a gente que las necesita.

Tú puedes escoger eso que más te gusta hacer y hacerlo por el beneficio de otros. ¿Juegas tenis?, ¿andas en bicicleta?, ¿te encanta bailar? Convierte tu actividad favorita en un acto de filantropía: un torneo de tenis para beneficiar al YMCA local, un paseo en bicicleta para el Club de Chicos y Chicas, o un maratón de baile para reunir ropa para niños necesitados.

A Hilary Lister le encanta navegar en barco. A los treinta y siete años decidió que trataría de navegar alrededor de toda la isla de Gran Bretaña. Planeó que el viaje de cuarenta días se convirtiera en un beneficio para su organización de caridad, Hilary's Dream Trust. Esta organización les ayuda a adultos discapacitados a aprender a navegar. Hilary piensa que navegar puede animar el espíritu y la confianza de la gente que tiene discapacidades. Esta creencia de Hilary sobre el poder curativo de la navegación surgió de su experiencia personal. Ella perdió la movilidad de sus brazos y piernas cuando tenía quince años debido a un desorden neurológico progresivo. Ahora es una cuadripléjica graduada en Oxford que navega en un bote diseñado especialmente para sus necesidades. En él utiliza un sistema de popotes con los que opera los controles a través de "sorbeteos y soplidos". Un popote controla el timón y los otros dos le ayudan a conducir. Es la primera marinera cuadripléjica que cruzó sola el Canal de la Mancha y que ha navegado alrededor de Gran Bretaña.

Persona por persona

Dos años después de nuestra prodigiosa experiencia en Sudáfrica, recibí una invitación para ir a hablar a Indonesia. La invitación llegó por correo electrónico y provenía de un caballero en Perth, cuyo apodo era Han-Han. Era de origen chino y se desempeñaba como pastor de un grupo de iglesias indonesias en Australia.

Cuando recibí su correo electrónico, llamé a Han-Han; pasamos horas en el teléfono discutiendo su propuesta. Me dijo que en Indonesia conocían bien mi ministerio gracias a los DVD y los videos en Internet. Me ofreció organizar una gira que incluiría apariciones ante decenas de miles de personas en cada fin de semana. Mis padres y yo oramos sobre esta propuesta; ellos estuvieron de acuerdo en que yo debía ir y me dieron su bendición. Yo nunca me canso de ver nuevos lugares del mundo y de conocer a gente tan diversa, de experimentar su cultura y su comida. Han-Han organizó un calendario de presentaciones muy demandante, y comencé a preocuparme por eso, en particular cuando descubrí que el cuidador que me habían asignado no hablaba inglés. La barrera del lenguaje se convirtió en un problema grande cuando me enfermé por un virus digestivo. Como mi cuidador no podía entenderme y yo no podía señalar lo que necesitaba, llegamos a situaciones muy frustrantes.

Los anfitriones también organizaron una fiesta para celebrar mi cumpleaños número veinte, pero mi estómago y yo no estábamos exactamente preparados para celebrar. Llegué a tener tanto dolor que tuve que orar para pedir la ayuda de Dios. Mientras lo hacía pude ver a Jesús en la cruz: mi dolor disminuyó. Le agradecí a Dios y disfruté el resto de la fiesta. Al siguiente día me proveyeron con atención médica y mejoré muchísimo antes de regresar a Australia.

Algunos años después Han-Han me volvió a invitar a hacer otra gira en Indonesia. En esa ocasión yo llevé a mi propio cuidador y me limité a beber agua embotellada sin hielo. Un hombre de negocios de Indonesia conocido como Pa Chokro hizo arreglos para que hablara ante cuarenta mil personas en presentaciones en estadios de cinco ciudades. Esas presentaciones también se transmitieron por televisión.

Un domingo por la mañana, tras haber realizado tres presentaciones en una iglesia, nos tomamos un descanso porque tendríamos tres presentaciones más por la noche. Estaba hambriento y cansado pero decidí solucionar el problema del hambre primero. Encontramos un restaurante chino cerca del sitio donde había sido la última presentación. Nos acompañó un grupo de líderes locales y patrocinadores de la gira. Entramos al restaurante; Vaughn, mi cuidador, me llevaba cargando.

El restaurante no era muy elegante, tenía piso de concreto y mesas y sillas de madera. En cuanto nos sentamos, una joven se acercó a la puerta y se recargó contra el marco, estaba llorando y se dirigió directamente a mí en indonesio. Sentí una ola de compasión por ella a pesar de que no sabía lo que decía. La joven hacía señas y me hizo comprender que necesitaba un abrazo.

Los empresarios y líderes comunitarios que estaban conmigo parecían estar conmovidos por lo que decía la mujer. Me explicaron que ella, Esther, había crecido en una casita de cartón con techo de lámina. Vivía con su madre y dos hermanos a las orillas de un basurero en donde buscaban comida todos los días y reunían trozos de plástico que vendían a fábricas de reciclaje. Esther tenía fe en Dios, pero cuando su padre abandonó a la familia, perdió la esperanza y pensó en suicidarse, creía que no valía la pena vivir la vida. Rezó y le dijo a Dios que ya no seguiría yendo a la iglesia. Ese mismo día, el pastor le mostró a la congregación uno de mis DVD. Era una copia que se vendía en el mercado negro, uno de los ciento cincuenta mil DVD producidos y vendidos ilegalmente en Indonesia.

Cuando Han-Han me contó que había tantas copias pirata de mi DVD, le dije "No te preocupes, alabado sea Dios". Me interesaba más que mi mensaje llegara a mucha gente que obtener beneficios económicos de eso. Esther me había confirmado que Dios estaba trabajando incluso a través del mercado negro.

Con la ayuda de un intérprete, Esther me comentó que mi DVD la había inspirado a rechazar la desesperación. Logró encontrar un propósito y tener esperanza. Sintió que "si Nick podía confiar en Dios, entonces yo también puedo". Oró para obtener un trabajo e hizo ayuno durante seis meses. ¡Esther encontró un empleo precisamente en el mismo restaurante chino en que nos conocimos!

Tras escuchar su historia, me abrazó Esther y le pregunté cuáles eran sus planes. Había decidido que, aunque tenía poco dinero y trabajaba catorce horas al día, se iba a preparar para convertirse en una ministro para niños. Esperaba poder asistir a la escuela de enseñanza bíblica pero no estaba muy segura de cómo hacerlo. Esther vivía en el restaurante y dormía en el suelo porque no podía pagar un lugar para vivir.

Casi me caí de la silla tras la revelación: yo no me había sentido muy cómodo de comer en ese restaurante y ella dormía ahí en el suelo. La animé para que buscara otro sitio para vivir y para que no abandonara su sueño de convertirse en una ministro para niños.

Había un pastor entre los miembros de grupo y, cuando Esther volvió a su trabajo, él me dijo que la escuela local de enseñanza bíblica era muy costosa y que había una lista de espera de doce meses tan sólo para hacer el examen de admisión que muy pocos estudiantes aprobaban.

Frente a mí colocaron un plato lleno de comida humeante, pero yo ya había perdido el apetito. No podía dejar de pensar en esta mujer que dormía en el suelo. Mientras el resto de mis acompañantes agradecía los alimentos, yo recé por Esther. Mis oraciones recibieron respuesta casi de inmediato. El pastor que se sentó junto a mí me dijo que su iglesia le podía proveer un lugar a Esther para vivir si yo contribuía con el depósito. Luego pregunté si Esther podría pagar la renta y el pastor me aseguró que sí. Estuve de acuerdo en hacerlo y me sentí muy emocionado de poder decirle a ella. Pero, antes de que ella volviera a la mesa, uno de los empresarios dijo que él mismo podría pagar el depósito. Le dije que apreciaba su oferta pero que yo también deseaba participar y, en ese momento, habló otra persona del grupo: "Soy el presidente de la escuela de enseñanza bíblica", dijo. "Le voy a permitir a Esther hacer el examen esta semana y, si lo aprueba, me encargaré de que le sea otorgada una beca".

El plan de Dios se había materializado ante mis ojos. Esther obtuvo un 100 en el examen y se graduó de la escuela en noviembre de 2008. Ahora es la directora juvenil de un ministerio infantil en una de las iglesias más grandes de Indonesia y tiene planes para fundar un orfanato en su comunidad.

A lo largo de este libro te he hablado mucho sobre el poder del propósito. La historia de Esther es un testimonio de ese poder, era una mujer que sólo contaba con un propósito y su fe en Dios. Con eso pudo crear un poderoso campo magnético que me atrajo a mí y a todo un grupo de gente que estaba dispuesta a ayudarle a cumplir su sueño.

Recibí de Esther una lección de humildad gracias a su poderoso sentido del propósito, a su imperecedera esperanza de tener una mejor vida, su temeridad y su resistencia, su fe en Dios, su amor por sí misma, su actitud positiva, su disposición a correr riesgos y su habilidad para acercarse a otros.

La historia de Esther me asombra e inspira. Espero que tú también sientas lo mismo porque mi propósito al escribir este libro ha sido encender las flamas de la fe y la esperanza que se encuentran dentro de ti para que, de esa forma, también tú puedas vivir una vida sin límites. Tal vez tus circunstancias son muy difíciles, tal vez tienes problemas de salud, económicos o interpersonales, pero si tienes un sentido del propósito, fe en el futuro y la determinación para no rendirte jamás, puedes vencer cualquier obstáculo.

Esther lo hizo. Tú también puedes hacerlo. Cuando era chico, a veces me parecía que mi falta de miembros era una dificultad infranqueable, pero mi "incapacidad" resultó ser una bendición de muchas, muchas maneras, en especial, porque gracias a ella aprendí a seguir el sendero de Dios.

Tal vez enfrentes muchas tribulaciones, pero debes saber que, sin importar cuán débil te sientas, Dios es fuerte. Él me transformó de un discapacitado en un hombre capaz e inculcó en mí la pasión de compartir mis historias y mi fe para ayudarles a otros a lidiar con sus propias dificultades.

Comprendí que mi propósito era transformar mi lucha en lecciones que glorificaran a Dios e inspiraran a otros. Él me bendijo y me tornó en una bendición para otras personas. Distribuye con entusiasmo tus propias bendiciones y entiende que cualquier cosa que hagas se multiplicará exponencialmente. Dios trabaja en todos los sentidos para mejorar la vida de quienes lo aman. Él te ama y yo te amo también.

Con frecuencia, a los cristianos se nos dice que "somos las manos y los pies de Cristo" en la Tierra. Si yo tomara esa frase de manera literal, podría sentirme un poquito marginado, por eso, prefiero tomarla espiritualmente. Mi servicio para Dios consiste en tocar todas las vidas que me sea posible a través de mi testimonio y ejemplo. Mi objetivo es reflejar el amor que Cristo tiene por todos nosotros. Él nos ha dado la vida para que nosotros podamos compartir nuestros dones con otros. Esto me llena de gozo y tú debes sentir lo mismo. Espero que las historias y mensajes de este libro te hayan ayudado e inspirado a encontrar un propósito, a tener esperanza y fe, a amarte a ti mismo, a tener una actitud positiva, a ser temerario, indomable, a aceptar el cambio, a ser confiable, a estar abierto a las oportunidades, dispuesto a correr los riesgos y a mostrar caridad para otros.

Te pido que te mantengas en contacto conmigo y que compartas tus historias y tus opiniones sobre el libro. Puedes visitarme por Internet en www.nickvujicic.com, también conocida como LifeWithoutLimbs.org y AttitudeIsAltitude.com.

Recuerda esto: ¡Dios en verdad tiene un gran propósito para tu vida! ¡Vívelo sin límites!

Con amor y fe,
Nick

AGRADECIMIENTOS

A Dios: el Padre, el Hijo y el Espíritu Santo.

A la gente, por la que me esfuerzo en hacerla sentir orgullosa de sí misma y de mí. A mis pilares de fortaleza, papá y mamá. ¡Los amo muchísimo! ¡Gracias por todo! A mi hermano, mi verdadero y primer mejor amigo y roca, Aarón, y a mi cuñada, Michelle.

A mi inspiración para nunca comprometer mi integridad y ser lo mejor que puedo ser, mi querida hermana, Michelle.

A mis abuelos Vujicic, Vladimir y Nada, que ahora descansan en la paz eterna y que me motivaron a creer y tener disciplina. A mi abuela, a quien conoceré mejor en el cielo, Anica Radojevic. A mi abuelo de noventa y tres años, Dragoljub Radojevic y su esposa, Ana. Ustedes me enseñaron a no agregar ni quitar nada a los Evangelios.

Mi amor y agradecimiento a todos mis tíos y tías, primos primeros, segundos y terceros, y a los demás miembros de la familia. En memoria de Bosko Zunic, Roy Zunic, Martin Poljak, Joshua Vujicic, Steve Nenadov y Barney Nenadov.

A la junta directiva de Life Without Limbs (Estados Unidos): Batta Vujicic, David Price, Dan'l Markham, Don McMaster y sus esposas y familias. A la junta directiva de Life Without Limbs (capítulo de Hong Kong): Ignatius Ho y George Miksa, y sus familias. A los coordinadores voluntarios de operaciones internacionales de Life Without Limbs. A la iglesia Apostólica Cristiana del Nazareno y muy particularmente al ministerio de Joni and Friends, que siempre han estado ahí para nuestro ministerio y para mí en lo personal. Al equipo de Attitude is Altitude (Actitud es Altitud) y a mis mentores y entrenadores quienes siempre creyeron en mí.

Muchas gracias a mis agentes literarios que tuvieron paciencia y fe en mí: Jan Miller y Nena Madonia, de Dupree Miller & Associates y a su equipo. También a mi escritor, Wes Smith, quien realizó un esfuerzo verdaderamente asombroso al ayudarme a realizar esta labor y a trabajar en nuestras caóticas giras. A Crown Publishing Group y a todo el equipo, gracias. En particular, a Michael Palgon, Trace Murphy y Karin Schulze.

Por último, gracias infinitas a todos los amigos que me han amado, apoyado y que han orado conmigo a lo largo del camino. A todos ustedes que están leyendo, también quiero agradecerles su apoyo para ayudar a que este mensaje de esperanza se difunda entre sus familiares y amigos. ¡Muchísimas gracias!

CONÉCTATE A LA FILANTROPÍA

Ahora te invito a que aproveches tu creatividad como Hilary Lister y encuentres maneras de ofrecer apoyo a otras personas. Las tendencias más actuales de la filantropía promueven la ayuda microvoluntaria y la microacción. Ambas son variaciones de los programas de micropréstamos con los que se han logrado repartir millones y millones de dólares en préstamos de pequeñas cantidades. Si cuentas con un celular y algo de tiempo libre, puedes participar como microvoluntario, realizar microacciones y colaborar con una causa noble o una persona necesitada.

La empresa Extraordinaries tiene un enfoque social y, por una tarifa definida, ofrece servicio a aquellas personas que están dispuestas a darle un buen uso a sus *smartphones* o buscadores Web. La idea es brindarle a las personas que no pueden invertir todo su tiempo en realizar buenas acciones la posibilidad de contribuir un poquito cuando van en el metro o el autobús, mientras esperan en una fila o a la hora de su descanso en la oficina. El sitio Web de Extraordinaries www.beextra.org y la aplicación para *smartphone* tienen el objetivo de atraer a la gente e involucrarla en trabajo voluntario que se puede llevar a cabo en ratitos.

Tal como se explica en el sitio Web, Extraordinaries te puede ayudar a grabar (en varias entregas breves) la lectura de algún libro que se distribuirá como un audio libro para gente discapacitada, a traducir a otro idioma la página de Internet de alguna organización sin fines de lucro, a trazar una guía con los baches en las calles de tu ciudad, identificar aves para el Laboratorio de ornitología de la Universidad Cornell, organizar imágenes para el museo Smithsoniano, identificar lugares adecuados para que los niños jueguen e incluirlos en un mapa, o a revisar proyectos de ley del congreso sobre cerdo escondido en alimentos. La compañía planea obtener sus ganancias con el cargo que le cobrarán a las organizaciones por cada tarea que realicen los microvoluntarios. Es un sistema que aprovecha la tecnología y los recursos en masa para lograr pequeños objetivos que, al sumarse, tienen resultados de importancia. Se trata de filantropía que utiliza internet y las redes sociales para hacer un mundo mejor. A continuación te presento tan sólo algunos sitios Web con los que te puedes conectar a la "Red de la contribución" desde tu *laptop* o *smartphone*.

www.causecast.com

Ryan Scott, un empresario multimillonario de la tecnología, fundó Causecast para ayudar a las organizaciones de caridad y sin fines de lucro a reducir sus costos de transacción inherentes a las donaciones. Dichos costos reducen la capacidad de las organizaciones para realizar su labor. Causecast logra esta tarea utilizando innovadores métodos como brindar ayuda a los donadores para que puedan realizar las contribuciones a través de sus teléfonos celulares. Es un sistema con el que se pueden hacer pagos con mensajes de texto. Causecast se ha expandido y ahora también funciona como un vínculo entre valiosas organizaciones sin fines de lucro y compañías interesadas en desarrollar campañas de publicidad para apoyar causas nobles. Ésta es una industria de 1.5 mil millones de dólares y en ella están involucradas grandes corporaciones que desean relacionar sus marcas con buenas causas y brindarles apoyo a través de donaciones o ganancias compartidas.

www.donorschoose.org.com

Este sitio promueve la educación y la "filantropía ciudadana". Su forma de operar se basa en la recepción de solicitudes de ayuda enviadas por maestros de escuelas públicas de Estados Unidos que desean obtener todo tipo de contribuciones: desde lápices para estudiantes con problemas económicos, equipo para laboratorios de química, hasta instrumentos musicales y libros. Puedes visitar su sitio de internet, escoger alguna solicitud con la que quieras ayudar y donar la cantidad de material que desees. Después, DonorsChoose.org entrega los materiales a la escuela. Los manejadores del sitio presentan fotografías del material siendo utilizado en las escuelas, una carta de agradecimiento del profesor y un reporte de gastos que explica cómo se empleó tu dinero. Los donadores que contribuyen con montos de mayor importancia también reciben cartas de agradecimiento de los estudiantes.

www.amazee.com

Este sitio es una red social que promueve la realización de proyectos. Es una suerte de Facebook para filántropos en acción. Motiva a la gente que desea realizar obras de caridad a promover sus ideas, reclutar a gente con ideas similares y recaudar dinero a través de la red de acción global. Entre los proyectos de los miembros se puede encontrar la construcción de un centro de aprendizaje de tecnología de la información para gente de escasos recursos en

Sri Lanka, y recaudación de contribuciones para suministrar agua corriente a un pueblo en Sudáfrica.

www.globalgiving.com

El objetivo de GlobalGiving es ayudar a los donadores a convertirse en actores. Según el sitio de Internet de GlobalGiving, la organización pone a los donadores en contacto con más de setecientos proyectos de grupos comunitarios que han sido analizados previamente. "Los donadores son gente que realiza buenas acciones: desde administrar orfanatos y escuelas hasta brindar ayuda a los sobrevivientes de desastres naturales. Nosotros ponemos a la «gente con buenas ideas» en contacto con «generosos donadores» y ayudamos a que proyectos de distintas dimensiones reciban donaciones de todos los montos", se explica en el sitio.

La gente que tiene proyectos postula su causa y sus listas de deseos en este sitio. Quienes desean realizar contribuciones o involucrarse en los proyectos sólo tienen que seleccionar a la gente a la que quieren ayudar. GlobalGiving también garantiza que el ochenta y cinco por ciento de cada donación se hace "disponible en los siguientes sesenta días y que el resultado es inmediato".

www.kiva.com

Este sitio Web conecta a las personas necesitadas y trabajadores con recursos limitados, con gente que está dispuesta a realizar préstamos o donarles una cantidad modesta. A Kiva.org se le ha definido como "el primer sitio del mundo para la realización de micropréstamos entre individuos". El sitio le permite a los visitantes revisar los perfiles de los empresarios con pocos recursos y hacer un préstamo de seis a doce meses, al empresario elegido. A los donadores se les mantiene informados del progreso de los empresarios a través de correos electrónicos, actualizaciones diarias y seguimiento de los pagos de devolución del préstamo.

Cuando mucha gente está dispuesta a contribuir, incluso algunos cuantos dólares pueden convertirse en millones. Kiva.org reporta que, hasta la fecha, más de medio millón de microprestamistas han distribuido unos ochenta millones de dólares entre personas en ciento ochenta y cuatro países. El sitio Web utiliza el sistema PayPal o tarjetas de crédito para distribuir pequeños préstamos de veinticinco dólares o más.

www.kinded.com

Creativos filántropos aprovechan cada vez mejor el poder de Internet. Daniel Lubetsky es un empresario social y fundador de Peace/Works, una compañía de alimentos y condimentos "con objetivos más allá de las ganancias". Esta compañía está establecida en Australia y produce barras "amables" de fruta y nueces.

Según se explica en el sitio Kinded.com, Lubetsky creó el movimiento de "amabilidad" para motivar a la gente a sorprender a otros con inesperados actos de amabilidad. Tú puedes visitar el sitio, producir tu propia tarjeta Kinded para imprimirse y luego, cuando haces algo amable por alguien, le pasas tu tarjeta a esa persona para iniciar una cadena. Las tarjetas tienen un código para rastrearse en línea, de esa forma, todas las personas involucradas pueden revisar el efecto multiplicador de cada buena acción.

www.ifwerantheworld.com

Existen muchas maneras creativas de ayudar. El novedoso proyecto en línea, IfWeRanTheWorld.com (Si nosotros dirigiéramos el mundo) motiva a individuos, organizaciones y corporaciones a emprender proyectos benéficos en pasos pequeños y fáciles de realizar. Puedes visitar el sitio, ingresar tu sugerencia con la frase: *If I ran the world I would...* (Si yo dirigiera el mundo, haría...) y luego, los operadores del sitio te conectan con otras personas que también están dispuestas a encontrar maneras para darle seguimiento a tu idea e involucrarse.

NEVER CHAINED (ENCADENADA JAMÁS)

Uno de los proyectos filantrópicos de Life Without Limbs que se encuentra en operación actualmente, tiene un enfoque similar a los que se describieron con anterioridad. Estamos creando el equivalente a un refugio o centro de asesoría juvenil en línea: es un sitio de internet en donde las personas pueden compartir las historias sobre su dolor y la forma en que sanaron, y luego ayudarse entre ellas a encontrar la manera de superar la experiencia y colocarse en una mejor posición en los aspectos emocional y espiritual.

Hace algún tiempo, cuando conocí a una joven de diecisiete años que había sido violada tres años antes, recibí la inspiración para realizar este proyecto. Ella me comentó que no había tenido a nadie con quien hablar sobre su terrible experiencia pero que por medio de la oración, Dios la había ayudado a sanar. Con el objetivo de ayudar a otros, la joven también escribió una canción sobre el proceso de sanar. "Lo hice porque tal vez con mi experiencia puedo ayudar a alguien que está pensando en rendirse, tal vez puedo salvar un alma", me dijo.

Su historia me inspiró a crear este sitio de Internet en donde gente que busca ayuda puede escuchar la historia y la canción. Yo no me puedo ni imaginar el dolor físico y emocional que ella sintió, pero sí puedo ayudarla a ella y a otras personas a compartir sus historias y recibir consuelo. El sitio se llama NeverChained por aquella frase de la Biblia que dice "La palabra de Dios no está encadenada jamás　".

Mi plan consiste en ofrecer una experiencia en dos etapas. En la primera sección los visitantes podrán compartir sus historias y, en la segunda, los ponemos en contacto con gente que está dispuesta a marcar la diferencia. Nuestro objetivo es modesto: cambiar el mundo persona por persona. Todavía estamos desarrollando el sitio. Deseamos inspirar a los adolescentes a involucrarse en la filantropía. Puedes revisar el sitio LifeWithoutLimbs.org para estar al pendiente de cualquier actualización, no sólo de este proyecto, sino también de nuestros viajes e historias sobre la forma en que se está transformando la vida de mucha gente.

Aquí están las direcciones para contactar a otras de las personas que conociste a través de este libro:

Doctor Stuart Brown: www.nifplay.org
Reggie Dabbs: www.regiedabbsonline.com
Bethany Hamilton: www.bethanyhamilton.com
Gabe Murfitt: www.gabeshope.org
Vic y Elsie Schlatter
Fundación de la Iglesia Apostólica Cristiana: www.accm.org
Glennis Siverson: www.glennisphotos.com
Joni Eareckson Tada: www.joniandfriends.org
Phil Toth: www.philtoth.com